Dr. Henri van Straelen

Abtreibung
Die große Entscheidung

VERLAG JOSEF HABBEL REGENSBURG

Dem deutschen Text liegt eine Übersetzung von Dr. P. Pauels zugrunde. In Zusammenarbeit mit Dr. Josef Habbel hat der Autor noch etwa sechzig Seiten hinzugefügt.

Auslieferung für die Schweiz: Christiana Verlag, CH - 8260 Stein am Rhein
für Österreich: Josef Habbel, Wien I
Gesamtherstellung: Habbeldruck GmbH Regensburg
Printed in Germany
ISBN 3-7748-0321-8

INHALT

Wann ist ein Baby unerwünscht?

Sind die Folgen der Abtreibung wirklich so schlimm?

Darüber sprechen zwei Gynäkologen Königlicher Familien

Pro und Contra

Gräber ohne Leichen

Auch Rembrandt und Michelangelo werden in diesem Zusammenhang genannt

Schließfächer statt Gräber

Entweder Abtreibung und Wimbledon-champion oder Mutterschaft?

Schwierige Fälle und Abtreibung mit Jazz

„Lebensqualität" ist undefinierbar und vieldeutig

Auch die großen Religionen melden sich zu Wort

Ist ein Behindeter unglücklich oder nicht?

Der schrumpfende Westen

Deutschland am Scheideweg

Das Saarland geht voran

„Bukarest" hat uns auch etwas zu sagen

VORWORT

In Belgien, Frankreich, Deutschland und in den Niederlanden gerät der Gesetzgeber gegenwärtig in harte Bedrängnis. Man will ihn zwingen, großzügiger die Schwangerschaftsunterbrechung zu ermöglichen. Man weist ihn darauf hin, in welcher Not sich die Frauen befinden, die sich eine unerwünschte Schwangerschaft zugezogen haben. Man ist überzeugt, daß sich diese Lage nur durch Abtreibung beheben lasse. Offensichtlich ist man der Auffassung, daß es früher solche Situationen in geringerem Umfange gegeben habe. Jeder Frauenarzt aber, der zu der älteren Generation gehört, ist besser informiert. Warum auch sollte die Frau in unseren Tagen, in denen es eine gute Geburtenregelung gibt und viel zur Linderung der Not durch eine ausgezeichnete soziale Gesetzgebung getan wird, durch ihre unerwünschte Schwangerschaft sich in größeren Schwierigkeiten befinden als vor zwanzig Jahren? Mit Emanzipation hat das nichts zu tun. Man hört oft genug die Losung: „Die Frau ist Herr über den eigenen Leib." Doch treffend widerlegt sie eine Ärztin mit einer These, die sie bei ihrer Promotion zu verteidigen bereit war: „Eine Frau, die so wenig Herr über ihren Leib ist, daß sie gegen ihren Willen schwanger wird, darf nicht das Recht beanspruchen, allein über den Abbruch ihrer Schwangerschaft zu bestimmen." Es ist in der Tat unverständlich, daß viele Frauenvereinigungen das nicht einsehen wollen und sich massiv für eine Schwangerschaftsunterbrechung auf Verlangen ausgesprochen haben.

Daß durch eine Legalisierung der Abtreibung die geheime Beseitigung der Leibesfrucht bekämpft werden soll, ist eine Erfindung der lügenhaften Propaganda, wie sich das bereits in England gezeigt hat, um nur ein Beispiel zu nennen.

Inzwischen wird die Öffentlichkeit von Presse, Fernsehen und

Rundfunk bearbeitet, die aber bitter wenig über die Bedenken gegenüber der Abtreibung mitteilen. Da sie für die Abtreibung sind, handeln sie nach dem Rezept des geringsten Widerstandes, indem sie die Masseninstinkte aktivieren.

Die Frage, mit der wir jetzt ringen, betrifft nicht nur die Möglichkeit, die Abtreibung zu gestatten und sie sogar auszuweiten. Es geht auch – und das nicht in letzter Linie – um die Erschütterung gesellschaftlicher Anschauungen, christlicher Prinzipien und ärzlicher Grundsätze. Wir stehen tatsächlich vor einer Degenerationserscheinung unserer Kultur. Denn die Menschenwürde verbietet es, das Problem der unerwünschten Schwangerschaft dadurch zu lösen, daß man das keimende Leben vernichtet. Abtreibung bedeutet aber Tötung eines solchen Lebens. Das leugnen nur sehr wenige.

In der Frage der Abtreibung ist es bedauerlicherweise in den ärztlichen Kreisen zu einer erschreckenden Meinungsverschiedenheit gekommen. Alle haben bei ihrem Staatsexamen den Eid des Hippokrates leisten müssen, der verpflichtet, das keimende Leben zu schützen. Nochmals bekräftigten sie diesen Eid durch die Annahme der Erklärung von Genf: „Ich werde die größte Ehrfurcht vor dem menschlichen Leben von der Empfängnis an bewahren." Es gab allerdings eine Zeit, in der die Schwangerschaft für Frauen Lebensgefahr bedeuten konnte. Nur für diesen Fall sah man eine Beendigung der Schwangerschaft vor. Es handelt sich hier um die medizinische Indikation, die heute faktisch keine Rolle mehr spielt. Aber in unserem Falle geht es hauptsächlich nicht um diese Indikation, sondern allgemein um die Freigabe der Abtreibung. Das bedeutet eine Verletzung des Hippokratischen Eides, des ärztlichen Versprechens. Leider entschloß sich der Hauptvorstand der Gesellschaft für Medizin (Hoofdbestuur van de Maatschappij voor Geneeskunde), in den aufgestellten Richtlinien für Schwangerschaftsunterbrechung das Prinzip der uneingeschränkten Ehrfucht vor dem menschlichen Leben fallen zu lassen. Somit schwand das Gefühl der Sicherheit, das durch diesen Eckstein der ärztlichen Ethik gewährleistet war. So sahen sich viele Ärzte veranlaßt, ihre Zustimmung zu den aufgestellten Richtlinien zu verweigern. Sie sind der Auffassung, daß ein Eingriff, der auf die Vernichtung menschlichen Lebens zielt, keine Sache eines Arztes ist und darum auch nicht von einem Arzt gefordert werden kann.

Der Verfasser dieser Monographie, Dr. Henri van Straelen, der schon 28 Jahre als Missionar in Japan tätig ist und augenblicklich an der Nanzan-Universität in Nagoya seit 1950 Philosophie und vergleichende Religionswissenschaft doziert, hat auf Grund seiner vielen Erfahrungen feststellen können, wie sich physisch und psychisch die Freigabe der Abtreibung in Japan ausgewirkt hat. In diesem Buch legt er ausführlich diese Auswirkungen dar, ebenso die Folgen, die das japanische Beispiel in anderen Ländern gezeitigt hat. Dieser ehrliche und ungeschminkte Bericht eines Mannes, der mit voller Überzeugung die Abtreibung verwirft, ist eine Anklage, aber zugleich eine Warnung. In den Niederlanden hat man nur wenig oder überhaupt keine Erfahrung über die späteren Folgen der Abtreibung. Dieses Buch vermittelt uns gerade diese Erkenntnis. Wird man berücksichtigen, was in diesem Buche dargelegt wird, so daß das Abgleiten auf dieser abschüssigen Bahn zum Halten kommt? Regierung wie Parlament haben hierin eine schwere Verantwortung.

Den Haag, Juli 1972

Prof. Dr. W. P. Plate
(Gynäkologe der holländischen Königlichen Familie)

EINLEITUNG

In den kommenden Monaten werden sich die Parlamente verschiedener Länder mit der Gesetzesvorlage für die Freigabe der Abtreibung beschäftigen müssen. Das Ziel dieser Veröffentlichung ist es, unserem Volke wie auch den Abgeordneten einige objektive Tatsachen zu vermitteln, damit sie in Ruhe manches überdenken können. Ich bin selbst kein Arzt. Darum habe ich mich in rein ärztlichen Fragen von hervorragenden Frauenärzten informieren und beraten lassen. An dieser Stelle möchte ich ihnen allen meinen aufrichtigen Dank aussprechen, ob sie nun in Japan, Pakistan oder dem Irak wirken oder in Indien, England, Frankreich, Österreich, Holland oder in Deutschland. Wenn man etwas Brauchbares auf diesen Seiten findet, so ist es nicht mein Verdienst, sondern das dieser Fachleute. Wie sie wohl verstehen werden, war es für diese Veröffentlichung unbedingt nötig, viele Zitate anzuführen. Darunter litt wohl der flüssige Stil. Doch meine Absicht war es nicht, ein literarisches Werk zu verfassen. Außerdem gab es Schwierigkeiten in der Ausdrucksform, was durch meinen langen Auslandsaufenthalt bedingt ist. Gerne hätte ich meinen holländischen Text noch einmal von einem Fachmann überprüfen lassen. Doch wegen der Dringlichkeit glaubte mein Herausgeber weniger gutes Holländisch in Kauf nehmen zu können. Er schrieb mir: „Wenn ihre Ausdrucksweise anders wäre, wäre das Buch nicht von Ihnen. Sie haben einen so großen Erfahrungsbereich, dazu eine 40jährige Seelsorgspraxis, so viele Verbindungen mit Ärzten, Schwestern und Patienten in fünf verschiedenen Ländern. Sie haben als einziger Holländer schon 20 Jahre an einer japanischen Universität in Japanisch Vorlesungen gehalten. So nehme ich Ihr weniger gutes Holländisch auf meine Rechnung.“ Obwohl ich kein Arzt bin, habe ich doch indirekt während eines Vierteljahrhunderts mit der Frage und den Schicksalen der Abtreibung zu tun gehabt, wie man aus meinen Ausführungen ersehen kann. Diese Tatsache berechtigt mich zur Veröffentlichung dieser Arbeit. Allerdings will sie nur Stoff zum Nachdenken vermitteln. Von dem Problem der Abtreibung sind ja viele Menschen betroffen, nicht nur die Frauen und Mädchen, die entweder eine Abtreibung wünschen oder ablehnen, sondern auch ihre Verwandten. Natürlich geht es an erster Stelle um das ungeborene Leben selbst. Dazu kommen noch die Politiker und Juristen, die sich den Kopf zerbrechen, wie sie das diesbezügliche Gesetz formulieren sollen. Ebenso die Psychiater, die nicht wissen, was sie den Frauen und Mädchen raten sollen, die in Panikstimmung zu ihnen kommen. Dazu noch die Hausärzte und Gynäkologen, die oft eine andere Auffassung haben als die Psychiater. Ebenfalls die Sozialarbeiterinnen und die Krankenhausschwestern, die in großer Not sind, wenn sie bei solchen Eingriffen assistieren sollen, die Seelsorger und Geistlichen, gleich welcher Konfession, die in vielen Fällen einen anderen Standpunkt einnehmen. Wer hat schließlich mit dem Problem der Abtreibung nicht zu tun?

Der Verfasser glaubt keineswegs, die Frage der Abtreibung vollständig behandelt zu haben. Aber er würde froh sein, wenn seine Veröffentlichung in etwa dazu beitragen würde, daß man sich in der Öffentlichkeit ein objektiveres und ausgeglicheneres Urteil bilden würde. Wenn der Verfasser hier und da etwas zu freimütig geschrieben haben sollte, so war gar nicht seine Absicht, die Überzeugung anderer Gruppen zu verletzen. Vielleicht wird der Leser zuweilen im Text einen schroffen Übergang spüren. Das liegt aber daran, daß ich meinen Text in Tokio begonnen, in Karachi fortgesetzt und in London beendet habe, wobei ich bei der Niederschrift oft genug durch andere Arbeiten unterbrochen wurde.

In diesem Buch habe ich mich besonders mit den physiologischen und psychologischen Folgen der Abtreibung beschäftigt. Dabei habe ich versucht zu untersuchen, welche Folgen die Liberalisierung in anderen Ländern gehabt hat. Vor allem habe ich mich auf Japan und England konzentriert, da ich in Japan ca. 30 Jahre und in England 7 Jahre tätig war.

London, den 25. Juli 1972 H. v. S.

Zur zweiten Auflage

Es ist wirklich erfreulich, daß die ersten dreitausend Exemplare so schnell von der Hand gingen. Auf Wunsch vieler sind einige längere englische und französische Zitate ins Holländische übertragen worden. Außerdem habe ich an einigen Stellen etwas ergänzt.

Bagdad, den 28. November 1972 H. v. S.

Zur dritten Niederländischen Auflage

Bei der Veröffentlichung dieses Buches waren meine Erwartungen nicht hoch gespannt, weder was die verkauften Exemplare betraf noch die Aufnahme beim Publikum. Nach der Auffassung des Verlegers bedeuteten 3000 Exemplare ein Wagnis. Doch nach einem Jahre waren schon mehr als 25 000 verkauft. So wird bald schon eine vierte Auflage nötig sein.

Was die Aufnahme des Buches angeht, so glaubten Verfasser wie auch der Verleger und viele andere, daß wir es mit einer lautstarken Kritik zu tun bekämen. Doch es ging. Von den 25 Buchbesprechungen fielen nur drei negativ aus, fünf neutral und alle anderen positiv. Es ist nicht meine Gewohnheit, mich mit meinen Kritikern auseinanderzusetzen. Jeder normale Leser soll selbst urteilen, ob die vorgetragenen Argumente – sachbezogen oder autoritätsgebunden – Wert haben oder nicht, ob bestimmte Probleme nur emotional oder aber sachlich und überzeugend vorgetragen werden oder nicht, ob jemand aus reifer Lebenserfahrung spricht oder nur von seinem Schreibtisch aus und am wirklichen Leben vorbeigeht. Nur auf Bitten des Verlegers möchte ich mich zu folgenden Einwürfen äußern:

1. Es ist etwas befremdend, daß ein Mann, der sich jahrelang mit Philosophie und vergleichender Religionswissenschaft beschäftigt hat, sich so lang und intensiv mit dem Problem der Abtreibung befaßt. Der Grund ist äußerst einfach. Ich habe die Ge-

wohnheit, meine Studenten und Studentinnen, die in der Mehrzahl nichtchristlich sind, zweimal im Jahr eine schriftliche Arbeit über verschiedene Themen anfertigen zu lassen, deren Ergebnisse ich dann in meinen Vorlesungen verwandte. Obwohl meine gestellten Themen keinen Anlaß dazu boten, griffen viele das Problem der Abtreibung auf – offenbar ein Zeichen dafür, daß ihnen dieses auf der Seele lag. Immer wieder stellten meine Zuhörer Fragen über diesen Problemkomplex, so daß ich mich gezwungen sah, mich mit dieser Materie zu beschäftigen. Somit nahm ich intensiven Kontakt mit japanischen Gynäkologen, Hausärzten und Schwestern auf, vor denen ich wiederholt Konferenzen halten durfte – sowohl in Nagoya wie in Hiroshima, Tokio und in einer Zahl anderer Städte.

2. Einer meiner Kritiker warf mir vor, ich hätte meine Zitate ausschließlich und konsequent den Gegnern der Abtreibung entnommen. Zwei andere Buchbesprechungen behaupteten das Gegenteil. Sie begrüßten es, daß ich auch die Verfechter der Abtreibung zu Worte habe kommen lassen, was nach ihrer Meinung der Objektivität der Darlegungen zugute gekommen sei. Der Leser urteile selbst, wer recht hat.

Man hielt mir auch entgegen, daß meine zitierten Fakten aus den negativen Erkenntnissen der Abtreibungspraxis in Japan und in anderen Ländern genommen seien. Diese Feststellung stimmt. Aber meine fast 30jährige Erfahrung in Japan hat mir bisher noch kein positives Ergebnis vermitteln können, es sei denn, daß die mehrheitliche Meinung der japanischen Gynäkologen auf einer Änderung des Gesetzes bestehen. Soll das etwa bedeuten, daß auch die anderen Länder nach den Erfahrungen mit der Liberalisierung der Abtreibung davon abkommen und einen geburtenfreudigen Kurs steuern werden?

3. Ein Kritiker vermißte bei der Wiedergabe der Erklärungen der Bischofskonferenzen die der holländischen. Das geschah aber, weil nach meiner Auffassung der Text nicht klar genug war. Tatsächlich gab es einige Interpretationen dieses Schreibens, die der Absicht der bischöflichen Verfasser nicht gerecht wurden. Darum haben viele größere Klarheit gewünscht, aber bis jetzt ohne greifbares Ergebnis. Augenblicklich besteht noch weniger Veranlassung,

dieses Schreiben aufzunehmen, da nicht mehr alle Bischöfe dahinter stehen und unterzeichnet haben.

Es besteht wohl noch ein Unterschied zwischen der dritten und den vorhergehenden Ausgaben, insofern wir uns zusätzlich mehr mit den großen Religionen beschäftigten, alle englischen, französischen und deutschen Zitate übersetzt wurden und mehr Raum für die Erfahrungen des wirklichen Lebens durch zahlreiche Beispiele geschaffen wurde. Schließlich möchte ich den vielen meinen Dank aussprechen, die mir bei der dritten Auflage hilfreich zur Seite gestanden haben, besonders Prof. Dr. W. P. Plate, der die ausländischen gynäkologischen Fachausdrücke ins Holländische übertragen hat.

Osaka, den 8. September 1973 H. v. S.

Zur deutschen Ausgabe

Angesichts der augenblicklichen Situation in Deutschland freut es mich, daß der französischen Übersetzung so rasch die deutsche folgt. Ausgaben in Spanisch, Italienisch und Portugiesisch sind in Vorbereitung.

Nagoya, den 4. Oktober 1974 H. v. S.

EIN SILBERNES „ABTREIBUNGSJUBILÄUM“

Japan ist ein Land von erlesener Schönheit. Lange schon wohne ich dort und hoffe, noch einige Jahre dort verbringen zu können. Das Volk weist herrliche Charaktereigenschaften auf. Darüber habe ich ausführlich berichtet in meinen Büchern: „Modernes Japan – Land der krassen Gegensätze“, erschienen 1940, „Through eastern Eyes“ (1949), „Yoshida Shoin, a forerunner of the Meiji Restoration (1952)“ u. a.

Von allem, was ich dort ausgeführt habe, nehme ich nichts zurück. Noch vieles ist so, wie ich es beschrieben habe. Das bedeutet aber nicht, daß sich nicht gar manches geändert hat. Manches hat sich auf den Charakter des japanischen Volkes, vor allem auf den der Japanerin nicht günstig ausgewirkt. An erster Stelle betrifft dies den Einschnitt, den die Liberalisierung der Abtreibung im Lande bewirkt hat. Da Belgien, Frankreich, Deutschland und Holland vor einem Wandlungsprozeß stehen, der ebenso einschneidend ist wie der in Japan, empfiehlt es sich, zunächst die Entwicklung, die in Japan eingesetzt hat, ausführlich zu beschreiben.

Aus den Zeitungen, die mir regelmäßig aus Europa zugesandt werden, und aus den Darlegungen der Presse, die sich mit diesem peinlichen Thema beschäftigten, entnehme ich, wie sehr die öffentliche Moral in der Krise ist. Ich möchte mich nicht schon zu Beginn über den bedauernswerten Zustand der Auseinandersetzungen über die Abtreibung in der holländischen, deutschen und belgischen Presse äußern. Es scheint mir vor allem angebracht, zunächst auf die Situation anderer Länder, vor allem Japans hinzuweisen, das als erstes die Freigabe der Abtreibung gesetzlich beschlossen hat. In einigen Monaten wird es sein „silbernes Jubiläum“ feiern. Denn vor 25 Jahren kam dieses Gesetz zustande.

Dieses Jubiläum wird in Millionen Exemplaren der Zeitungen ein gewaltiges Echo finden, allerdings als eine Art Trauersymphonie. P. Arrupe, der wie der Verfasser ein Vierteljahrhundert als Missionar in Japan tätig war und jetzt Generaloberer der Gesellschaft Jesu ist, fällte vor einem Jahr ein vernichtendes Urteil über dieses Gesetz, durch welches es möglich war, ein grausames Verbrechen an 50 Millionen Kindern während der letzten 20 Jahre zu verüben. Die Presse pflichtete P. Arrupe bei und veröffentlichte seine Kritik mit der Empfehlung, darüber nachzudenken. Die Reaktion auf diese Kritik nannten viele japanische Ärzte ein hoffnungsvolles Zeichen für die Einsicht, daß man in Zukunft in der Auslegung des Gesetzes strenger sein müsse.

Im Jahre 1948 verabschiedete das Parlament das Gesetz über die Freigabe der Abtreibung, im Jahre 1952 wurde es in dem Sinne abgeändert, daß keine Untersuchung mehr gefordert war, ob eine Abtreibung gerechtfertigt sei. Dadurch war grünes Licht gegeben, und jeder Arzt konnte nach Belieben handeln. Jeder Grund, der einen sozialen Anstrich hatte, war ausreichend, natürlich auch die Zustimmung der Mutter oder sogar ihr Verlangen.

Wann ist ein Baby unerwünscht?

Nun stellt sich aber die Frage, wann denn ein Baby erwünscht ist. Was das Verlangen der Mutter nach einer Beseitigung der Leibesfrucht betrifft, so darf man es nicht so ernst nehmen, weder in Japan noch anderswo. Das ist zumindest meine persönliche Erfahrung. Ist die Mutter einmal vom familiären Druck befreit, ist es leicht, sie zu überzeugen, daß sie nach der Geburt mit ihrem Kinde glücklich sein wird. Aber gefühlsbetont, wie die japanischen Frauen sind, haben sie es nötig, daß man sie auf ihr Muttergefühl anspricht. In vielen Fällen hat man mit dieser Methode Erfolg. Hätten wir doch mehr Menschen, die darin eine Aufgabe sähen!

Vorher sagte ich: „... weder in Japan noch anderswo ...“ Was Holland anbetrifft, so darf ich wohl eine anerkannte Autorität auf diesem Gebiet zitieren. In seinem ausgezeichneten Buch „Freiere Abtreibung“ schreibt Prof. Lindeboom: „Es ist wohl möglich, daß eine junge unverheiratete Frau, wenn sie auch die Schwangerschaft nicht gewollt hat, etwas später das Kind doch will. Wenn sie aber trotzdem um Beseitigung der Leibesfrucht bittet, so geschieht das unter dem Druck der Verwandten und Eltern oder aus Angst vor den gesellschaftlichen Folgen, wie z. B. Spott der Arbeitskolleginnen oder öffentliche Kritik. Es ist aber möglich, daß sie im Tiefsten ihrer Seele froh ist, wenn ihr Antrag abgelehnt wird und sie das Kind, das ihr durch eine Schwangerschaft sozusagen aufgezwungen wurde, behalten kann. Übrigens können sich Stimmungen und Wünsche einer Frau, die eine ungewollte Schwangerschaft hat, in wenigen Wochen oder Monaten völlig ändern, so z. B. durch Selbstbesinnung oder durch unerwartetes Entgegenkommen ihres Mannes oder auch nur durch eine weniger abweisende Haltung von Personen, auf deren Urteil sie großen Wert legt. Ein unverdächtiger Zeuge für diese Tatsache ist Frau Dr. Zeldenrust-Nordanus, ehemalige Vorsitzende der holländischen Vereinigung für Sexuelle Reform (Nederlandse Vereniging voor Sexuele Hervorming (NVSH), Psychologin in Rotterdam und entschiedene Verfechterin der Liberalisierung der Abtreibung. Von ihr ist das Wort bekannt: „Zu mir kommen Frauen in Panikstimmung! ‚Um Gottes willen kein Kind mehr‘. Wenn man aber mit ihnen zweimal gesprochen hat – keineswegs in der Absicht, sie zu überzeugen – sondern nur ganz ruhig sie gefragt hat, was denn so schlimm sei, rufen sie einen Tag später schon an: ‚Bitte, doch ein Kind!“ [1]

Eine andere Stimme möchte ich noch zitieren: Dr. Gunning im Fernsehen:

„In Rotterdam haben wir eine Beratungsstelle für werdende Mütter eingerichtet, wo sie Rat holen können. Den haben wir auch stets gegeben. Man spricht von Not. Aber was ist denn eigentlich Not? – Heißt Not Wohnungssorgen, finanzielle Schwierigkeiten, seelische Belastungen? Nach meiner Erfahrung wird die Not nicht durch Abtreibung behoben. Im Gegenteil: die Not bleibt. Ich kann

---

[1] G. A. Lindeboom: „Vryere vruchtafdryving“, S. 44.

Ihnen versichern: viele kamen zu uns, die ihr Kind gerne zur Welt bringen wollten, aber sie standen unter dem Drängen der Umgebung, die absolut die Abtreibung wollte. Aber in solchen Fällen ist die Abtreibung keine Lösung."

Einer meiner Mitbrüder, der in Paris mit einer Sozialhelferin und zwei Schwestern eine Beratungsstelle vor allem für holländische Mädchen eingerichtet hat, die nach Paris kommen, um ihre Niederkunft zu erwarten, erzählte mir, viele hätten anfangs an eine Abtreibung gedacht. Jetzt aber waren sie froh, daß alles seinen natürlichen Verlauf genommen hatte. Doch er fügte hinzu: „Wenn die Kinder adoptiert werden sollen, so ist dringend nötig, dafür zu sorgen, daß die Mutter das Kind nicht sieht. Denn hat sie das Kind einmal eine Stunde auf dem Arm gehabt, will sie sich nicht mehr von ihm trennen."

Auch in andern Ländern, in denen die Abtreibung freigegeben ist, macht man dieselbe Erfahrung, daß die Frau oft ihre Meinung in dieser Hinsicht ändert. Hierzu eine Erläuterung. Ein Februartag 1969: Im prachtvollen Royal College of Obstetricians and Gynaecologists, auf das ich noch zu sprechen komme, wird ein Symposion gehalten, zu dem nur die Prominenz eingeladen ist. Prof. J. A. Stallworthy, eine Autorität von großem Rang, Gynäkologe an der Universität Oxford, ergreift das Wort:

„*Es ist meine Erfahrung, daß beinahe alle Ärzte, die eine Schwangerschaftsunterbrechung vornehmen, nicht wissen, ob das Kind erwünscht ist oder nicht. Die Statistik, die gerade veröffentlicht wurde, beweist, daß tausende und abertausende Schwangerschaften auf Verlangen unterbrochen wurden. Das einzige Mal aber, daß der Arzt die Patientin sah, war in dem Augenblick, als er ihren Schoß leerte. Was ich hier unterstreichen möchte, ist dies allein, daß es im ersten Augenblick scheint, als ob das Verlangen einigermaßen berechtigt sei. Der Hausarzt, der Psychiater, ja sogar der Gynäkologe nehmen sich dann die Zeit und sprechen ausführlich mit der Patientin. Dann erleben sie, wie die Frauen nach einigen Tagen zurückkommen und ihnen versichern, daß sie doch das Kind wollen. Ich arbeite in einem Team, das Schwangerschaftsunterbrechungen vornimmt. Sie wissen, daß ich weder ein Schwärmer noch ein Frömmler bin, noch ein Mann von Vorurtei-*

len. Aber ich war lange genug in der Praxis, um eine Reihe Menschen kennenzulernen, die zu mir kamen – und das geschah nicht nur einmal, sondern häufiger –, die mir sagten: ‚Herr Doktor, Sie werden sich doch noch erinnern, als ich das erstemal zu Ihnen kam und eine Abtreibung wünschte. Aber Gott sei Dank, daß Sie mir abrieten. Denn das Kind hat uns eine solche Freude ins Haus gebracht, wie wir sie nie gekannt haben.' Ich bin überzeugt, daß hier im Saale kein Gynäkologe sitzt, der nicht dieselbe Erfahrung gemacht hat.

Was ich hiermit sagen will, ist nur das eine: daß wir keine Götter sind. Wir sind ganz gewöhnliche Menschen und machen oft Fehler. Wenn aber ein Arzt auf das Verlangen der Frau eingeht, die zu ihm kommt und sagt: ‚Das ist ein unerwünschtes Kind. Holen Sie es heraus! – ich wiederhole: wenn er darauf eingeht, erweist er der Frau einen schlechten Dienst. Sie hätte, falls sie nur etwas Hilfe und Ermutigung erhalten hätte, ohne Zweifel ihre Meinung geändert – manchmal in wenigen Tagen, ja sogar innerhalb weniger Stunden.“ [2]

Vor einiger Zeit schenkte mir während eines Besuches in London Dr. Johnson, Präsident der „Christian Medical Fellowship, ein höchst untadeliger Mann, ein Buch, das gerade erschienen war: *„Abortion, the personal Dilemma“. Das Buch ist insofern einzig* in seiner Art, als es ein praktizierender Gynäkologe von höchstem Rang, der sich über viele Fragen seine Gedanken gemacht hat, verfaßte. Sein Zeugnis ist imponierend vor allem wegen seiner klaren überzeugenden Argumentation, der auch an den schwierigsten Fragen nicht vorbeigeht. Der Verfasser ist zugleich Geistlicher der „United Church of Scotland“. Wenn er von der Auffassung der katholischen oder der reformatorischen Kirche abweicht, geschieht es mit großer Rücksicht – ein Beispiel für unsere katholischen progressiven Stürmer.

„Eine verheiratete Frau“, so lese ich, „bat ihren Hausarzt um einen Eingriff. Dieser aber war sich nicht sicher, ob man ihrem Ver-

[2] „The Abortion Act 1967“, Proceedings of a Symposium held by The Medical Protection Society, London, 7 February 1969, Pitman Publishing Company, S. 85/86.

langen stattgeben könne. Darum schickte er sie zu einem Frauenarzt, um dessen Meinung zu hören. Kurz vor der Verabredung mit diesem stellten sich Blutungen ein. Sofort wurde sie als Notfall untersucht, und zwar von einem Arzt, der nichts von ihrer Bitte um Schwangerschaftsunterbrechung wußte. Dieser diagnostisierte eine drohende Fehlgeburt und überwies sie in ein Krankenhaus. Nach einer sorgfältigen Krankenhausbehandlung wurde sie nach Hause mit einer Schwangerschaft entlassen, die noch ganz in Ordnung war. Sie holte die verabredete Untersuchung beim Frauenarzt nach, der zu dem Urteil kam, daß es zu einer Schwangerschaftsunterbrechung zu spät sei. Das Kind kam ohne Komplikationen zur Welt. Nach der Entbindung sagte sie zu ihrem Hausarzt nur: „Wie gut ist Gott zu mir gewesen!" [3]

Wenn allerdings eine Frau so tief gesunken ist, daß ihr Tennisspielen oder ein Urlaub lieber als ein Kind ist, dann ist der mütterliche Instinkt erloschen und das Baby immer unerwünscht." [4]

Es ist nichts Ungewöhnliches, wenn eine Frau zuweilen etwas ärgerlich über ihre Schwangerschaft ist. Dr. Gardner, ein Gynäkologe von großer Erfahrung auf verschiedenen Kontinenten, schreibt treffend: „Gar manche verheiratete Frau hat, wenn auch nur für kurze Zeit, ihre Schwangerschaft bedauert. Den Grund mag man vielleicht in einem Anflug von Depressionen suchen, die aber schnell vorübergehen, vielleicht in einem Muskelkater, in einer kleinen Auseinandersetzung mit ihrem Mann, in einer vorübergehenden Erkrankung eines ihrer Kinder. Gewöhnlich – das ist der Normalfall – verfliegt diese Stimmung in wenigen Stun-

[3] R. F. R. Gardner: „Abortion, the personal dilemma", Exeter, 1972, S. 44.

[4] „De Telegraaf" vom 8. Juli 1972, schrieb über die Tennismeisterin von Wimbledon: „Billy King, 7 Jahre verheiratet mit Rechtsanwalt Larry King, wird ein bißchen toll aufs Geld. Aber doch nicht so toll, daß sie nicht den Hauptpreis von 2400 Engl. Pfund einheimste, aber wohl toll genug, daß sie die normalen Dinge des Lebens gegen ein höheres Banksaldo hergibt. Damit verspielte sie viel Sympathie. Als Billy sich im Anfang dieses Jahres ihr Kind wegnehmen ließ, verlor sie noch mehr Sympathie. ‚Tennis ist vorläufig wichtiger als ein Kind'. Durch dieses öffentliche Eingeständnis wurde die Sache publik. Billy lieber nicht Mutter als nicht Tennismeisterin."

den. Ihr Mann zeigt sich ihr gegenüber wieder aufmerksam, ihrem Kinde geht es wieder besser, die Neuigkeit, die man aus einer Familie hörte und die zum Neid anstachelte, erwies sich als Geschwätz– und wieder ist sie froh und freut sich auf das kommende Baby." (a. a. O., S. 264)

Ähnliche Stimmen hören wir aus Skandinavien. „Der schwedische Gynäkologe Aren berichtet von 207 Fällen, in denen man die Zustimmung aus psychiatrischen oder sozialpsychiatrischen Gründen zur Schwangerschaftsunterbrechung gegeben hatte, die aber schließlich nicht durchgeführt wurde. Es handelte sich um ein bestimmtes Gebiet in Schweden. Es gelang ihm, mit 197 (95 %) dieser Frauen eine Aussprache zu haben. Dabei ergab sich, daß 71 Frauen ihre Meinung geändert hatten, während bei 36 der Frauenarzt entweder abgeraten oder sich geweigert hatte. Bei den restlichen 35 war die Schwangerschaft bereits zu weit fortgeschritten, so daß ein Eingriff zu gefährlich war. Aren stellt sich die Frage, ob die Frauen deshalb ihre Meinung geändert hatten, weil sich am Anfang der Schwangerschaft wohl Unpäßlichkeit, Erbrechen, Ermüdung, Niedergeschlagenheit und Gereiztheit einstellten, später aber – bei fortschreitender Schwangerschaft – diese Symptome verschwanden. Vor allem wenn die ersten Bewegungen des Kindes spürbar sind, ändert sich schnell die Meinung, und eine anfänglich unerwünschte Schwangerschaft wird doch begrüßt." [5]

Der ausgezeichnete Bericht „Unplanned Pregnancy" kommt darum auch zu dem Urteil:

„Es stimmt nicht – was viele annehmen – daß durch eine unerwünschte Schwangerschaft auch ein unerwünschtes Kind zur Welt kommt. – Es hat sich deutlich herausgestellt, daß der gewöhnliche Lauf der Dinge ist, daß eine nicht geplante Schwangerschaft angenommen und solche Kinder ganz selbstverständlich in die Familie eingegliedert werden. Aber auch viele Schwangerschaften, die sich vor der Heirat einstellen, haben erwünschte Kinder zur Folge. Es ist uns ebenso klar geworden, daß ein großer Teil der Baby's, die vor der Heirat gezeugt wurden, in Wirklich-

[5] G. A. Lindeboom, a. a. O., S. 45

keit von den Frauen erwünscht sind, wenn sie auch nicht geplant wurden.“ [6]

Prof. Dr. A. Mayer, Gynäkologe in Tübingen, berichtet aus seiner reichen Erfahrung:

„*Sie hatte promoviert und heiratete einen Universitätsprofessor. Sie suchte mich auf und wünschte schon bei ihrer ersten Schwangerschaft eine Unterbrechung. Als Grund gab sie an: ‚Ich habe nicht geheiratet, um Kinder zu bekommen, sondern um mit meinem Mann wissenschaftlich zu arbeiten.‘ Die Frage, ob ihr Mann mehr Wert darauf lege, ein Kind zu haben als eine wissenschaftliche Mitarbeiterin, war ihr noch gar nicht gekommen. Weil sie ziemlich arrogant und penetrant wurde, bat ich Sie, mein Sprechzimmer zu verlassen. Später kam sie, um sich entbinden zu lassen. Ich habe ihr selbstverständlich geholfen. Dann allerdings konnte sie nicht genug Dankesworte finden für ‚das ihr aufgezwungene Mutterglück‘. Vorher hatte ich mich nämlich geweigert, ihre Leibesfrucht abzutreiben. Ihr mütterlicher Instinkt, der durch ihre wissenschaftliche Arbeit wie ertötet war, erwachte wieder. Sie wurde in der Folge Mutter von noch drei Kindern und sandte mir jahrelang wiederholt Blumen und Dankesgrüße.*“

Aus all dem müssen wir schließen, daß wir unsere Schwierigkeiten haben, wirklich der Frau zu glauben, wenn sie sagt: „Das Kind ist unerwünscht.“

Oft schlägt die Stimmung in das Gegenteil um. Darum schreibt Calderone:

„*Man hat viel von dem unerwünschten Kind gesprochen. Aber ich würde gern einmal fragen, unter welchen Umständen eine Mutter, ein Vater oder ein Arzt bestimmen kann, daß ein Kind unerwünscht sei. Das Urteil wird ganz verschieden sein, je nach dem Zeitpunkt, in dem man meint, ein Kind sei unerwünscht –*

---

[6] Unplanned Pregnancy“, Report of the Working Party of the Royal College of Obstetricians and Gynaecologists, London, Febr. 1972, S. 20. Ich werde diesen Bericht öfters erwähnen. In England hat dieser Bericht ein großes Gewicht, besonders wegen Sir John Peel, des Gynäkologen der englischen Königin Elisabeth. Mit großem Nachdruck sagte Sir John: „Don’t change the law in Your country.“ Politiker seid auf der Hut!

ob er einen Monat nach der Empfängnis liegt oder in dem Augenblick der Empfängnis oder zwei Monate später, ob dann, wenn die Mutter Brechreiz verspürt, oder wenn zwei andere Kinder krank sind – oder einen Tag nach der Geburt, wenn die Mutter das Kind in ihren Armen hält. Ich für meine Person bin nie sicher, ob das Kind wirklich unerwünscht ist. Ich bin auch nie sicher, ob überhaupt jemand darüber Sicherheit erzielen könnte." [7]

Dr. Sim wagt zu behaupten, daß keine Mutter nach dem vierten Monat sagen kann, das Kind sei ihr unerwünscht. [8]

Mit einer gewissen Differenzierung sagt „Unplanned Pregnancy" dasselbe: „Während der ersten drei Monate, selbst wenn es keine wirtschaftlichen, sozialen oder medizinischen Probleme gibt – fühlen einige Frauen einen gewissen Verdruß über ihre Schwangerschaft und bedauern ihren Zustand. Später aber versöhnen sie sich völlig mit ihrer Lage." [9]

Während einerseits die Frauen die Entbindung wieder als etwas Natürliches und Selbstverständliches betrachten, was zweifellos dem Einfluß des Buches des englischen Gynäkologen Read zu verdanken ist, stoßen Fernsehen, Rundfunk und allerlei sonstige Massenmedien in die andere Richtung. Sie erzeugen Furcht vor dem unerwünschten Kind mit allerlei Scheinargumenten. So schrieb vor kurzem noch Frau Ogilvie Matthysen:

„Die Welt betrachtet jede Frau, die in Schwangerschaft ist oder darin kommen kann, mit Argusaugen. Bedenken wir, daß diese Argusaugen (Argus ist eine griechische Mythengestalt – ein Riese mit hundert Augen) auf die Frau vom 13. bis zum 50. Lebensjahr gerichtet sind. Vergehen wir vor Angst, werden wir apathisch, oder finden wir den Mut, diesen Blick zu ertragen, ja sogar gegen diesen Riesen zu kämpfen? Seht, wohin diese Angst führen kann, wozu eine Frau, die schwanger ist, getrieben werden kann! Man stellt ihr mit einer sich steigenden Suggestion als die beste Lösung ihrer Schwierigkeiten den Schwangerschaftsabbruch

---

[7] Mary Steichen Calderone, M. D.: „Abortion in the United States", S. 23.

[8] Sim: „Psychiatric Indications for Abortion."

[9] a. a. O., S. 25.

vor Augen. Man sagt: Schwangerschaftsunterbrechung, in Wirklichkeit müßte es heißen: Schwangerschaftsbeendigung. Sind wir durch diese Angst nicht taub und blind geworden, daß wir nicht die ganze Wahrheit über die Schwangerschaftsunterbrechung mehr erfassen können?

Kann jemand sich überhaupt ein Urteil erlauben, sogar die Verantwortung tragen, wenn er bestimmen will, daß ein Kind unerwünscht sei, für welches Kind kein Halm mehr wächst? Werden wir nicht Menschen ohne Herz – ohne Ehrfurcht und Liebe? Lassen wir uns weiter denken: wenn diese Kinder – durch welches gütige Geschick? – doch geboren werden – wie werden sie später über uns urteilen? Wird ihr Urteil nicht ebenso herzlos sein? „Hört: wir können nicht für Euch alle sorgen. Wir bedauern es außerordentlich. Aber wir spüren keine Neigung dazu. Dann fällt das Wort „Euthanasie", das jetzt noch ein umstrittener Begriff ist. Denn an dieses Wort knüpfen sich aus der Kriegszeit her noch fürchterliche Erinnerungen. Aber jetzt stellt man dieses Wort mit keiner Hemmung und keinem Bedenken zur Diskussion." [10]

Aber kehren wir nach Japan zurück! Bevor wir uns intensiver mit der explosionsartigen Abtreibungswelle beschäftigen, die durch die gesetzliche Freigabe der Schwangerschaftsunterbrechung ausgelöst wurde, gestatten Sie mir nur eine Bemerkung. Die japanische Regierung hatte nie beabsichtigt, durch dieses Gesetz den Wachstumsprozeß der Bevölkerung aufzuhalten. Sie verfolgte nur das Ziel, der Zunahme von mißgebildeten Kindern zuvorzukommen. Es waren also eugenische Gründe maßgebend. Dazu allerdings beabsichtigten sie, die Gesundheit der Mutter zu schützen. Doch wie ganz anders ist alles gekommen! Die Anstalten für schwachsinnige Kinder sind nie so überfüllt gewesen wie jetzt. Es gibt Millionen unglücklicher Frauen, die ihr seelisches Gleichgewicht verloren haben. Über alle diese tragischen Folgen könnte ich ein ganzes Buch schreiben.

Das Gesetz wurde also 1948 verabschiedet. Die Zahl der Abtreibungen nahm langsam, aber konstant zu. Bereits im Jahre 1950 erregte ein Beschluß der Regierung die Öffentlichkeit, der

---

[10] „Laat Leven", Febr. 1973, S. 4.

sich mit der Zunahme der Abtreibungen und den daraus entstandenen Gesundheitsschäden für die Mütter befaßte:

„Die Zahl der Schwangerschaftsunterbrechungen nimmt ständig zu. Diese sind zwar notwendig, um das Leben und die Gesundheit der Mutter zu schützen. Aber es ist nicht zu verkennen, daß auch die Gesundheit der Mutter zu Schaden kommt. Darum muß man dafür sorgen, daß die empfängnisverhütenden Mittel mehr verbreitet werden, um die schädlichen Folgen der Schwangerschaftsunterbrechung zu verhüten." [11]

Am 24. August kam eine Warnung von seiten des Gesundheitsministeriums:

„Es hat sich gezeigt, daß einer Schwangerschaftsunterbrechung – eine Sitte, die jetzt weit verbreitet ist – bald eine neue folgt. Darum ist häufig ein operativer Eingriff nötig, um eine neue Geburt zu verhindern. Das hat ungünstige Folgen für die Gesundheit der Mutter."

Dementsprechend riet man zur Anwendung von empfängnisverhütenden Mitteln. Eine volksweite Aufklärung begann. Erwähnenswert ist, daß es nie eine starke Opposition gegen die gesetzliche Freigabe der Abtreibung gegeben hat. Außerdem machte die Tatsache, daß die Ärzte und nicht die Regierungsbeamten die Durchführung des Gesetzes kontrollierten, es schwer, wirksame Gegenmaßnahmen zur Eindämmung des Abtreibungsmißbrauches zu ergreifen. Die Masse des Volkes begriff nur eines, daß nicht mehr so viele Babys zur Welt kommen sollten. Aber sie wußte nicht genau, ob dies mehr durch Verhütung der Emp-

---

[11] Beschluß der japanischen Regierung vom 26. Okt. 1951. Diejenigen, die diese Angelegenheit tiefer untersuchen wollen, verweise ich auf die englische Veröffentlichung von Minoru Muromatsu: *„Some facts about family planning in Japan", Tokyo 1955, S. 35.* Und *„The Challenge and Control of the Population, Analyses of the Present Situation in Japan", Von Minoru Ishihara in „The Christian Physician in the Advance of the Science and Practice of Medicine", ed. by A. M. Connel and G. A. Lindeboom, The Hague, S. 103–118.*

Y. Koya: „Pioneering in Family Planning", Population Council, New York, 1963.

A. Zimmerman: „Birth Control in Japan, a Dead End Street", manuscript.

fängnis oder durch Abtreibung geschehen sollte. Die Volksmeinung kam etwa in folgenden Worten zum Ausdruck: „Wenn wir nicht mehr Raum und Nahrung bekommen, müssen wir die Geburten beschränken. Aber jeder Mann und jede Frau will lachende und spielende Kinder um sich haben. Wir müssen jedoch entweder die Empfängnis verhüten oder abtreiben“. Seit der Freigabe der Abtreibung wuchs in einem Jahr die Zahl der Schwangerschaftsunterbrechungen auf 246 104. Hier folgt die offizielle Statistik des Gesundheitsamtes für den Zeitraum von 1949–1969. Man schätzt die wirkliche Zahl zweimal so hoch.

Jahr	Total	Im 2. Monat	Im 3. Monat	Im 4. Monat	Im 5. Monat	Im 6. Monat	Im 7. Monat	Nicht deutlich
1949	246 104							
1950	498 111							
1951	638 350	80,8 %		12,2 %		6,9 %		0,1
1952	798 193	86,4 %		8,7 %		4,8 %		0,1
1953	1 068 066	90,1 %		6,6 %		3,3 %		
1954	1 143 059	91,2 %		5,9 %		2,8 %		0,1
1955	1 170 143	91,7 %		5,6 %		2,6 %		0,1
1956	1 159 288	571 713	497 533	35 387	26 788	20 002	7461	404
1957	1 122 316	555 109	483 594	32 094	24 846	18 815	7432	426
1959	1 098 853	553 648	463 979	30 723	22 570	19 061	8373	499
1958	1 128 231	562 980	481 345	32 193	24 061	18 893	8312	447
1960	1 063 256	545 000	443 979	29 183	20 592	17 081	6846	575
1961	1 035 329	538 370	429 064	27 131	19 050	15 064	6009	641
1962	985 351	519 439	404 678	25 068	16 881	13 392	5256	637
1963	955 092	508 911	388 592	23 387	15 933	12 528	4856	885
1964	878 748	476 576	351 480	20 826	14 282	10 603	4139	842
1965	843 248	460 013	335 920	19 028	13 282	10 063	3910	1032
1966	808 378	442 992	320 488	18 460	12 584	9 300	3728	826
1967	747 490	412 576	295 161	16 119	11 002	8 393	3446	793
1968	757 389	417 847	300 980	15 899	10 714	7 895	3155	899
1969	744 451	411 446	296 670	15 793	9 877	7 223	2848	594

Man wird vielleicht sagen, daß Japan doch früher stets sein Bevölkerungswachstum eingeschränkt hat. Man erinnere sich an die Zeit vor dem Kriege. Das stimmt, aber jetzt hat die Einschränkung in einem solchen Umfang zugenommen, daß sie ein Problem geworden ist. Vor dem Kriege betrug die Zahl der Schwangerschaftsunterbrechungen 100 000, während der letzten drei Kriegsjahre 50 000. Doch nach der gesetzlichen Freigabe stieg die Zahl explosionsartig. Noch einmal verweise ich auf die Meinung der japanischen Ärzte, daß man die vorher erwähnten Zahlen verdoppeln muß. Das Millionenblatt Mainichi veröffentlicht jedes zweite Jahr die diesbezüglichen Untersuchungen. Im Jahre 1951 hatten 15,4 % der Frauen in ihren fruchtbaren Jahren mit Schwangerschaftsunterbrechungen zu tun. 1955 war diese Zahl bereits auf 26,5 % gestiegen, 1961 sogar auf 40,8 %, dann sank sie ein wenig im Jahre 1969 auf 37,4 %. Eine sehr gründliche Untersuchung, die ich hier zur Verfügung habe, weist darauf hin, daß die Zahl auf 50 % steigt, wenn wir die Frauen hinzuzählen, die nicht geantwortet haben. „Außerdem müßten wir bedenken, daß Frauen auch bei anonymen Umfragen aus Scham oder Verlegenheit eine geringere Zahl zu nennen pflegen – was eine bekannte Tatsache ist, so erhalten wir noch eine höhere Ziffer der Abtreibungen.“ [12] Auf Grund meiner langen Erfahrung und den vielen Verbindungen in Nagoya, einer Stadt von 2 Millionen Einwohnern, verfüge ich über noch größeres Zahlenmaterial. Die „Women's Association“ gibt eine Zahl von 62 % aller Frauen in Nagoya und Umgebung an. Die Ärzte von Nagoya haben dasselbe Ergebnis ihrer Untersuchung für die Nichtpatienten, aber für ihre eigenen Patienten ermittelten sie 72 %. Frauen, die vier Kinder geboren haben, unterzogen sich mindestens zu 80 % einer oder mehreren Schwangerschaftsunterbrechungen. Hier folgt das Resultat einer Umfrage der „Mainichi“ Zeitung über den Prozentsatz der Frauen, die Abtreibungserfahrungen hatten.

---

[12] „Japan's 22 Year Experience With A Liberal Abortion Law“, von Dr. Yokichi Hayasaka, Dr. Hideo Toda, Dr Tasuke Ueno, Dr. Mineko Ishizaki, Dr. A. Zimmermann. XIIth International Congress of FIAMC (International Federation of Catholic Medical Associations). Washington, Oct. 1970.

	erfahren	nicht erfahren	keine Antwort	Total	Anzahl
2. Umfrage (1952)	15,4 %	68,4 %	16,2 %	100 %	3195
3. Umfrage (1955)	26,5 %	52,3 %	21,2 %	100 %	2949
4. Umfrage (1957)	29,7 %	57,4 %	12,9 %	100 %	3075
5. Umfrage (1959)	35,1 %	42,2 %	22,7 %	100 %	2956
6. Umfrage (1961)	40,8 %	35,6 %	23,6 %	100 %	2811
7. Umfrage (1963)	32,0 %	56,0 %	12,0 %	100 %	3166
8. Umfrage (1965)	32,7 %	56,3 %	11,0 %	100 %	3140
9. Umfrage (1967)	32,2 %	51,8 %	16,0 %	100 %	3804
10. Umfrage (1969)	37,4 %	52,7 %	9,9 %	100 %	3461

Zu den Statistiken möchte ich noch einmal bemerken, daß nach allgemeiner Auffassung die eigentliche Zahl doppelt so hoch als die offizielle ist. Dazu kommt, daß jeder Arzt die Zahl der Schwangerschaftsunterbrechungen, die er selbst vorgenommen hat, angeben muß. Allerdings ist er nicht verpflichtet, die Namen und Adressen der betroffenen Frauen zu nennen. Doch die Ärzte geben im allgemeinen eine niedrigere Zahl an, weil sie entsprechend der gemeldeten Zahl höhere Abgaben entrichten müssen. So weiß ich von den Ärzten eines größeren Ortes, daß sie sich untereinander geeinigt haben, nur ein Drittel der vorgenommenen Abtreibungen zu melden.

Die gesetzliche Freigabe der Schwangerschaftsunterbrechungen trat an die Stelle der Geburtenbeschränkung durch empfängnisverhütende Mittel.

Verschiedene Statistiken weisen aus, daß ungefähr die Hälfte der Frauen, die eine Schwangerschaftsunterbrechung beantragen, nicht einmal den Versuch gemacht hatte, eine Empfängnis zu verhüten. Nach meiner Meinung kann man daraus nichts anderes entnehmen, als daß die Frauen infolge der durch die gesetzliche Freigabe leicht gemachten Schwangerschaftsunterbrechung weniger zu den empfängnisverhütenden Mitteln greifen. Dr. Ayanori Okazaki, der ehemalige Direktor der Abteilung Bevölkerungsprobleme im Gesundheitsministerium, legte in einer gediegenen Studie der Öffentlichkeit dar, wie gerade die Propaganda für die empfängnisverhütenden Mittel für die Zunahme der Abtreibungen verantwortlich war. Außerdem muß ich erwähnen, daß bei denen, die die empfängnisverhütenden Mittel gebrauchten, die Fehlergebnisse sehr hoch waren. Hier folgt eine statistische Übersicht; absichtlich habe ich die angewandte Methode mit den entsprechenden Apparaten nur abgekürzt aufgeführt.

43,1 %	ist der Anteil mißlungener der	Ogino	-methode
35 %	ist der Anteil mißlungener der	T	-methode
40,6 %	ist der Anteil mißlungener der	C	-methode
47,5 %	ist der Anteil mißlungener der	P	-methode
44,7 %	ist der Anteil mißlungener der	J	-methode
48,3 %	ist der Anteil mißlungener der	D	-methode etc.

Die Schlußfolgerung:

Die Leichtigkeit, mit der man jetzt nach dem Gesetz abtreiben kann, hat die Menschen leichtfertig und gleichgültig gemacht.

„Was können wir dagegen tun?" Fragt Minoru Muramatsu in seinem Buch: „Atarashii Kazoku Keikaku" „Neue Familienplanung", das im Jahre 1960 in Tokio herauskam. „Wenn es um die Zuverlässigkeit der Instrumente und Methoden ginge, wäre es ein leichtes, die unerwünschten Schwangerschaften auf die Mindestzahl herabzusetzen. Das „C" muß doch zu 98 % sicher sein. Aber es ist die Frage, ob man es fortwährend gut anwendet. Aber gerade daran fehlt es. Was man an diesem menschlichen Faktor tun kann, weiß ich nicht. Es ist mir ein völliges Rätsel.[13] Wenn man die Frauen befragte, warum sie in Schwangerschaft waren, mußte man entweder erkennen, daß man getäuscht wurde oder daß sie keine „C"s mehr hatten, wenn sie auf Reise gingen, oder der Mann betrunken war. Es kam sogar vor, daß sie einfach das Risiko auf sich nehmen wollten oder daß sie gleichgültig waren oder das „C" nicht nehmen wollten, teils aus Angst vor eventu-

[13] A. Zimmerman: „Japan's Ambition, Birth Control Without Abortion", S. 7–8.

ellen Nebenwirkungen, teils weil sie nicht auf den Genuß verzichten wollen.[14] Dr. Muramatsu schlug darum vor, den Frauen anzuraten, zu gleicher Zeit verschiedene Methoden anzuwenden. Er war allerdings der Ansicht, daß es zwecklos sei, die Männer zu einer Sterilisation zu bewegen. Andererseits warnte er vor einer leichtfertigen Sterilisation, da diese unwiderrufliche Folgen habe. Als ein besseres Mittel schlug er die periodische Enthaltung vor, unter der Voraussetzung, daß man sich an fachkundige Ärzte wendet und nicht einfach sich die Gebrauchsanweisung aus einer zufälligen Lektüre nach Art der Selbstbedienung verschafft.

Dr. Tatsuo Honda vom Institut für das Bevölkerungsproblem, Unterabteilung des Gesundheitsministeriums, vertritt die Auffassung, daß $^{3}/_{4}$ aller Frühgeburten auf Abtreibung, $^{1}/_{4}$ nur auf den Gebrauch empfängnisverhütender Mittel zurückgehe. Das war im Jahre 1950. Ungefähr acht Jahre später war das Verhältnis folgendermaßen: auf Abtreibung ging $^{2}/_{3}$ aller Frühgeburten zurück, auf Gebrauch empfängnisverhütender Mittel $^{1}/_{3}$. Leider fehlen mir die Zahlen für die Jahre 1960 bis 1970.

Die Tatsache, daß die Abtreibung an die Stelle der Empfängnisverhütung getreten ist, kennzeichnet auch die Lage in den anderen Ländern. Dr. F. T. Diemer-Lindeboom führte in einer Ansprache am 7. April 1971 aus: „Was sich jetzt bei uns in Holland zeigt, stimmt in keiner Weise mit dem überein, was man vernünftigerweise hätte erwarten dürfen. Man hat jetzt eine Menge Verhütungsmittel in einem ungekannten Maße zur Verfügung gestellt. Man hat sie mit einem enormen Aufwand an Propaganda angepriesen . . . Aber bevor man überhaupt davon sprach, daß die Pille schädlich sein könnte, nahm die Kurve der Abtreibungen wieder zu, ebenso der Druck der Öffentlichkeit auf großzügigere Anwendung der Abtreibung. Was kann nun der Grund sein, daß Mediziner, Pflegepersonal und Krankenhausverwaltung indirekt unter Druck gesetzt werden, bei den Schwangerschaftsunterbrechungen zu assistieren?“

---

14 M. Muramatsu : „Atarashii Kazoku Keikaku“, Tokyo, Kodansha, 1960, S. 67.

Abtreibung ist gleichsam zum Zwang für das einfache Volk geworden.

Auf die einfachen Hausfrauen wird in steigendem Maße Druck ausgeübt, so daß sie immerfort wiederholen: „Shikata ga nai – darin kann man nichts tun." „Wir haben keine andere Wahl, als unsere Leibesfrucht abtreiben zu lassen." Sie bekommen, wenn sie mehr als zwei Kinder haben, keine Etage- oder Mietwohnung – „Gute" Nachbarinnen sind eilends mit ihrem Rat oder ihrer Hilfe bereit, wenn eine Frau häufig schwanger wird. Wenn eine Frau in Hoffnung einen Arzt aufsucht, ist gewöhnlich die erste Frage: „Umimasu Ka?" – „Wollen Sie das Kind zur Welt bringen." Außerdem finden die Frauen leichter eine Stelle zu einem Nebenverdienst, wenn sie früh aufhören, schwanger zu werden. Hat die Frau nur zwei Kinder, kann sie sie leichter in einer Pflegestation oder in einem Kindergarten unterbringen. Hinzu kommt noch, daß die Großindustrie es darauf angelegt hat, einen eisernen Ring um die Kleinfamilie zu legen. In der Vorkriegszeit war es allerdings anders. Ich muß noch darauf hinweisen, daß die öffentliche Meinung in dieselbe Richtung drängt. Ich habe viele Freunde in Ost und West, die ein sehr glückliches Familienleben führen und kinderfroh sind. Diese müssen, gleich wo sie sind, im Westen oder im Osten, immer hören: „Was sind Sie doch für ein brutaler Mann!" Dabei wissen wir, daß die Bevölkerungskurve in Japan wie in Europa unaufhaltsam sinkt! In Japan gibt es auch kein Kindergeld und keinen Familienzuschlag. Man kann es so ausdrücken: Sobald das Gesetz es zugestanden hatte, das Kind abtreiben zu lassen, war es einer Frau nicht mehr möglich, es nicht abtreiben zu lassen.

Die meisten – sowohl Männer als auch Frauen – schämen sich ihrer Abtreibungen.

Die zahlreichen Meinungsumfragen bestätigen dies. Eine Untersuchung, die das Aichi-Komitee in Sachen der gesetzlichen Freigabe der Schwangerschaftsunterbrechung (im Englischen hat man den euphoristischen Ausdruck „Eugenic Protection Law") veranstaltete, zeigte, daß 73,1 % der Frauen, die ein Kind abgetrieben hatten, Angstgefühle hatten wegen dem, was sie getan hatten (im Japanischen gibt es kein Wort, das Schuld bedeutet). Die Untersuchung, die Dr. Kaseki veranstaltet hatte, brachte das gleiche Ergebnis: 59 % der Frauen fanden, daß Abtreibung etwas Schlechtes sei, nur 8 % waren anderer Meinung. Eine Umfrage in der Stadt Gamagori ergab, daß 65 % vor ihrer Handlungsweise Ekel hatten. Bei einer Untersuchung in der Stadt Nagoya stellte sich heraus, daß 67 % der Frauen der Auffassung waren, daß die Leibesfrucht vom ersten Augenblick ein individuelles Leben sei und nicht ein Teil der Mutter. 42 % betrachteten Abtreibung als eine schlechte Tat. 57 % bedauerten es, daß man daran nichts tun könne. 1 % wußte nicht, ob sie diese Tat als schlecht oder gut bezeichnen sollten.

Auch die Staatskanzlei des Ministerpräsidenten veranstaltete eine Untersuchung im Jahre 1969. Dabei stellte sie fest, daß 88 % der befragten Frauen die Abtreibung als etwas Schlimmes beurteilten. Sie fügten aber stereotyp hinzu, shikata ga nai, daß man daran nichts ändern könne – eine Auffassung, die wir im Westen als fatalistisch abtun. Von den besagten 88 % vertraten 11 % die Meinung, daß man niemals abtreiben dürfe, zettai ni yurusanai, 29 %, daß sie sehr böse sei, Taihen warui Koto da, 48 %, daß sie selbstverständlich nicht gut sei, daß man aber nichts daran ändern könne. 7 % konnten nicht viel zu dieser Frage sagen und 3 % bekannten, daß sie keine Antwort wüßten.

Noch mehr schämen sich Ärzte und andere über die Reklame, die in anderen Ländern, vor allem in Amerika betrieben wird, um Frauen zu überreden, in das „Abortion Paradise“ „Abtreibungsparadies“ Japan zu kommen. „Bei uns sind ausgezeichnete Ärzte, keine gesetzlichen Hindernisse und niedrige Preise“, kündet eine Anzeige, „Sie können einen herrlichen Urlaub in Japan verbringen und in dem Reisebillet ist die Schwangerschaftsunterbrechung miteinbegriffen, das alles zu einem Preis, den Sie auf dem Schwarzen Markt in Amerika für eine einzige Schwangerschaftsunterbrechung bezahlen müßten. Sie kehren in Ihr Land federleicht zurück, befreit von einem so langweiligen Etwas.“ Das ist so ungefähr in dem Stil des Dr. Wong oder des Boy Edgar, des Jazzmusikers und Arztes in Amsterdam. Sie ziehen so eine Komödie, besser gesagt eine Tragikkomödie auf. „Wer mit dem

Patienten kommen will, ist herzlich willkommen. In der Klinik ist eine Kantine, und für die Kinder, die an einem solchen Tag nicht so schnell untergebracht werden können, ist genügend Spielzeug in der Ecke." [15] Es fehlt nur noch die Jazz-Band. Dann könnte die ganze Prozedur unter Musikbegleitung, ja mit Jazzmusik von statten gehen. Der Jazzmusiker und Hausarzt Edgar meint dann auch in derselben Tonart: „Man soll von der Abtreibung nicht so viel Aufhebens machen. Nicht klagen, nicht stöhnen. Natürlich ist so ein Tag für die Frau kein Sonntag! Man soll aber mit ihr trotzdem dann seine Scherze machen. „Nein Herr Dr. Wong, Herr Edgar, so schnell seid ihr nicht damit fertig. Ihr sagt ja selbst: das größte Problem sei nicht die Abtreibung an sich, sondern der seelische Druck, der innere Vorwurf, die Schande."

Wie könnte es auch anders sein, als daß man sich schämt, wenn man daran denkt, daß so viele Kinder, die von der 20. Woche an außerhalb des Mutterschosses leben können, die frisch-fröhliche Kinder sind, durch einen ärztlichen Eingriff aus dem Mutterschoß geholt und in Stücke zerhackt werden, daß sie in kleine Schüsseln gelegt werden, bis das Wimmern aufhört. Dann unterschreibt der Arzt, daß das Kind tot geboren wurde, und alles ist in Ordnung. Es war Pius XI., der das Wort gesprochen hat: „Gott ist der Richter und Rächer des unschuldigen Blutes, das von der Erde zum Himmel schreit." Dabei bedenke man den grellen Gegensatz: in Japan werden die Autofahrer gemahnt, auf spielende Kinder zu achten, damit keines zu Schaden komme. Ebenso sieht man, wie in Osaka die Mütter sich eifrig darum bemühen, eiserne Lungen für ihr spastisch gelähmtes Kind zu erhalten. Sie gehen auf die Straße, um das nötige Geld dafür zu erbetteln. Als Gefahr für ein Kind vor der Geburt drohte wegen des Rhesusfaktors, wurde blitzschnell in ganz Japan die Nachricht verbreitet mit der Bitte, die Träger einer äußerst seltenen Blutgruppe sollten sich melden zur Rettung dieses Kindes. Es stellten sich zwei Amerikaner und ein Engländer sofort zur Verfügung. Das Kind kam durch Kaiserschnitt zur Welt. Einigen berühmten Ärzten gelang es, sogleich

[15] „Utrechts Nieuwsblad«, 16. Okt. 1972.

das Blut auszuwechseln. So blieb das Kind am Leben. Ganz Japan kannte sich nicht mehr vor Freude.

Die Millionen Leser zählende Mainichi Zeitung veranstaltete wieder eine Meinungsumfrage und kommentierte das Ärgernis, wie folgt: „Niemand kann leugnen, daß die Abtreibung auf Grund unserer Moralauffassung etwas ungeheuer Brutales ist. Was noch mehr zählt, ist die Tatsache, daß sie ganz und gar den Mutterinstikt verkennt. Es wäre doch von Interesse, einmal zu wissen, was uns Japaner bewegt, uns auf eine solche Art der Geburtenbeschränkung zu verlegen. Dazu allerdings haben wir nicht die Untersuchung vorgenommen. Unser Ziel war nur zu betonen, daß alle, die die Abtreibung vorgenommen haben, das Opfer eines moralischen oder seelischen Konfliktes geworden sind."

Das betrifft nicht nur die Frauen, die abgetrieben haben. Auch die Ärzte sind betroffen. Aus ihrem Munde habe ich nicht selten gehört: „Wir versündigen uns durch Mord an den Schwächsten, die sich nicht wehren können." Man bedenke: das sind Bekenntnisse von Ärzten, die keine Christen sind. Das Urteil der katholischen japanischen Ärzte brauche ich nicht anzuführen. Es deckt sich mit dem von Dr. Does de Willebois, Prof. Lindeboom, Dr. van Riessen, Dr. Rottinghuis, Prof. Plate, Prof. Eskes, Prof. Büchner, Prof. Lejeune u. a., kurz mit dem von allen, die die ausgezeichnete „Denkschrift für die Ehrfurcht vor dem menschlichen Leben" unterzeichnet haben. Diese japanischen Ärzte drücken es härter aus: sie sprechen von „feiger Mordtat, die in unseren Schlachthöfen begangen wird."

Eine große Zahl dieser japanischen Ärzte kenne ich persönlich gut, da ich häufiger in ihren Vereinigungen wie in denen der katholischen Pflegerinnen gesprochen habe. Die Japaner sind vielfach abergläubisch. Wenn eine Naturkatastrophe hereinbricht oder ein großes Unglück, wie z. B. die Grubenkatastrophe von Hokkaido, bei der Unzählige ums Leben kamen, hörte ich oft sagen: „Das ist Tenbatsu, die Strafe des Himmels für all die Abtreibungen". Man erwartet in den nächsten Jahren ein gewaltiges Erdbeben. Wenn das eintreten sollte, was Gott verhüten möge, würden wieder die Massenblätter von einer

„Strafe des Himmels“ schreiben. Die Buddhisten veranstalten regelmäßig Gottesdienste zum Troste der abgetriebenen Kinder. Es wäre nicht so übel, wenn katholische Politiker einmal in dieser Hinsicht eine Gewissenserforschung machen würden. Und man muß nicht meinen, daß der Autor dieses Buches als überzeugter Christ in die verschiedenen Reaktionen bei Japanern und Japanerinnen gewisse Schuldgefühle hineininterpretiert hat. Einige meiner letzten Erfahrungen in Japan könnten hier vielleicht Klarheit bringen.

Am Anfang dieses Jahres 1974 haben buddhistische Mönche einen großen Tempel gebaut, der „Shojuin“, meistens aber „Akachandera“, Tempel der Babies genannt wird. Wie es dazu gekommen war? „Während vieler Jahre“, so schrieb der Bonze Seido Masamura in der Wochenschrift „Shukan Yomiuri“, vom 9. Febr. 1974, „hat man die in Stücke geschnittenen Fötusse zugleich mit dem Abfall weggeschmissen. Gelegentlich sah man diese sogar in den Flüssen treibend. Wenn ich das sah, wurde mir übel und ich faßte den Entschluß, einenTempel zu bauen um für die armen Kinder Gebete aufzuopfern.“

In den Tempelanlagen haben die Mönche auch einen „Jigandō“ errichtet. Ji = Barmherzigkeit; gan = Augen; dō = Halle; also ein Gebäude wohin man geht um mit Blicken des Erbarmens die Seelen der abgetriebenen Fötusse um Vergebung zu bitten. In dieser „Jigandō“ liegen Zehntausende von kleinen Plastikbehältern, kleiner wie eine Zündholzschachtel. Darin befindet sich die Asche eines Fötus. Man muß nämlich wissen, daß in Tokio allein schon acht große Unternehmungen sich damit beschäftigen, um täglich bei den Spitälern die abgetriebenen Fötusse abzuholen und diese zum Krematorium zu bringen. Ein buddhistischer Mönch erzählte uns:

„Jede dritte Stunde des Tages komme ich hierher um zu beten und um die Seelen der abgetriebenen Fötusse zu trösten. Viele junge Mütter kennen diesen Tempel schon. Ich habe aber beobachtet – zweifellos wegen der Scham, die sie tief empfinden – daß sie am liebsten kommen, wenn es dunkel wird. Aus diesem Grunde haben wir Mönche uns entschlossen die Tempelanlagen nachts offen zu lassen. Jetzt kommen die Frauen massenhaft meistens

nachts. Unter diesen Frauen erkenne ich öfters bekannte Schauspielerinnen, Fernsehtypen und berühmte Schriftstellerinnen, aber „shirankao wo shimasu“ = ich stelle mich so, als ob ich sie nicht kennen würde. Die Frauen kommen hierher wegen ihrer abortierten Kinder um Vergebung zu erbitten. Zweimal im Jahre halte ich ein „Mizukomatsuri“. Mizu = Wasser, aber in diesem Falle Fruchtwasser; ko = Kindlein; matsuri = Tempelfeier. Buchstäblich übersetzt ist die Bedeutung deshalb: religiöse Feier für die Fruchtwasserkinder.

Auch auf dem japanischen Lande hörte ich Sachen, die mir – obschon ich bereits 30 Jahre in Japan bin – bis jetzt völlig unbekannt waren. Es passiert dort öfters, daß die Frauen ein kleines Stückchen Grund, ca. 40 × 50 cm, mit Steinen oder Stöckchen abgrenzen und dieses als Symbol des Grabes ihres abgetriebenen Kindes ansehen. Das abgegrenzte Stückchen Grund nennt man: „Kodomo no nai haka“, Grab ohne Leichnam. Die Frauen auf dem Lande gehen öfters dahin um Verzeihung zu bitten mit improvisierten Gebeten, die wirklich rührend sind: „Watakushi no shinai naru kodomo, kawaisō na kodomo, watakushi wo yurushite kudaisai. Warui koto wo shimashita“ ... „Mein sehr geliebtes Kindlein, mein armes Kind, verzeihe mir; ich habe etwas Schlechtes getan; ich bin keine gute Mutter gewesen ... usw.“

Wir haben es hier zu tun mit nichtchristlichen Frauen, und niemand hat ihnen irgendein Schuldgefühl eingeredet. (In Europa hört man gelegentlich von Politikern: die sogenannten Schuldgefühle haben protestantische und katholische Geistliche den Frauen eingeredet. Diese Abgeordneten sind doch wohl chemisch rein von jedem positiven Christentum.)

Vor zwei Monaten haben bestimmte Frauenvereine das japanische Justizministerium gebeten das Abtreibungsverbot insgesamt aus dem Strafrecht zu streichen. Das ist diesen Frauen aber nicht gelungen, denn eine große Mehrheit der ministeriellen Experten des Justizministers hat Ende Januar 1974 beschlossen, gewisse Abtreibungen[15a] auch jetzt noch als Verbrechen zu klassifizieren:

[15a] Es handelt sich hier um einen ganz winzigen Teil der Abtreibungen, nämlich die nicht unter das Liberalisierungsgesetz fallenden.

Council Retains Statute On Criminal Abortion

The Legislation Council, an advisory organ to the Justice Minister, now working on a comprehensive revision of the Penal Code, Tuesday decided to retain the classification of some abortions as a crime.

At its general meeting held at the Justice Ministry, the council decided on the retention which has been opposed by some women's organizations and lawyers.

The Penal Code provisions on abortion, ban abortions not based on the Eugenic Protection Law.

The point at issue was whether it was necessary to maintain the provision on criminal abortion which have practically outlived their usefulness.

According to the Justice Ministry, the public prosecutors' offices have dealt with only six abortion cases, where the Penal Code provision rather than the Eugenic Protection Law was involved, over the past six years.

At Tuesday's general meeting, some members proposed that the council amend or scrap the provisions on abortion, but their proposals were voted down by a majority.

Those who opposed the criminal classification of abortion, argued that it had become obsolete after the Eugenic Protection Law made some forms of abortion lawful.

They also claimed that abortions could not be controlled with legal punishments because abortions are ethical problems rather than criminal.

Still others pointed out that many foreign countries had eased their ban on abortion which is now considered as an effective means of preventing population explosion.

Women's libbers and some lawyers argue that whether or

Es waren innerhalb von 6 Jahren nur 6 Fälle. Die ganze Sache ist eigentlich nur eine Show. Vielleicht weil sie den Ausländern sagen können: Bei uns ist Abtreibung in gewissen Fällen doch noch ein Verbrechen. Siehe hierzu das obige Dokument:

not to undergo an abortion should be left to the discretion of each woman concerned.

On the other hand, those who favored the retention claimed that respect for the life of a fetus is as essential as that for a full-fledged individual and that the criminal classification of abortion constituted a deterrent to degradation of sexual morality. (Japan Times, 25. März 1974)

Ist das nicht ein Zeichen, daß die Japaner doch noch eine gewisse Scheu empfinden? Als Gründe für die Verweigerung wurden vom Justizministerium angegeben: I. Respekt vor dem Leben eines Fötus, der ebenso würdig ist der Ehrerbietung für einen vollkommenen Menschen und II. daß die Klassifizierung von gewissen Abtreibungen als ein Verbrechen wie eine Bremse wirken wird gegen die schnelle Degeneration der sexuellen Moral.

Leicht verdientes Geld führt dazu, die japanische Abtreibungsepidemie fortbestehen zu lassen, ja sie noch zu intensivieren.

Kürzlich schrieb noch eine Frau in der 6½ Millionen Leser zählenden Asahi-Zeitung: „Eine Frau in Hoffnung kann heutzutage nicht mehr zu einem Arzt gehen, ohne die Routinefrage hören zu müssen: Umimasu Ka ‚Wollen Sie das Kind zur Welt bringen? Die einzige Stelle, wo man nicht sofort gefragt wird, was man mit dem Kinde tun wolle, ist das katholische Krankenhaus. Vor Jahren hat man mir verschiedentlich diese Frage gestellt. Hätte ich damals dem Rate des Arztes gefolgt, hätte ich heute nicht ein so liebes Kind.“ Überall sieht man die Schilder, wo die abtreibenden Ärzte zu finden sind. Sogar eine Karte weist den Weg, wie man am leichtesten dorthin kommt. Es bleibt in Japan noch immer schwer, eine Adresse zu finden.

Ein japanischer Arzt erklärte einmal mit östlicher Sophistik, warum das Abtreibungsgesetz nicht geändert wird: „Die Universitätskrankenhäuser haben eine strenge Abtreibungspraxis. Es gibt sogar solche, die keine Abtreibung durchführen, da sie der Auffassung sind, daß der Arzt das Leben zu retten und nicht zu vernichten hat. Gleichwohl praktizieren Universitätsgynäkologen die Abtreibung, um ihr Auskommen zu erhöhen, verschiedene Tage in der Woche in anderen Krankenhäusern, wo sie dann am laufenden Band abtreiben. So kann man verstehen, warum eine Gesetzesänderung nicht möglich ist."

Auch zwei amerikanische Ärzte, die nach Japan reisten um das Abtreibungsproblem an der Stelle zu studieren, kamen zur gleichen Schlußfolgerung. Sie schrieben in „Techniques of Abortion": „Ich sah eine Frau, die in Tokyo in ein vorzügliches Krankenhaus zugelassen wurde für ihre fünfte Abtreibung innerhalb von vier Jahren" (das ist gar keine Ausnahme; ich weiß von japanischen Frauen, die 20 bis 25 Mal haben abtreiben lassen. - v. Str.). „Man begrüßte sie wie eine alte Freundin; ihr wurde sofort geholfen und sie konnte bald wieder gehen. (Man nennt das in England „lunchtime abortions", v. Str.) Sie wurde von ihrem Arzt mit sehr höflichen Verneigungen und gegenseitigen freundlichen Wünschen zum Ausgang geführt, aber der Arzt sagte kein Wort, wie sie eine sechste Schwangerschaft verhüten könnte." (Er dachte natürlich an eine neue Kundschaft. - v. Str.) Diese amerikanischen Ärzte hatten ihren japanischen Kollegen die neuesten Verhütungsmethoden auseinandergesetzt und die japanischen Ärzte gaben sich sehr interessiert. Aber ein anderer Japaner warnte die amerikanischen Ärzte, keine schnellen Folgerungen daraus zu ziehen, mit den Worten: „Vorsicht, lasset euch nicht betrügen. Unsere Ärzte werden keinen Gebrauch machen von euren neuen Verhütungsmethoden. Unsere Ärzte sind wirklich nicht interessiert Schwangerschaften zu verhüten. Weil unsere Regierung die meisten ärztlichen Tarife kontrolliert und festgelegt hat, machen wir unseren wirklichen Gewinn von den Abtreibungen und das geben wir nicht auf." [16]

Die gesetzlich erlaubte Abtreibung ist nicht viel sicherer als die ungesetzliche.

Zahlreiche Untersuchungen haben ergeben, daß Millionen japanischer Frauen der Überzeugung sind, daß sie gesundheitlich auch infolge der gesetzlich erlaubten Schwangerschaftsunterbrechungen gelitten haben. Diese Untersuchung erstreckte sich auf

---

[16] „Techniques of Abortion", von S. Neubardt und H. Schulman, Boston, 1972, S. 139.

16 bis 17 Millionen Frauen. Die Unverheirateten, die abgetrieben haben, sind nicht mitgezählt worden. Nach der Auffassung der japanischen Ärzte kann man sicher annehmen, daß mindestens die Hälfte dieser Frauen eine Abtreibung vorgenommen haben. Mehr als 30 Prozent litten an den Folgen des ärztlichen Eingriffes, d. h. 2 1/2 Millionen Frauen. Wohl herrschte anfänglich ein großer Optimismus, daß sich bald die Folgen beheben ließen. Doch dieser hat sich nicht halten können. Dr. Hiroshi Ogino, der Sohn des bekannten Entdeckers der Ogino-Methode, der in Japan sehr großen Einfluß besitzt, erklärte 1963, daß sich die Folgen, die das Gesundheitsministerium erwartete, gerade diametral zum wirklich Eingetretenen gezeigt haben. Dr. Kenjiro Noda, Professor an der Shinshu-Universität, veröffentlichte in der Zeitschrift Sanfujinka Chiryo „Geburtshilfe und Gynäkologie" im September 1960 eine Übersicht über eine Menge schädlicher Folgen. Einige davon: chronische Blutungen, Verletzung des Gebärmutterhalses, Unfruchtbarkeit, bösartige Geschwülste der Gebärmutter, Scheinschwangerschaft, Menstrualstörungen, Wehenschwäche u. a.:

„Meine Leser werden vielleicht sehr böse sein. Aber sie müssen daran denken, daß der Arzt ein tödliches Instrument führt, und dazu noch mit kräftiger Hand, ohne genügend sehen zu können, was er trifft. Es kann den Anschein haben, als ob man mit dem Gewehr ins Dunkle schießt. Man muß unbedingt die Operation als schwierig bezeichnen. Man darf die Leute darüber nicht im Ungewissen lassen, das sog. Schutzgesetz ist in Wirklichkeit ein Schadengesetz geworden."

Wenn auch die japanischen Ärzte den operativen Eingriff normal ausführen – und sie verstehen sich aufs Operieren –, so spürt die Frau doch plötzlich, wie sich ihr Zustand ändert – von der Schwangerschaft in den Zustand der Nichtschwangerschaft. Ihr Körper war in hohem Maße auf die Ernährung und Entwicklung der Leibesfrucht eingestellt. Der Eingriff nahm ihr plötzlich die Ursache für diese fast übermenschliche Aktivität. Der bekannte Dr. Y. Moriguchi vergleicht diesen Zustand mit dem Ziehen der Notbremse im Zug, der in voller Fahrt ist. Nach Dr. Nakatsu tritt als direkte Folge das Syndrom des unausgeglichenen sympathischen Nervensystems auf.

Ich möchte noch bemerken, daß man nur schwerlich ein genaues Bild von den Folgen auf Grund der klinischen Untersuchungen erhalten kann, da die japanischen Ärzte mit einigen Ausnahmen wie Dr. Nakatsu und Dr. Noda kein Interesse an der Veröffentlichung haben.

Es gibt ganz bestimmte Merkmale des Abtreibungsphänomens, die diese Operation gefährlicher erscheinen lassen als andere. Selbst wenn die Schwangerschaftsunterbrechung ganz legal ist, läßt doch das Verhältnis Arzt–Patient viel zu wünschen übrig. Wie wir bereits erfahren haben, betrachtet die Mehrzahl der Japanerinnen die Abtreibung als etwas Schlimmes. Darum suchen viele Frauen fremde Ärzte auf, die ihre Patientinnen nicht kennen. Die Frauen von Nagoya gehen meistens nach Tokio. Japanische Studentinnen und Mädchen kleiden sich wie Erwachsene und gehen nach Okasaki. Jugendliche unter 20 Jahren suchen die Seiyakusho-Abteilung der Krankenhäuser auf, wo sie eine Abteibung anonym erhalten. Unverheiratete, Prostituierte und Barmädchen haben gelernt, einander abzutreiben. Ein Arzt fühlt zudem weniger Verantwortung für eine fremde Patientin als für seine eigene. Das gegenseitige Vertrauen schwindet, da beide – Arzt wie Patientin – sich bewußt sind, etwas Schändliches getan zu haben. Die Patientinnen kehren auch nicht mehr zum Arzt zurück, wenn eine Komplikation eine Nachbehandlung nötig macht. Außerdem deckt die Krankenversicherung, die in Japan für beinahe jeden Eventualfall sorgt, diese Ausgaben nicht, so daß die Patientinnen sogleich beim Verlassen des Krankenhauses ihre Rechnung begleichen. All das ist nicht dazu angetan, das Vertrauensverhältnis von Arzt und Patient zu fördern. Darum sind tüchtige Ärzte, wie z. B. Dr. Yokichi Hayasaka, Hideo Toda, Tasuki Ueno, Mineko der Auffassung, daß infolge der gesetzlichen Freigabe der Schwangerschaftsunterbrechung die Frauen mehr zu Schaden kommen als in der Zeit, als die Fälle der Schwangerschaftsunterbrechung durch die gesetzliche Regelung äußerst beschränkt waren. Nach den Statistiken von Dr. Moriyama hatten vor dem Kriege 0,3–0,2 Prozent eine Schwangerschaftsunterbrechung vornehmen lassen, dagegen 1972 50 Prozent. Die Ärzte sind der Meinung, daß erst dann die Gesundheit der japanischen Frauen weniger Anlaß zur

Sorge geben wird, wenn man die gesetzlichen Vorschriften strenger handhabt. All das ist nüchterne Wirklichkeit, die ich noch näher belegen könnte.

Schwangerschaftsunterbrechungen sind nicht erforderlich zur Lösung des sog. Übervölkerungsproblems.

Kurz nach dem Kriege sprach man in Japan von einem Überfluß an Arbeitskräften. Augenblicklich ist die Lage direkt entgegengesetzt. Das Weißbuch, das die Regierung im Juli 1970 veröffentlichte, sprach von einem bedenklichen Mangel an Arbeitskräften. Man befürchtete ernste Folgen für die Funktionsfähigkeit der Wirtschaft. Darüber ließe sich noch mehr sagen. Doch nur das eine möchte ich erwähnen, daß die japanischen Wirtschaftler nicht der Auffassung waren, daß die Geburtenkontrolle – in welcher Form auch – ein Vorteil für die Wirtschaft gewesen ist.[17] Dr. Komiya, Professor der Volkswirtschaft an der ersten Universität des Landes in Tokio, erklärte: „Es besteht kein Zusammenhang zwischen der Geburtenkontrolle und dem augenblicklichen Wohlstand in Japan. Eine solche Meinung trifft man nur bei Nichtjapanern an, die unser Land nicht kennen, und sie hält sich dort hartnäckig." Schließlich verweise ich noch auf eine Erklärung des japanischen Ministerpräsidenten, eines ausgezeichneten Mannes, Ikeda", vom Jahre 1963:

„Ich möchte nur wünschen, daß unser Volk daran denkt, daß es sich bei einer Zunahme unserer Bevölkerung wirtschaftlich ohne Zweifel besser stehen würde. Ich bin fest davon überzeugt, daß es andere Möglichkeiten gibt, das Bevölkerungsproblem zu lösen, als die, die darauf zielen, das ungeborene Leben bereits im Mutterschoße zu vernichten."

Auf einem Symposion, das die Großindustriellen am 28. Januar 1961 in Osaka veranstalteten, unterstrich einer der Redner seine Auffassung, daß es bei der Bevölkerungszunahme eine Grenze geben müsse.

„Japan ist gebirgig und hat nur eine begrenzte Oberfläche. Es

---

[17] Der Verfasser hat dieses ausführlich behandelt in seinen Büchern „Où va le Japon?" und in „Asiatisches Tagebuch".

muß eine Schranke geben, die wir nicht übersteigen können." Darauf antwortete ein Großkaufmann: „*Unsere optimale Bevölkerungsgrenze dürfen wir nicht als eine Schranke sehen, sondern als einen Regenbogen. Je näher wir ihm kommen, um so mehr entfernt er sich am Horizont. Die optimale Bevölkerungsgrenze ist nicht eine feste Zahl, sondern ein fließender Begriff. Sie ändert sich stets so, wie sich unsere Wirtschaft ändert. Während der Tokugawaperiode (1603–1868) hielt die Regierung unsere Bevölkerung auf einem Stand von 23 Millionen. Und doch gab es damals unsagbar mehr Elend und Hunger als jetzt, wo wir viermal mehr Bewohner haben als damals.*"

Dr. Iijima, ein Industrieller, Fachmann und Verfasser einer Menge von Büchern über Wirtschaft, erklärte auf demselben Symposion, daß zur Lösung der Wirtschaftsprobleme und der Bevölkerungsschwierigkeiten die Geburtenregelung niemals nötig gewesen sei, vor allem nicht in der augenblicklichen Situation. Unsere Nation kann beinahe jede Bevölkerungszunahme verkraften, wenn sie nur für genügend Möglichkeiten des wirtschaftlichen Lebens und für einen ausgedehnten Außenhandel sorgt." 1968 ersuchte der Ministerpräsident Sato sein Kabinett, Schritte zu unternehmen, um die große Zahl der Abtreibungen zu begrenzen. Am 23. März 1970 erklärte derselbe Ministerpräsident während eines öffentlichen Hearings im Parlament, das durch das Fernsehen in ganz Japan ausgestrahlt wurde:

„*Am allernotwendigsten ist es, die Flut der Abtreibungen einzudämmen, um unserem Lande genügend Arbeitskräfte zu gewährleisten und unser Überleben zu sichern. Umso notwendiger ist es, weil wir das menschliche Leben achten müssen, ob das Leben noch im Mutterschoße ist oder schon geboren." In demselben Jahr sprach Prof. Watanaba von der Jikei-Universität in Tokio auf dem vierten New-York-Tokio-Ärztekongreß seine große Besorgnis aus: „Unsere Bevölkerung wird alt, und bald werden wir nicht genügend Menschen haben, die wir zur Existenz unseres Volkes benötigen.*"

Der Ministerpräsident Yoshida hatte vor einem Vierteljahrhundert mit Recht wiederholt erklärt, daß der eigentliche Reichtum Japans in Millionen junger begabter und strebsamer Arbeiter bestehe. In Zukunft aber wird dieser Reichtum gar bald abnehmen, wie wir das jetzt auch hier in Deutschland erleben.[18] Die Yomiuri vom 12. Dezember 1972 widmete dieser Frage einen langen Artikel und forderte eine Überprüfung des Gesetzes über die Freigabe der Schwangerschaftsunterbrechung. Augenblicklich hat Japan eine Million Arbeiter zu wenig. Diese Zahl wird noch zunehmen, wenn nicht der Liberalisierung der Abtreibung Einhalt geboten wird. Sonst wird die Bevölkerung in dreißig Jahren völlig vergreisen.

Man beabichtigt, aus dem Gesetz die Klausel „aus wirtschaftlichen Gründen" zu streichen. Die japanischen Ärzte sind der Meinung, daß die meisten Abtreibungen aus diesem Grunde vorgenommen werden. Zudem haben im Anfang des Jahres 1973 führende Politiker das Gesetz über Schwangerschaftsunterbrechung scharf kritisiert. Jetzt sprechen sie von „einem unmenschlichen Gesetz, das dem Ansehen Japans in der Welt beträchtlich geschadet hat." Das sind wohl große Worte, aber bis jetzt hat man in dieser Hinsicht noch nichts unternommen. Ein neuer Gesetzentwurf wird immer wieder verschoben.

Am 17. Oktober 1972 hielt der neue japanische Erziehungsminister Osamu in Paris einen Vortrag über seine künftigen Pläne. Obwohl er die Abtreibung nicht namentlich erwähnte, dachte er, wie ich als „alter Japaner" vermute, an das diesbezügliche Gesetz, als er folgendes ausführte:

„Während des Krieges und nach seiner Niederlage mußte Japan seine traditionellen Tugenden, Gefühl für feine Sitte und Milde, verleugnen. Um unsere Wirtschaft zu fördern, haben wir großen Wert auf die technische Ausbildung gelegt. Augenblicklich denken die Japaner nur noch an Handel, Produktion und Export. Wir werden unruhig und sind in der ganzen Welt verhaßt. Wir sind Pessimisten und Egoisten geworden. Das muß sich ändern. Wir müssen jetzt den Schwerpunkt auf eine gesunde sittliche Formung unseres Volkes legen. Wir müssen das Gleichgewicht zwischen unserem intellektuellen und sittlichen Leben schaffen. Es

---

[18] Siehe „Wir Schrumpfgermanen" in „Dialoganalyse", Mai 1973, S. 55/56.

wäre gut, wenn man die Volksschulkinder bereits in die Krankenhäuser führte, damit sie den Wert ihrer Gesundheit schätzen lernen und dadurch ihrer Familie gegenüber sich dankbar zeigen. „Die Yomiuri, eine der größten japanischen Zeitungen, schrieb im September 1972: „Früher hatte man uns prophezeit, daß durch die Kleinfamilie das Familienbewußtsein geschwächt würde und dadurch die Möglichkeit bestünde, stärkere Individuen heranzubilden. Das ist aber nicht der Fall gewesen. Statt dessen bringen wir nun eine Generation von Einzelgängern und Sonderlingen hervor, die keine festen Wurzeln schlagen und keine Liebe kennen. Das dringendste Anliegen besteht nun darin, dem Einzelnen das Gefühl der Zusammengehörigkeit mit der Gemeinschaft und die Liebe zu seiner Familie zurückzugeben."

Vor einigen Monaten sah ich eine Fernsehsendung, die eine Familie mit 14 Kindern mit ihren Alltagsgewohnheiten und Alltagsfreuden zeigt. Das Ganze war mit viel Sympathie dargeboten. Man spürte förmlich die positive Tendenz. Ein anderes Mal spekuliert man auf den Aberglauben des Volkes. Man ist überzeugt, daß die abgetriebene Leibesfrucht sich rächen werde. Ich wunderte mich, ähnliches in einer wissenschaftlichen Zeitschrift, „Zeitschrift für die japanische Ärztevereinigung", März 1969, Seite 69/71, anzutreffen, wahrscheinlich ist es ein Versuch, die japanischen Ärzte zu beeinflussen und sie zu bewegen, nicht mehr am laufenden Band abzutreiben. Uns mutet der Bericht etwas kindlich an, doch will ich die Geschichte wiedergeben. Für mich zeigt es die echt japanische Atmosphäre, die sich oft in Märchen und Folklore findet, in denen es von Geistern und Geistergeschichten nur so wimmelt:

Es geschah an einem Spätnachmittag. Ich ging an einem Fluß spazieren mitten durch einen Wald zu einem Tempel. Inzwischen war es schon ganz dunkel geworden, nur das schwache Licht flimmernder Sterne drang durch die Bäume. Ich versteckte mich hinter den Zedernbäumen. Da erschien plötzlich eine Frau mit langen Haaren! Ihr voran ging ein Mann mit einer brennenden Kerze. Hinter ihr kamen kleine Ungeheuer, die ganz seltsam gekleidet waren. Ich hörte, daß das die abgetriebenen Kinder waren. Die Frau setzte sich mit dem Rücken gegen die Buddhastatue. Die fünf Kinder bildeten einen Halbkreis um sie. Bei ihren finsteren Blicken packte mich ein Grauen. Das Gesicht der Frau kam mir bekannt vor. Auf das Zeichen der Frau begann eines dieser Kinder zu sprechen: „Ich wurde in einem Krankenhaus in Yokosuka getötet. Ich habe keine Mutter. Denn Mutter bedeutet doch, daß jemand mit Liebe sich um ein schwaches Kind sorgt. Die Frau war eine Prostituierte, die mit einem amerikanischen Soldat zusammenwohnte. Ich war drei Monate alt und konnte mich schon etwas bewegen, ich wartete schon mit Spannung auf den Tag, an dem ich mich aus dem engen Raum befreien konnte. Manchmal machte ich eine plötzliche Bewegung, dann beruhigte mich die Frau mit ihrer Hand. Doch bald nahm mein Schicksal eine tragische Wende. Man hatte beschlossen, daß ich herausgezogen werden sollte. Der Grund war wohl die plötzliche Rückkehr des Soldaten in sein Land. O Mutter! Wenn Du doch gewußt hättest, wie ich Ausschau gehalten habe nach dem Augenblick, in dem ich in diese schöne Welt eintreten sollte. Wegen einer so unbedeutenden Sache hätte ich doch dieses Los nicht auf mich nehmen müssen. Das Krankenhaus, in dem ich abgetrieben wurde, leitete eine Witwe, deren Mann vor drei Jahren durch einen merkwürdigen Vorfall zu Tode kam. Der Verstorbene war ein Arzt, zudem ein Geizhals, der viele meiner Schicksalsgenossen getötet hatte. Nun schnitt er eine Leibesfrucht von drei Monaten aus dem Mutterleibe, ein andermal ermordete er eine von sieben Monaten. Verbrechen solcher Art betrieb er wiederholt, bis der Tag des Gerichtes kam. Es geschah, als er im Bade saß. Seine Frau hatte gerade Kohlen ins Feuer getan (das klassische japanische Bad ist eine hölzerne Wanne, unter der geheizt wird, während man darin sitzt). Nach einiger Zeit wurde es plötzlich still. Sie rief ihren Mann, der im Bade saß. Sie wurde unruhig und lief zu ihm hin. Da lag ihr Mann, nackt, tot, verkohlt in der Badewanne. Haut, Fleisch und Muskeln waren gekocht – wie ein gekochter Fisch sah er aus. Ganz genau wie wir im Mutterschoß lag er da: die Knie hochgezogen, die Hände auf der Brust gefaltet, der Kopf gegen die Brust gelehnt. Man sagte, er sei an einem Herzschlag gestorben. Aber ich bin der Überzeugung, daß die abgetriebenen Kinder ihn getötet haben. Ihr Haß machte das Kohlenfeuer außerordentlich heiß. Der Arzt, der mich herausholte, hatte gerade sein Assistentenexamen gemacht. In diesem Krankenhaus arbeitete er nur, um sich etwas hinzuzuverdienen. Zu zweit haben sie mich herausgeholt. Die Frau, die man sonst „Mutter" nennt, begann leise zu lächeln.

Wehklage: „Mutter, Du hast mir nicht gestattet, in dieser Welt zu leben. Ich wurde von der einen Finsternis in die andere wie in ein Grab gelegt, aus der einen Vergangenheit in die andere. Wenn ich die Gelegenheit gehabt hätte in dieser Welt zu leben, hätte ich mehr zu dieser Welt beitragen können als viele, die jetzt darin leben. Als sie mich herausholten, schnitten sie mich in Stücke und wickelten mich in alte Zeitungen. Dann schütteten sie Benzin über mich und verbrannten mich. Mutter, ich war unschuldig, und doch hat man mich getötet. Ich hatte die Fähigkeit zu wachsen wie die normalen Menschen, wie die Ärzte. Sie rühmen sich, Lebensretter zu sein, töten aber zahllose ungeborene Kinder mit Hilfe ihrer medizinischen Wissenschaft, von der man erwartet, daß sie dem Menschen hilft zu leben. Jedes Jahr halten sie einen sog. buddhistischen Gedächtnisgottesdienst und hören sich eine Predigt an, die ein buddhistischer Mönch hält. Wie kann man aber glauben, daß so ein Gebetsdienst uns trösten kann! Glauben Sie etwa, daß ihre greulichen Sünden durch eine solche Heuchelei abgewaschen werden können? Auf unsere Kosten werden sie reich. Die großen Krankenhäuser kommen mir wie ein Berg von abgetriebenen Kindern vor. Die Seele des abgetriebenen Kindes begann bitterlich zu weinen. Das Wehklagen nahm kein Ende."

Darauf folgte die moralische Anwendung: „Abtreibung ist eine Quelle tiefster menschlicher Niedrigkeit, des Verlustes des Schamgefühls und der Geringschätzung der menschlichen Würde."

Schlußfolgerung:

Beinahe ein Vierteljahrhundert erlebte Japan das Schauspiel der gesetzlichen Freigabe der Schwangerschaftsunterbrechung. Der beste Teil Japans hat genug Gründe, das Gesetz zu bedauern. In den Zeitungen und im Fernsehen wird die Kritik an diesem Gesetz stets vernehmlicher. Zuletzt erlebte eine Schallplatte einen großen Erfolg. Der Text lautete: „Mutter, liebe Mutter, schenk mir doch das Lebenslicht und ermorde mich nicht! „In der Regierungspartei herrscht eine Strömung mit dem Ziel, die Abtreibungspraktiken abzuschaffen. Die Gynäkologen, die davon leben, sind wegen ihrer Praxis gegen diese Bestrebungen, aber auch sie sehen bereits die Schrift an der Wand. Bald wird man dem Parlament einen neuen Gesetzentwurf zur Eindämmung der Abtreibungen vorlegen, aber, wie gesagt, wird das immer wieder verschoben.

Nach der letzten Information, die die Yomiuri vom 28. Juni 1973 brachte, ist der Entwurf bereits publiziert worden. Wenn dieser angenommen wird, werden wir sehen, daß Japan umschalten wird. Selbstverständlich meldet sich besonders die Opposition zu Wort mit Slogans, wie z. B. folgende: „Die Zahl der unerwünschten Kinder wird zunehmen. Die Gefahr des japanischen Militarismus wird wieder größer werden. Unsere Freiheit, die Kinder abtreiben zu können, wird eingeschränkt werden." Die Tanaka-Regierung spricht aber eine ganz andere Sprache: „Wir müssen die Ursache unserer großen Sittenverwilderung entfernen, der Geringschätzung des Lebens ein Ende bereiten. In der ganzen Welt wird Japan das „Abtreibungsparadies" genannt. Von diesem Namen müssen wir loskommen. Auch die Industrie fordert mehr Arbeitskräfte."

Derselbe Artikel gibt uns auch über die Zahl der z. Z. jährlich durchgeführten Abtreibungen Aufschluß. Es handelt sich um 2 Millionen, von denen die Hälfte auf legale Weise geschieht, d. h. die von einem der 13 000 Ärzte vorgenommen werden, die offiziell anerkannt sind. Die andere Hälfte wird illegal durchgeführt. Auch der Preis für eine Abtreibung ist enorm gestiegen. Vor 5 oder 6 Jahren kostete eine Abtreibung ungefähr 110 DM, jetzt ungefähr 600. Eine eventuelle Nachbehandlung ist nicht mit einbegriffen. Im Herbst dieses Jahres fällt die Entscheidung darüber, ob Japan einen neuen Kurs einschlagen soll oder nicht. Was können wir doch aus diesen Erfahrungen lernen! Es sei mir gestattet, aus der Überfülle von Zitaten eines herauszunehmen, das sich in einer gründlichen Untersuchung einer Anzahl hochstehender und fähiger japanischer Ärzte findet:

„Während der letzten 23 Jahre haben wir feststellen müssen, wie schnell und in welcher Zahl unser Volk sich für die Abtreibung entschieden hat, und zwar von dem Augenblick an, wo wir die Stütze einer solchen Gesetzgebung, die die Abtreibung verbietet, verloren. Wir haben noch allerhand andere Erfahrungen gemacht, so, daß nämlich sehr viele die Abtreibung als Ersatz für empfängnisverhütende Mittel betrachteten, daß also, sobald das Tor zur gesetzlich erlaubten Abtreibung geöffnet war, das Versagen der empfängnisverhütenden Mittel geradezu groteske Ausmaße annahm, daß auch die ärztliche Moral litt, weil die Ärzte aus finanziellen Gründen unter allen Umständen abtreiben wollten, daß schließlich unsere japanischen Frauen, um es milde auszudrücken auf einmal sich körperlich geschwächt fühlten. Schließlich haben wir alle mehr wie je Vertrauen gewonnen, daß die japanische Bevölkerung nun ruhig wachsen könne, ohne uns unlösbare Probleme aufzubürden.

Wie wir Schienen und Signale überwachen und kontrollieren müssen, wie wir Gesetze für die Schnelligkeitsbeschränkung, für Lebensmittelüberwachung und Rauschmittelbekämpfung nötig haben, so haben wir auch Gesetze bezüglich der Abtreibung nötig, die aber so gefaßt sein müssen, daß man sie nicht einfach beiseite schieben kann, weil die Leidenschaften es fordern oder unsere Gerichte einfach zu liberal in ihrer Anwendung und Auslegung sind. Wir haben solche Gesetze nötig, um uns von uns selbst zu befreien. Wir haben sie umso dringender nötig, als es uns darum geht endlich mit der Diskriminierung derjenigen Schluß zu machen, die die Schwächsten der Gesellschaft sind und sich nicht verteidigen können."

Immer stärker werden diese Stimmen. Anfang Sommer 1974 gab plötzlich und unerwartet das japanische Gesundheitsministerium einen Leitfaden heraus, in dem junge Frauen ermutigt werden Kinder zu gebären „in dem richtigen Alter". Damit ist gemeint: drei Kinder innerhalb von drei Jahren und bevor die Frau 30 Jahre alt geworden ist. Schmähend nennen gewisse japanische Feministinnen diesen Leitfaden „einen Importartikel aus dem Vatikanstaat". Aber diese Frauen sind Ausnahmen und gehören jener Gruppe an, wie man sie gelegentlich demonstrierend auf den Straßen der Bundesrepublik sieht: den Mund mit Leukoplast verklebt, die Hände gefesselt, um den Fußknöchel eine Kette, an der eine Kugel als Klotz am Bein schleift.

In den Ausführungen der vorhergehenden Seiten habe ich mich hauptsächlich auf die Tatsachen gestützt, die in dem Bericht des XIIth International Congress of „International Federation of Catholic Medical Associations" der vom 11. bis 14. Oktober 1970 in Washington stattfand, enthalten sind. Zu meiner Verfügung stand aber auch eine Anzahl von Veröffentlichungen japanischer Ärzte, die z. T. englisch, z. T. japanisch abgefaßt waren, weiter noch viele mündliche Mitteilungen japanischer Ärzte, gleich zu welcher Religion sie gehörten. Natürlich habe ich auch meine eigenen Erfahrungen, die sich auf eine 28jährige Missionstätigkeit in Japan erstrecken, zu Rate gezogen. Der ganze Stil meiner Veröffentlichung würde sich wesentlich ändern, wenn ich mich auf das Niveau der unzähligen Shukanzasshi, d. h. der populären Massenwochenzeitschriften begäbe, die ziemlich ordinär sind und von Millionen gelesen werden. Dort kann man ausführliche Gespräche lesen, wie sie in der häuslichen Umgebung geführt werden, z. B.: „Dekita no ka? Orose yo? Bist Du schwanger geworden? Lass' es Dir wegnehmen!" In diesen Blättern kann man höchst peinliche Berichte lesen, die auch in den großen japanischen Blättern und sogar im Fernsehen ausführlich gebracht wurden, wie z. B. über die Entdeckung von ungefähr 50 abgetriebenen Kindern, die spielende Kinder in einem Straßengraben gefunden hatten. Die Fötusse waren 6 bis 7 Monate alt. Am Tag nach der Sendung meldete sich ein Mann bei einer Polizeistation in Osaka und bekannte, daß er es gewesen war, der die abgetriebenen Kinder in den Graben geworfen hatte, daß er bei einem Begräbnisunternehmen angestellt sei und den Auftrag hatte, diese in einem Krematorium abzuliefern, daß er aber, weil er mit seinem Fahrradanhänger eine Panne hatte, sie einfach in den Graben geworfen habe. Den Müttern hatte man aber mitgeteilt, die Verbrennung habe bereits stattgefunden. Man muß nämlich wissen, daß in Japan Fötusse über 4 Monate eine Art buddhistische Aussegnung bekommen und dann sofort ins Krematorium gebracht werden. Viele Ärzte geben aber ein niedrigeres Alter des Embryos an, um den Müttern die zusätzliche Ausgabe für die Aussegnung und Einzelverbrennung zu ersparen. (Diese Tatsache muß man einkalkulieren bei der Bewertung der amtlichen Statistiken.)

Ich werde noch weiter aus meiner fast 30jährigen Erfahrung mit japanischen Frauen berichten. Vor dem Kriege war ich verschiedene Jahre Sekretär der Shimaikai, einer großen Mädchen- und Frauenorganisation, die sich über das ganze Land ausdehnt und in deren Rahmen ich in ganz Japan Konferenzen gehalten habe. Diese Erfahrung war bedeutend angenehmer als die nach dem Kriege mit den „Kirschenblütendamen". Vor dem Kriege legte man großen Wert auf Etikette: sich dezent, zurückhaltend, anmutig, graziös, freundlich, auf Sitte und Anstand bedacht zu zeigen. Dagegen nach dem Kriege gab man sich unfraulich, mannstoll, aufdringlich in Putz und Kleidung, man ist nervös und unausgeglichen, oft sogar hysterisch, überbeansprucht von Ehe- und Scheidungsproblemen. Gelegentlich gehen brutale japanische Frauen durch die Straßen mit allerlei Plakaten, so ungefähr wie deutsche und französische Feministinnen, und fordern gleichfalls die „Aufhebung der geschlechtsspezifischen Rollenverteilung, die die kapitalistische Gesellschaft Mann und Frau zudiktiert." Sie haben ihr japanisches Gegenstück zu jenen Schlagworten der deutschen Feministinnen: „Kinderzimmer, Heim und Herd sind kein ganzes Leben wert." – „Eheliche Pflichten, wir verzichten." – „Das Weib sei willig, dumm und stumm, diese Zeiten sind jetzt um." – „Ungeborenes wird geschützt, Geborenes wird ausgenützt."

Jetzt sind viele japanische Frauen sogar den eigenen Kindern gegenüber rücksichtslos. Täglich berichten die Zeitungen von Frauen, die ihre Kinder töten, verlassen oder grausam mißhandeln. Vor mir liegt eine Zeitung, die Yomiuri vom 11. Oktober 1972, die ausführlich von 7 Fällen an einem Tag in Tokio berichtet.[19]

[19] Vor dem Kriege kam so etwas praktisch nicht vor. Man sah damals auch selten eine Dame mit einem ganzen Rudel Hunde ausgehen. Da es jetzt weniger Kinder gibt, stößt man häufiger auf dieses Bild. Ein Engländer, der selbst ein Hundeliebhaber ist, schreibt im „Daily Express" vom 27. Mai 1972 über die Zunahme von Hunden in Japan: „Die Zahl der Rassenhunde nimmt hier stets zu, wie das überall der Fall

Jeden zweiten oder dritten Tag werden die Gepäckschließfächer vom Bahnhofspersonal geöffnet. Dann können die Babys, die lebendig hineingelegt worden sind, schon tot sein.

1971 waren es 3, 1972 8, 1973 schon 47, und man rechnet 1974 mit 100.[19a]

Schließlich will ich hier nur noch einige Zusätze anfügen. Sie beruhen auf Ausführungen in dem bekanntesten japanischen Wochenblatt, dem Asahi Shukanshi vom 16. Oktober 1966, S. 52.

Die Familienplanung in Japan, ein großer Mißerfolg

Eines der wichtigsten Probleme des kürzlich gehaltenen Pacific Science Congress war das des Bevölkerungswachstums. In den Diskussionen lobten verschiedene Teilnehmer den Erfolg der Familienplanung in Japan. In Wirklichkeit war sie aber ein großes Fiasko. Die Bewegung für Familienplanung verwies mit Stolz auf drei bestimmte Faktoren, die keine Familienplanung in der Welt aufzeigen könne. 1. Sie begann erfolgreich ihr Werk im Jahre 1952, und zwar mit Unterstützung der japanischen Regierung, die das humanitäre Ziel verfolgte, die Mütter gegen die unheilvollen Abtreibungen abzuschirmen. 2. Die Bewegung wurde gefördert und begleitet von Fachleuten, d. h. von Hebammen und Mitgliedern des öffentlichen Gesundheitsdienstes. 3. In 780 Konsultationsbüros – 1972 waren es bereits 830 – wurde man gründlich und ausführlich beraten.

---

ist, wo Wohlstand herrscht. Und wie werden die Tiere verwöhnt! Nirgendwo in der Welt sah ich ein solches Verwöhnen, Streicheln und Liebkosen! Man denke nur ja nicht, daß die Leute, die ich aufsuchte, das nur zur Schau taten. Ich sah auch 1800 gesunde und gut aussehende Hunde auf der großen Hundeshow in Tokio. Dort gab es mindestens 10 000 Besucher. Es echote förmlich von bewundernden Ausrufen. Ein schier hysterisches Streicheln und Liebkosen. Dasselbe krankhafte Getue sieht man mit Katzen. Kinder sind weniger erwünscht, Haustiere umsomehr. Was für ein trauriger Sittenverfall!

19a Immer wenn in den japanischen Zeitungen diese Berichte erscheinen, schreibt man dazu: „Wieder eine Frau ohne irgendein Verantwortungsgefühl." Über die Väter, die sicher auch, wenn nicht noch mehr schuldig sind, wird nichts gesagt!

In der Tat waren diese drei Faktoren ein Unicum. Sie würden ein Ruhmesblatt für die Bewegung für Geburtenkontrolle gewesen sein, wenn der Versuch gelungen wäre. Von welchem Standpunkt man es auch betrachten mag, man kommt nicht an der Tatsache vorbei, daß es ein vollkommenes Fiasko geworden ist. Was den ersten Punkt betrifft, so muß man sagen, daß die Abtreibungen zugenommen haben. Gab es im Jahre 1950 lt. Statistik noch 489 111 Abtreibungen, so überschritten sie bereits im Jahre 1953 die Millionengrenze. So blieb es, bis im Jahre 1962 ein leichter Rückgang eintrat: man blieb gerade unter einer Million. Außerdem weiß jeder, daß die eigentliche Zahl bei weitem höher ist. Was Punkt 2 betrifft, so stand man vor der Tatsache, daß die Regierung keinen ausreichenden Ausgleich für den durch die Abtreibungen verursachten finanziellen Verlust der Hebammen geschaffen hat. Dadurch sank nämlich die Moral dieses Standes bedenklich. Augenblicklich werden in keiner der 46 Präfekturen die amtlichen Instruktionen nach Plan durchgeführt. Die Statistiken berichten, daß die Hausfrauen ihre Informationen nicht von der Regierung, sondern aus den Zeitungen erhielten. Was Punkt 3 betrifft, keines der 830 Konsultationsbüros hat viel zu tun. Zweifellos werden hier Steuergelder verschwendet.

Kein Rückgang der Schwangerschaften [20]

Die elementarste Mathematik gibt uns den Beweis an die Hand, daß die Zahl der Schwangerschaften nicht gesunken ist. Die Zahl der Schwangerschaften ist die Summe der Geburten und der Abtreibungen. Diese Zahl ist in der Zeitspanne von 1949 bis 1964 praktisch konstant geblieben – mit einer nur geringen Schwankung von 6 %. Daraus können wir schließen, daß die Schwangerschaftskapazität der japanischen Frauen trotz der Familienplanung nicht vermindert wurde.

---

[20] Das widerspricht nicht der andernorts erwähnten Verminderung der Fruchtbarkeit. Denn bei zahllosen wiederkehrenden Schwangerschaften kann die Leibesfrucht nicht völlig ausgetragen werden, was bei Fachleuten bekannt ist als die Erscheinung des „japanischen Syndroms."

Daraus ergibt sich aber auch eine andere Überlegung über den ungünstigen Einfluß der Abtreibungen: Zu einer normalen Schwangerschaftsperiode von 280 Tagen kommt eine Unfruchtbarkeitsperiode von 3 Monaten, d. h. in einem Zeitraum von 12 Monaten ist eine neue Schwangerschaft nicht möglich. Wenn aber die Schwangerschaft durch eine Abtreibung beendet wird, hört die Unfruchtbarkeitsperiode bereits zwei Monate nach der Operation auf. In Japan sind zwei Abtreibungen in einem Jahr etwas ganz Gewöhnliches. Eine Frau brüstet sich sogar öffentlich, daß sie es bereits auf 30 Abtreibungen gebracht habe.[21]

Wenn man bedenkt, daß 90 % der Operationen innerhalb der ersten drei Monate der Schwangerschaft erfolgen, beträgt die Unfruchtbarkeitsperiode bei solchen Müttern nur 5 Monate. Das ist ein greller Kontrast zu den normalen 12 Monaten. Diese Tatsache ist von besonderem Gewicht für das Schwangerschaftspotential. Wenn also eine Million Frauen im Jahr eine Abtreibung machen lassen, dann beinhaltet das ein Schwangerschaftspotential von 600 000 neuen Schwangerschaften. Wir haben also den Teufelskreis, daß die Abtreibungen in Wirklichkeit das Schwangerschaftspotential erhöhen.[22] Kurzum, der japanische Wundererfolg mit

---

[21] „Einige Frauen haben daher einen solchen Widerwillen gegen eine weitere Abtreibung, daß sie ihr Kind lieber austragen, sich dann aber weiter nicht mehr darum bemühen und es ausweinen lassen, bis es tot ist. Dann findet sich ein Arzt, der sich dazu hergibt, eine Totgeburt zu bescheinigen. Es verstößt nämlich gegen das Gesetz, den Tod eines solchen Kindes durch Eingreifen zu beschleunigen." A. Zimmermann: „Regulation of offspring for the common good" in „The American Ecclesiastical Review", Nov. 1962, S. 304.

[22] Ein englischer nichtkatholischer Arzt, der gynäkologische Spezialstudien unternahm, sie dann aber 1970 abbrach, als er sah, wie stark die Abtreibungen zunahmen, gibt folgende Erklärung:

„Weil der Gebärmutterhals während einer Abtreibung gestreckt wird, erschlafft dieser manchmal, so daß das Kind bei einer folgenden Schwangerschaft gleichsam zu früh herausgleitet. Das kann in jeder Phase der Schwangerschaft geschehen, meistens aber nach ungefähr vier Monaten. Je früher dies geschieht, umso weniger Möglichkeit gibt es für das Kind, weiter zu leben. Selbst wenn das Kind am Leben bleibt, besteht die große Gefahr, daß es geistig zurückbleibt oder spastisch gelähmt wird, weil das Gehirn während der Geburt beschädigt wird,

der Geburtenregelung in den letzten 16 Jahren besteht darin, daß die japanischen Frauen psychischen und physischen Gefahren ausgesetzt wurden, die zu 50 % psychische und physische Wunden und Narben zurückgelassen haben, die niemals geheilt werden können.[23]

Zeitdauer der Beobachtung (Monate)	Prozent der Frauen (schwanger nach Abtreibung)	Prozent der Frauen (schwanger nach normaler Niederkunft)
3	19,2	0,0
6	19,2	2,5
9	43,5	8,5
12	50,0	16,9
15	60,0	26,3
18	64,5	37,3

Die Studie erfaßte 448 Frauen nach einer Abtreibung und 354 nach einer normalen Niederkunft. Fachleute können hieraus ihre Schlüsse ziehen. Da die japanischen Ärzte immer mehr vor diesen zahllos wiederholten Schwangerschaften warnen, nehmen viele japanische Frauen oft zur Sterilisation ihre Zuflucht. Man schätzt die Zahl der Frauen pro Jahr, die sich sterilisieren lassen, auf ungefähr 200 000.

---

da der zarte Schädel wenig Schutz bietet. Bedauerlicherweise kann so eine Frau ein Kind nach dem anderen verlieren. In Japan ist dies bereits so gewöhnlich, daß man in anderen Ländern dieses Erscheinungsbild das japanische Syndrom nennt. Obwohl es manchmal möglich ist, während der Schwangerschaft den Hals der Gebärmutter mit einem Faden abzuschnüren, erweist sich diese Behandlung oft als nicht erfolgreich. So kommt es bei der Frau häufiger zu Fehlgeburten. Schließlich wird sie mutlos, verzichtet auf die Schwangerschaft und nimmt das Los der Kinderlosigkeit auf sich."

„What is abortion", von C. J. Wheatly, M. B. B. S., M. R. C. O. G. Life, Norfolk, 1972, S. 10.

[23] Ich füge hier noch das Resultat einer Studie hinzu, die sich damit beschäftigt, den Zeitunterschied zwischen einer normalen Niederkunft und der darauf folgenden Schwangerschaft einerseits und einer Abtreibung und der darauf folgenden Schwangerschaft andererseits festzustellen.

DIE LEHRE VON ENGLAND UND DEN ANDEREN LÄNDERN

In England war ich sieben Jahre tätig und habe besonders in den letzten Kriegsjahren dieses Land schätzen gelernt. Man kann schwerlich die Anziehungskraft ihres Gentleman-Ideals leugnen. Vieles davon lebt noch in ihren Bürgertugenden – Ruhe und Selbstbeherrschung, die den Engländer auch heute noch im Umgang und besonders im Straßenverkehr als einen Gentleman erscheinen lassen. In den vergangenen Jahren mußte ich häufiger nach London. Fachliteratur stand mir dort zur Verfügung, über die mich die Gynäkologen gerne informierten. Mehr noch habe ich durch meine Besuche in dem imponierenden Royal College of Obstetricians and Gynaecologists, das in einer schönen Umgebung liegt, gelernt. (27. Sussex Place, Regent's Park). Ich hatte eine Einführung von dem Präsidenten der Christian Medical Fellowship, Dr. Johnson erhalten. Das kam mir zugute. Denn ich bekam den Eindruck, daß man mit Informationen sehr vorsichtig, ja äußerst zurückhaltend ist, wenn es sich um solche handelt, welche die Nachteile der liberalisierten Schwangerschaftsunterbrechung betreffen. Man gab mir dort u. a. „Unplanned Pregnancy", ein Buch, das zwar bereits im Februar herausgekommen war, aber in keiner Buchhandlung, auch nicht in solchen für medizinische Fachliteratur zu haben war. Wenn man dieses Buch gründlich durchliest und mit der „Abortion Act" vom Jahre 1967 vergleicht, kann man die ungeheueren Probleme verstehen, die die Liberalisierung der Abtreibung in England hervorgerufen hat.

Vierhundert Jahre vor Christi Geburt legte Hippokrates seinen berühmten Eid ab: „Ich werde niemand – auch auf sein Verlangen hin – ein todbringendes Mittel geben oder mich zu einem diesbezüglichen Rat hergeben. Ebenso wenig soll eine Frau von mir ein Mittel zur Abtreibung ihrer Leibesfrucht erhalten. Denn rein und fromm will ich mein Leben führen und meine Kunst ausüben."

1948 begann das nichtchristliche Japan mit der Freigabe der Abtreibung. In den dreißiger Jahren hatten schon die Skandinavischen Länder damit angefangen, in den sechziger Jahren folgte ein Teil der Amerikanischen Staaten, während zur selben Zeit einige Länder hinter dem eisernen Vorhang das Rad wieder zurückdrehten. 1967 nahm England das Abtreibungsgesetz an. Seit 1972 sind Holland, Belgien und Frankreich auf demselben Wege. Was wird mit Europa werden, wenn dieser Weg weiter begangen wird?

Im Folgenden will ich mich soweit wie möglich moraltheologischer Überlegungen enthalten und nur an Hand der Darlegungen des angesehenen Werkes „Unplanned Pregnancy" authentisch nachweisen, wie die Liberalisierung uns auf den Weg des moralischen Unterganges geführt hat.

Das Ziel dieses Buches war eindeutig Diskussionen und Reaktionen über dieses Thema hervorzurufen. Dazu will ich mit meinen Ausführungen beitragen. Im Oktober 1969 hatte man einen Arbeitskreis gebildet, um die Frage der nichtgeplanten Schwangerschaft zu untersuchen. Sir John Peel übernahm den Vorsitz. Er begann mit folgenden Mitgliedern: Mr. E. A. J. Alment (Honory Secretary, Royal College of Obstetricians and Gynaecologists), Baroness Birk, J. P. (Chairman, Health Education Council). Dr. Margaret Budley-Brown, (general Practitioner, Worcester), Dr. W. G. Harding (Medical Officer of Health, London, Borough of Camden), Professor G. D. Mitchell (Professor of Sociology, University of Exeter), Professor D. A. Pond (Professor of Psychiatry, London Hospital Medical College) Dr. W. D. Wall (Dean of Institute of Education, London University).

Die wachsende Zahl der Frauen, die um eine Schwangerschaftsunterbrechung nachsuchten, wurde ein nationales Problem ersten Ranges. Man hatte sich wirklich ein großes Ziel gesteckt. Zunächst wollte man nicht nur die statistischen Unterlagen haben, um zu erfahren, was in Wirklichkeit geschieht, sondern auch alles, was damit zusammenhängt, vor allem, warum die ungewollten Schwangerschaften einen solch beunruhigenden Umfang angenommen hatten. Zugleich wollte man in Erfahrung bringen, welche Mittel man anwenden kann, um die Abtreibungen einzudämmen zu können. In der Tat war das keine leichte Aufgabe. Aber bald kam man zu der Überzeugung – wie konnte es auch anders sein –, daß die Probleme weit über Wissen und Kompetenz der Gynäkologie hinausgingen, daß man sozusagen in ein Wespennest gestochen hatte. Je mehr man in die Probleme einstieg, umso komplizierter wurde es. Bald zeigten sich Schwierigkeiten, Widerstand regte sich. Eine Tatsache ist aber merkwürdig. Nach dem Urteil der Fachleute war der Bericht ausgezeichnet, doch auch diese erkannten sofort, daß die Kompetenz der Gynäkologen überschritten werden mußte. Und doch sündigte man bereits im Anfang gegen diese Einsicht. Ich zitiere aus „Unplanned Pregnancy“:

„Es ist die allgemeine, wenn auch nicht universelle Auffassung, daß die Ärzte völlig frei sein müssen, wenn sie eine Gewissensentscheidung von solcher Schwierigkeit zu fällen haben, wenn ein klinisches Urteil abzugeben ist darüber, was bei den Frauen zu geschehen hat, die um eine Schwangerschaftsunterbrechung nachsuchen. Ebenfalls teilen viele Menschen und Organisationen die Auffassung, daß das Urteil über die Schwangerschaftsunterbrechung ausschließlich bei der Frau liegen müsse. Hier tritt dann der Fall ein, daß man, wie schwierig es auch sein mag, zwischen der persönlichen moralischen Auffassung des Arztes und seiner sozialen Überzeugung einerseits und seiner klinischen Beurteilung der medizinischen Aspekte des speziellen Falles anderseits unterscheiden muß. Wenn ein Arzt Gewissensbedenken hat, eine Schwangerschaftsunterbrechung durchzuführen, muß er das der Frau sagen. Wir erkennen an, daß ein Unterschied zwischen dem Hausarzt und dem ausführenden Chirurgen besteht. Dieser Unterschied bestimmt die Verantwortung, die ein jeder zu tragen hat. Der Chirurg operiert nur nach einer Überweisung und zusammen mit dem Pflegepersonal. Sie alle bilden eine Team. Er ist dafür verantwortlich, daß er den einweisenden Arzt verständigt, wenn er die Patientin, bei der er einen Schwangerschaftsabbruch durchführen soll, nicht operiert. Das ist bei allen das Gegegebene, ob es sich um ein Gewissensbedenken oder um ein klinisches Urteil handelt. Die Unsicherheit besteht in der Verteilung der Verantwortlichkeiten. So ergibt sich von selbst die Notwendigkeit eines Schiedsgerichtes . . .“ [24]

---

[24] a. a. O., S. 11/12.

Man sieht also, wie kompliziert die Dinge sind. Im englischen Text sind die Formulierungen so unbestimmt, wie man das nicht erwarten durfte, aber anderseits von Menschen erwarten mußte, die sich nicht gerne an feste Verhaltensnormen binden wollen oder auch nicht können, da es auf so vielen Gebieten keine Sicherheit mehr gibt. [25]

Zunächst möchte ich denen antworten, die behaupten, daß in Sachen der Abtreibung die Mutter das letzte Wort habe. Auch in Holland, Belgien, Frankreich und Deutschland hört man, daß die Frau mit ihrem Körper machen könne, was sie wolle. Aber das Kind in ihrem Schoß ist nicht ein Teil ihres Körpers. Es ist vielmehr ein menschliches Wesen, das zwar so lange von ihrem Leibe

---

[25] Meine Übersetzung ist sehr gedrängt. Die Ausdrucksweise ist sehr kompliziert. Ich gab deshalb den Text einigen englischen Kollegen, um ihre Meinung zu hören. Und ihre Antwort?: Sie fühlen sich in der Minderheit und versuchen, in allerlei ungenauen Ausdrükken und Ausführungen zu rechtfertigen, was nicht zu rechtfertigen ist. Das ganze Problem wird gleichsam vernebelt. Es ist „cottonwool: (Wir würden für diesen prachtvollen englischen Ausdruck sagen: es ist weder Fisch noch Fleisch". Weiterhin sieht man im ganzen Rapport, daß man bestimmte zweifelhafte Dinge rechtfertigen will. Aber andererseits haben sie eine gewisse Angst, da sie wissen, daß viele Anglikaner, Katholiken und auch solche Gynäkologen, die keiner Kirchengemeinschaft angehören, gegen jene Auffassungen sind, die man weder rechtfertigen noch verteidigen kann.

Hier einige Proben dieser Verschwommenheit. „The view ist sometimes held . . . ought . . . would eventually . . . some have the feeling . . . there was a certain body of opinion . . . while some respondents . . . others however . . . it is not sufficiently clear . . . the evidence about the need of amending legislation varied widely . . . it is unlikely . . . it is uncertain . . . there is a lack of factual information . . . in certain areas was agreement, in others were wide differences of opinion . . . it raises a number of issues which are not clear . . . u. s. w. All diese verschwommenen und unverbindlichen Sätze finden sich in einer Überfülle im ganzen Text. Nach einer solchen Lektüre schließt man das Buch und sagt sich: Die Legalisierung der Abtreibung hat alles noch viel komplizierter gemacht, und die Verwirrung, sogar unter den Fachleuten, hat allgemein zugenommen. Hier gilt das Sprichwort: Principiis obsta, sero medicina paratur. Das mögen sich die Politiker gut überlegen!

lebt, bis es alt und reif genug ist, von der Flasche oder von der Mutterbrust zu trinken.[26] Die eigentliche Frage ist also: Ist die Leibesfrucht nur ein Organ des Leibes der Mutter oder ein neues menschliches Leben? Im ersten Falle wäre Abtreibung kein Mord. Man könnte dann die Leibesfrucht mit der Gallenblase oder dem Blinddarm vergleichen.[27] Dem aber ist nicht so. Denn Prof. Franz Büchner sagt:

Es ist eine übereinstimmende Erkenntnis der Psychologie und der psychosomatischen Medizin, daß der nachgeburtliche Mensch eine unlösbare Einheit von Geistseele und Körper in der menschlichen Lebhaftigkeit darstellt. Daraus können wir nur folgern, daß auch in der Leibhaftigkeit des embryonalen Menschen Körper und Geistseele von der Zeugung an als Einheit existent sind.

Wenn aber das Kind im Mutterschoße ein lebendes Wesen ist und das Recht hat zu leben, ist die Abtreibung unter allen Um-

---

[26] Das ergibt sich aus der Tatsache, daß bald die Möglichkeit bestehen wird, die Eizelle einer Frau aus ihrem Körper zu holen, diese in einem Reagenzglas zu befruchten und dann in die Gebärmutter derselben Frau oder einer anderen einzupflanzen. In einer dafür vorbereiteten Gebärmutter bleibt die befruchtete Eizelle bis zur Geburt des Kindes." C. J. Wheatly, a, a, O. S. 18.

[27] Der Fötus ist ein neues menschliches Leben. Er hat verschiedene Entwicklungsphasen, aber keine kann als der Anfangspunkt des fötalen Lebens bezeichnet werden. Die Empfängnis ist die große Trennungslinie zwischen Leben und Nichtleben. Bei der Einpflanzung, Plazentabildung und Geburt ändert sich wohl die Form der Ernährung des Embryos, aber nicht sein Wesen.

Die anglikanische Kirche hat auf der Lambethkonferenz im Jahre 1930 definiert, daß „die Abtreibung auf die Vernichtung eines Lebens gerichtet ist, das bereits besteht." Diese widerstreitet sowohl dem göttlichen wie dem menschlichen Gesetz. Obwohl die Anglikanische Kirche sich augenblicklich nicht so deutlich ausspricht, hat man seit 1930 keinen einzigen wissenschaftlichen Beweis bringen können, der darlegte, daß durch die Abtreibung Leben nicht vernichtet wird. „Birthcontrol and the Christian", a Protestant Symposium on the Control of Human Reproduction, Tyndale House Publisher Wheaton, Illinois, 1969, SS. 197, 198. Die Katholische Auffassung siehe SS. 153–175. Man lese auch: „Abortion on Trial", R. Shaw, London, 1969, SS. 140–171, Avortment et respect de la vie humaine", Le Seuil, Paris 1972; Liberaliser l' avortement", Editions Duculot, Gembloux, 1972.

ständen verwerflich. In Holland bricht immer ein Sturm des Protestes aus, wenn der Staat es wagt, in den Bereich des individuellen Menschen einzugreifen. Aber von dem Recht des individuellen ungeborenen Lebens hört man kaum etwas. [28]

---

[28] Sehr scharfsinnig und klar schreibt Jules Carles:
„*Die befruchtete Eizelle ist bereits ein lebendes Wesen, das ein spezielles biologisches Erbe erhalten hat. Falls man das befruchtende Spermatozoon und die zusammengefügten Chromosome kennte, würde man in diesem Augenblick bereits das Temperament des Kindes, die zukünftige Farbe seines Haares und die Krankheiten, an denen es leiden wird, vorhersagen können. Dieser kleine Embryo wird sein Erbe selbst verwirklichen. In diesem ganz kleinen Menschlein offenbart sich bereits eine große Dynamik und eine eindeutige Ausrichtung des Lebens. In der Tat – es ist ein neues menschliches Leben entstanden. Trotz seiner großen Schwäche und seiner überaus großen Nöte wächst dieses frischlebendige und autonome Wesen, dessen biologisches Schicksal man wohl vernichten, aber nicht verändern kann. Man muß sich tatsächlich wundern, wie bestimmte Ärzte dazu kommen, von einem potentiellen Leben zu sprechen, als ob das befruchtete Ei sein wirkliches Leben erst bei der Einnistung beginnen würde. Die moderne Biologie leugnet keineswegs die Bedeutung der Einnistung, aber sie sieht darin nur eine, wenn auch eine ganz und gar notwendige Bedingung für die Entwicklung des Embryo und die Fortsetzung des Lebens, das bereits besteht.* J. Carles, „La fécondation" Paris, Presses Universitaires de France, 1967, SS. 81, 82.)

Ich zitiere diesen großen Gelehrten, weil am 3. Oktober 1972 ein Biochemiker im Fernsehen sehr selbstsicher von einem neuen Präparat sprach, das in etwa acht Jahren auf den Markt kommen soll und wodurch die Frau ihre Menstruation selbst regeln könne. Über eventuelle Nebenwirkungen wurde kaum gesprochen, die man erst, wie bei der schon im Handel befindlichen Pille, erfahren wird, wenn zwei oder drei Generationen über die Bühne der Geschichte gegangen sind. Ebenso stümperhaft und selbstsicher ist der Artikel: „Prostaglandines" (Intemediair, 3. Nov. 1972), von zwei jungen Biochemikern geschrieben. Meine japanischen Studenten habe ich mit Nachdruck davor gewarnt, niemals aus unsicheren Prämissen solch leichtsinnige Schlüsse zu ziehen. Wenn also die Menstruation ausbleibt – was eine Schwangerschaft anzeigen kann – wird das zukünftige Präparat direkt wieder eine Blutung verursachen und eine eventuelle Schwangerschaft vernichten. Aber auch das bedeutet die Tötung eines lebenden Wesens, was nicht weniger verbrecherisch ist als die Abtreibung eines Kindes von drei oder vier Monaten. Kein christlicher Politiker kann seine Stimme für eine solche Handlungsweise geben. Eine pharmazeutische Fabrik, die ein solches

Augenblicklich haben sich lobenswerte Initiativen und Aktionen in Holland und in Belgien entwickelt. Die Losung lautet: „Haltet ein mit dem Kindesmord! Viele Teilaktionen wurden unternommen, teils auf lokaler, teils auf politischer Ebene. Man

---

Präparat entwickelt, kommt mir wie ein „Monster von Frankenstein" vor, das sich auf die Dauer selbst vernichtet und den Untergang des Abendlandes nach sich zieht.

Prof. Dr. P. Chauchard betont nachdrücklich: „ . . . Aujourd ' hui on peut dire que c ' est une certitude scientifique que l ' être humain commence à la conception" (Une interview du docteur Chauchard sur l ' Avortement, in l' Homme Nouveau, 4. febr. 1973, n. 1951, S. 10)

In einem Sammelband „Abortus provocatus", der in der Reihe der Veröffentlichungen des Studien- und Dokumentationszentrums des Ministeriums für Volksgesundheit und Familie in Belgien herausgegeben wurde, wird ausdrücklich festgestellt: „Es gibt kein einziges objektives Merkmal, um in diesem stufenförmigen Entwicklungsprozess eine Grenze zwischen „nichtmenschlichem" und „menschlichem" Leben zu ziehen. „In diesem Prozess ist jeder Augenblick eine notwendige Voraussetzung für den folgenden, und kein Augenblick ist „wichtiger", „entscheidender" oder „wesentlicher" als irgendein anderer." („Abortus provocatus", Nederlandse Boekhandel, Antwerpen, 1972, S. 58.)

Zum Überfluß noch die Stimme eines Gelehrten aus Holland: „In dem Augenblick nämlich, am ersten Tag, an dem Tag der Empfängnis steht jedes Teil seines Äußern, seine körperliche Prägung wie auch Alter und Anfälligkeit für Krankheiten, aber auch seine Persönlichkeit fest. Fest steht die Farbe seiner Haare, seiner Augen, die Form seiner Hände, der Abdruck seines Daumens, der bei keinem Menschen gleich ist. seine Blutgruppe, die nicht die seiner Mutter zu sein braucht. In dieser kleinen Eizelle (Zygote) ist dies alles eingeschlossen und viel mehr. Ein neuer Mensch hat sein Leben begonnen. Sein Geschlecht steht fest: ein Chromosom in einer bestimmten Samenzelle seines Vaters hat dies festgelegt. Die Samenzelle, die das Entstehen eines Jungen bestimmt, trägt ein spezielles Geschlechtshormon: das Y-Chromosom. Die Samenzelle, die das Mädchen bestimmt, trägt ein anderes Geschlechtschromosom: das X-Chromosom. Die Eizelle einer Frau enthält ausschließlich das X-Chromosom. Die befruchtete Eizelle, die nach der Befruchtung einen Jungen „beherbergt", hat eine Kombination XY, die Zelle, die ein Mädchen trägt, die Kombination XX. Die Eizelle wie auch die Samenzelle enthalten 23 Chromosome: die totale Chromosomenzahl beträgt 46: das ist das Merkmal, daß dieser Embryo ein Mensch ist. Denn nur die befruchtete menschliche Eizelle enthält 46 Chromosome!" (Prof. Dr. W. J. van Doorenmaalen in „Levensrecht", Okt. 1972, S. 71).

machte Vorschläge, Politiker boten ihre Hilfe an, andere forderten an Stelle leerer Schwätzerei konkrete Maßnahmen gegen die Verkehrsunsicherheit auf unseren Straßen. Das ist lobenswert. Doch meine Frage lautet: warum stellen sich nicht alle Politiker ebenso hinter Forderungen gegen die Verkehrsunsicherheit im Mutterschoße? Im Mutterschoß kommen mehr Menschen ums Leben als auf der Straße. Diese Kinder können im Mutterschoße nicht ausweichen, sie sind das Opfer, für sie gibt es keine Verkehrswache. Diese Aufgabe müßte in der Tat der Arzt übernehmen. Aber was tun diese Herren? Wie tief mußte Holland sinken!

Vor einigen Wochen sah ich eine Fernsehsendung, in der zwei Katholiken auftraten: die eine war eine Dame, eine Abgeordnete der zweiten Kammer, der andere war Frauenarzt. Es ging immer wieder um das Recht der Mutter, das Baby wurde kaum erwähnt, vielleicht überhaupt nicht. Ich schämte mich meiner Glaubensgenossen. Sind sie vielleicht von den Lehrmeinungen gewisser Theologen beeinflußt, von gewissen katholischen Hochschulen, wo man vieles hören kann, was nicht katholische Lehre ist?

Das ungeborene Baby ist ein einzigartiger inidividueller Mensch, dessen Stelle kein anderer einnehmen kann, wenn er getötet wird. Vor einigen Jahren hätte ein Arzt, der noch etwas auf sich hielt, mit Abtreibung nichts zu tun haben wollen. Heute scheint sich manches geändert zu haben. Einige entschuldigen den Eingriff, andere dagegen, prominente Ärzte, verurteilen ihn schärfstens, und zwar nicht allein katholische oder protestantische Ärzte, sondern auch solche, die zu keiner kirchlichen Gemeinschaft gehören. Ich zitiere einen Artikel aus der Feder eines Gynäkologen, der sich zu keiner Kirche bekennt. In der „Times" vom 5. Dezember 1966 schrieb er:

„Der Embryo wird genetisch in dem Augenblick der Empfängnis vollständig, wenn er auch noch mikroskopisch klein ist. Für eine Frau ist es ungewöhnlich, vor der 12. Woche eine Abtreibung

---

Weiter lese man: „Wann beginnt das individuelle Leben", von H. Koester, in „Verhandlungen der deutschen Gesellschaft für Gynäkologie", München, 1971, SS. 412–427. „Embryonale Entwicklung und Menschwerdung", von F. Büchner in „Internationale Katholische Zeitschrift", Sept./Okt. 1972, SS. 443–458.

an sich vornehmen zu lassen. Aber in diesem Augenblick ist die Leibesfrucht keine formlose Masse von Protoplasma mehr, sondern ein herrlich gebildeter Mensch. Der Embryo bewegt sich frei im Fruchtwasser, er reagiert auf schädliche Reize und erregt beim Pflegepersonal dieselben Gefühle der Rührung wie bei seiner Geburt. Aber dann wird es plötzlich still, sie alle fühlen das Tragische des Augenblicks: die Vernichtung des Lebens. Vor der Schwangerschaftsunterbrechung zu diesem Zeitpunkt ist meistens eine abdominale Operation nötig. Darum wartet man gewöhnlich bis zur 18. Woche, in der eine Fehlgeburt eintreten kann. Das Fruchtwasser ersetzt man durch eine konzentrierte Lösung von Glucose oder durch eine Salzlösung, die sich auf die Placenta auswirkt und den Erstickungstod des Embryos herbeiführt. Aber in diesem Zeitpunkt kann das Baby sich bereits so frei bewegen, daß die Mutter es spürt. Der Kleine – weit entfernt, gefühllos zu sein – wehrt sich kräftig gegen die Erstickung, bis er erliegt. „Unterbrechung" ist kein korrekter Ausdruck, sondern eine euphemistische Formulierung für den Mord an einem ungeborenen Kind. Wird man bald dieselben Argumente anführen, um den Mord an geborenen Kindern zu rechtfertigen?"

Natürlich wird das früher oder später zur Diskussion stehen. Auch die Zahl der ausgesetzten Baby's würde zunehmen. Man wird dann an die Zustände in China in der letzten Hälfte des 19. Jahrhunderts erinnert, nur mit dem Unterschied, daß man die Kinder vor dem Eingang von protestantischen oder katholischen Missionsstationen niederlegte, nicht aber in einen Abfalleimer oder in den Verbrennungsofen warf.[29]

[29] Berichte, wie die Evening News vom 24. Mai 1972 werden sich langsam aber sicher noch häufen: »Ein kleines Baby (ein Junge) wurde gestern in Windsor in einer Gasse gefunden. Jetzt geht es dem Kind schon besser. Es liegt in einem Krankenhaus in Slough. Das Kerlchen, das acht Pfund wog und einen Tag alt war, sollte gerade in einen Wagen der Müllabfuhr geworfen werden, als die Straßenfegerin Betty Cripps ein leises Wimmern hörte. Die Temperatur des Kindes, das in einem Abfallbehälter lag, war sehr unterkühlt. Die Polizei sucht noch immer nach der Mutter."

Einen Proteststurm wird man bald im englischen Unterhaus hören, wenn Herr Abse den Fall eines 22 Wochen alten Fötus, der strampelnd und wimmernd in einen Verbrennungsofen geworfen wurde, zur Sprache bringen wird. Ein Bericht von Sir John Peel über Fötusuntersuchungen vertrat die Ansicht, »daß eine Periode einer 20 Wochen langen Schwangerschaft als augenscheinlicher Beweis für viabilitas, d. h. für die Tatsache, daß der Fötus außerhalb des Mutterschoßes weiterleben kann, betrachtet werden muß. Die Abtreibung wurde an einer ledigen deutschen Frau von 42 Jahren ausgeführt, die in eine Privatklinik in London gekommen war. Eine deutsche Zeitung hatte einen Journalisten und einen Fotographen mitgenommen. Der Journalist berichtete, daß das Baby wimmerte und strampelte, als es von einer Krankenschwester in ein Tuch gewickelt und zum Verbrennungsofen gebracht wurde. Der Chirurg, der die Operation ausgeführt hatte, sagte, er könne das Wimmern eines ungeborenen Kindes nicht ausstehen. Der Deutschen rief er noch zu: „Wenn Sie ohnmächtig werden, ist es Ihre eigene Schuld."

Ich weiß nicht, ob in Zukunft auch bei uns der Straßenreiniger aufpassen muß, um ja kein Baby in den Abfallwagen zu werfen. Vordem sagte ich, daß sich solche Fälle häufen werden. In der 2., veränderten Auflage meines Buches konnte ich meinen Lesern versichern, daß das bereits der Fall ist. Ich habe von anderen Fällen erfahren. Im „Catholic Herald" vom 17. November 1972 berichtet Mrs. Jill Knight, Mitglied des Parlamentes, von einem Fötus von 28 Wochen, der im Stobhill-Krankenhaus in Glasgow abgetrieben wurde. Man hatte das Kind in einen Papiersack gewickelt und draußen in den Schnee geworfen – unmittelbar neben den Verbrennungsofen. Dort hat das Kind eine halbe Stunde gelegen. Als der Krankenhausassistent den Sack aufhob, um ihn in den Ofen zu werfen, hörte er das Kind wimmern. Spontan lief er schnell in den Operationssaal zurück, wo es noch etwas mehr zu sich kommen konnte und wo es trotz allem, was es erlebt hatte, noch acht Stunden lebte.

Das Baby würde lebend verbrannt sein, wenn nicht der Assistent das Wimmern gehört hätte. Ist es nicht schrecklich, daran zu denken, daß andere Kinder dasselbe Schicksal erleiden könnten, ja vielleicht schon erlitten haben? Seitdem hat man von einer ganzen Reihe von Klagen von Krankenschwestern gehört. Nach offiziellen Statistiken der englischen Regierung wurden von 1968 bis 1971 3611 Babys, die 20 und mehr Wochen alt waren, die also außerhalb des Mutterschoßes hätten leben können, abgetrieben. „Nun hätte ich gerne gewußt", fragte die mutige Mrs. Knight, „was mit all den Baby's geschehen ist?"

Was ich hier berichte, ist nicht loses Gerede, sondern sind nur Tatsachen, die festgestellt wurden und über die eine gründliche „Untersuchung eingeleitet wurde. Ist es darum nicht zu verwundern, daß das englische Gesetz über die Abtreibung beinahe wieder annuliert wurde? Es fehlten nur noch 9 Stimmen. Aber in zwei Jahren wird man auf

Eine abgetriebene Leibesfrucht braucht nicht sofort tot zu sein. Ein bekannter Professor für Geburtshilfe sagte einmal:

„Man hat oft noch ein lebendes Baby, das kräftig strampelt. Man muß es dann töten und vor den Pflegerinnen verbergen. Es ist ein grausiger Anblick.“[30]

Warum ist es ein strafwürdiges Verbrechen, ein Kind einige Minuten nach der Geburt zu töten, aber nicht einige Minuten vor der Geburt? Der Volksmund sagt: „Aus dem Auge, aus dem Sinn.“ Das könnte man jetzt in tragischem Sinn auf Kinder anwenden. Als ich auf das städtische Gymnasium von Utrecht ging, kam ich jeden Tag am Haus von Professor Dr. Kouwer vorbei, der in der Domstadt ein außerordentliches Ansehen genoß. Einer seiner Assistenten war ein Freund unseres Hauses, außerdem befand sich ein Glied unserer Familie in seiner Behandlung. Darum habe ich viel von diesem berühmten Universitätsprofessor für Geburtshilfe und Frauenheilkunde erzählen hören. Er hatte auch die langwierige Entbindung der Königin Wilhelmina ausgeführt. Als er eremitiert war, schrieb er in einem Artikel:

„Über dem Versuch eines zwingenden Beweises steht die Überzeugung, die vielleicht noch kein Beweis zu sein braucht, daß der Mensch nicht das Recht hat, die Leibesfrucht zu töten. Denn diese ist nicht ein ‚Konglomerat von Zellen‘, wie es ein beliebter Ausdruck formuliert, sondern ein lebendes Wesen, und zwar vom

---

dieses Gesetz wieder zurückkommen. Dann hoffe ich, daß es aufgehoben wird. Die Opposition in England wächst, besonders unter der Jugend. Christliche Minister und Abgeordnete, was denken Sie darüber?

[30] Zitiert nach »Abortion, Commentary on the Abortion Act«, P. Flood, MD, MCH, JCD, London 1948, S. 8.

Nach einer gründlichen Studie von Mrs. Jill Knight, Mitglied des Parlamentes, veröffentlicht in der Zeitschrift „To the Point“ vom 26. Februar 1972, sind auch viele Krankenschwestern, die verpflichtet sind, bei einer Schwangerschaftsunterbrechung zu assistieren, der Verzweiflung nahe. „Ein Baby zu vernichten, wenn man die Formen eines menschlichen Wesens unterscheiden kann, ist für ein junges Mädchen, das freiwillig ihren Beruf gewählt hat, um Leben zu retten, ein fluchwürdiges Beginnen.“ In vielen Orten in England, z. B. in Stockport, Rochdale, Harold Wood u. a. weigern sich alle Krankenschwestern, bei einer Schwangerschaftsunterbrechung zu assistieren.

Augenblick der Empfängnis an. Man zögert nicht, dem Kind auf dem Mutterschuß das Recht zuzugestehen, ein Mensch zu sein, darum kann man auch nicht dem Kinde, das noch einige Tage vorher im Mutterschoße war, dasselbe Recht vorenthalten. Wer will sich das Recht anmaßen, den Augenblick zu bestimmen, in dem dem Kinde das Recht zuerkannt wird, ein Mensch zu sein. Wenn wir die Schwangerschaft in dem Augenblicke unterbrechen, in dem es außerhalb des Mutterschoßes nicht leben kann, so heißt das, dem Kinde den Lebensfaden abschneiden, so klein auch dieser Mensch sein mag. Für einen Katholiken und für jeden gläubigen Menschen, dem das Gotteswort: ‚Du sollst nicht töten' noch verpflichtend ist, gibt es nur einen Standpunkt: Abtreibung ist Sünde."

Der ganze Artikel dieses berühmten und sittlich hochstehenden Gynäkologen, der von sich ausdrücklich bekennt, daß er kein Christ sei, atmet ein erhabenes geistiges Klima. Nachdrücklich betont er, daß Abtreibung Sünde ist. Professor Klostermann, Gynäkologe an der Universität Amsterdam, drückte sich folgendermaßen aus:

„Gerade unsere Arbeit als Geburtshelfer, die uns den ganzen Tag in Anspruch nimmt und uns für das ungeborene Kind sorgen läßt, fordert von uns ganz selbstverständlich, das ungeborene Kind ebenso hochzuschätzen wie das geborene. Darum betrachtet man als Geburtshelfer die Unterbrechung einer gesunden Schwangerschaft als einen Mord. Der Geburtshelfer versteht mehr als die anderen, daß die Herbeiführung einer Schwangerschaftsunterbrechung einem Mord gleichkommt. Nach meiner Erfahrung fühlen viele Frauen instinktiv dasselbe." [31]

---

[31] Zitiert nach G. A. Lindeboom, a. a. O., S. 34.

In der hochangesehenen Zeitschrift „Lancet" erschien kürzlich ein Artikel über die veränderte Haltung der Psychiater hinsichtlich der Abtreibung. Dort kann man feststellen, wie es auch mit den Psychiatern bergab geht. Es fanden zwei Untersuchungen statt, eine 1967, eine zweite 1971: Freie Wahl der Frau in den ersten drei Monaten ihrer Schwangerschaft: 1967 24 Prozent – 1971 42 Prozent. Wenn Gefahr für die Gesundheit der Mutter besteht oder Berücksichtigung ihrer sozialen und wirtschaftlichen Lage: 1967 56 Prozent, 1971 69 Prozent. Unterbrechung niemals erlaubt: 1957 4 Prozent – 1971 2 Prozent. („Abortion. Changing attitudes of Psychiatrists", J. C. Little, „The Lancet", Jan. 8, 1972, S. 97)

Dietrich Bonhoeffer sagt es anders als die Gynäkologen, aber in einer ausgezeichneten Weise:

„Die Vernichtung des Embryo im Mutterschoße ist eine Schändung des Rechtes auf Leben, das Gott diesem erwachenden Leben geschenkt hat. Hier die Frage zu stellen, ob wir es mit einem Menschen zu tun haben oder nicht, heißt nur, das Problem vernebeln. Die einfache Tatsache ist doch, daß Gott die Absicht hatte, ein menschliches Wesen zu erschaffen. Dieses Leben wird mit Wissen und Wollen des Lebens beraubt. Das ist in der Tat nichts anderes als Mord.“

Karl Barth ist nicht weniger deutlich:

„Das ungeborene Kind ist von Anfang an ein Kind ... Er, der das erwachende Leben vernichtet, ist ein Mörder und wagt es, eine abscheuliche Entscheidung über Leben und Tod eines Mitmenschen zu fällen, dessen Leben von Gott geschenkt wurde wie sein eigenes. Das Leben gehört Gott.“ „Die Haltung der katholischen Kirche ist beeindruckend und bildet einen großen Kontrast zu der Liederlichkeit unserer Tage, ja zu dem geheimen oder offenen Massenmord, der unter den Kulturvölkern bereits zur Gewohnheit geworden ist.“ „Auf die Beurteilung der Tötung der Leibesfrucht durch die biblischen Texte und auf die sich auf diese stützende Theologie der orthodoxen, der reformatorischen oder katholischen Kirche will ich hier nicht eingehen. Das Gesagte genügt bereits, um sich ein Urteil über die Äußerung von Kuiter zu erlauben: „Es ist die Frau, die bestimmen muß. Das ist ihre sittliche Freiheit. Mit nichts anderem hat sie zu tun.“ [32]

Nach dem Urteil vieler Ärzte und Seelsorger ist gerade die Frau diejenige, die am allerwenigsten beurteilen kann, was sie zu tun hat. Denn sie ist ja in Panikstimmung, wenigstens in den allermeisten Fällen.

„Die Standortbestimmung ist ganz klar“, so Professor Lindeboom“. Die Würfel sind gefallen und das Lebensrecht des ungeborenen Kindes wie auch der Wunsch des Vaters müssen dem unnachgiebigen Willen der Frau weichen. Ihre autonome Ent-

[32] Zitiert nach Lindeboom, a. a. O., S. 49.

scheidung greift selbst in das Leben der anderen Individuen ein. Das ist die letzte Konsequenz der Emanzipation der Frau."
Es sei mir gestattet, auf meine 30jährige Erfahrung als Missionar in Japan zurückzukommen. Sie hat mich gelehrt, daß eine solche Emanzipation sie zum Objekt unbeherrschter Gelüste macht, und wenn diese Emanzipation konsequent durchgeführt wird, schnellt ein Land, eine Zivilisation, eine Kultur in den Abgrund. Hier gilt das deutsche Sprichwort: „Konsequenz führt zum Teufel." Dasselbe Urteil könnte ich ihnen von Kollegen vorlegen, die ein Vierteljahrhundert in Ländern wie England, Frankreich und Skandinavien die gleichen Erfahrungen gemacht haben.

Ich glaube, daß das Gesagte ausreicht, um mir über die Thesen bestimmter katholischer Theologen ein Urteil zu erlauben.

Aber kehren wir zu „Unplanned Pregnancy" zurück. Im Ersten Kapitel erfährt man etwas über die Anzahl der Abtreibungen. Wie in Japan hat diese Zahl nach der gesetzlichen Freigabe in England stark zugenommen. War die Ziffer vor 1967 ungefähr 10 000 im Jahr, so 1973 150 000. Das lesenswerte Organ der „Catholic Priest's Association" veröffentlicht in seiner Märznummer von 1972, S. 62 eine genauere Statistik über das, was man „Mord auf Verlangen" nennen könnte. Man spricht hier nicht von Leibesfrucht, sondern von Kindern, die auf grausame Weise ermordet werden. Der Artikel schließt mit den Worten: „Einige Jahre, nachdem in unsrem Lande die Todesstrafe abgeschafft worden ist, führt man sie wieder ein, und zwar für ein schwaches, hilfloses Kind im Mutterschoß. Wir sind oft sprachlos vor Entsetzen, wenn wir sehen, wie grausam Menschen und Tiere zuweilen behandelt werden. Aber wir sind feige, wenn wir sehen, daß die Vernichtung des ungeborenen Lebens in unseren Gesetzen festgelegt wird, und das nur zum Schutze der ungezügelten Wollust. Und dann haben wir noch den Mut, uns ein christliches und zivilisiertes Volk zu nennen."

Die Zahl der Abtreibungen während der letzten drei Monate von 1971 betrug 38 000. Aufs ganze Jahr berechnet ergäbe das eine Zahl von über 150 000! Mehr als die Hälfte wurden in London durchgeführt, 12 000 in Nordwest-England. Mehr als 800 entfielen auf Mädchen unter 16 Jahren, 7015 auf solche zwischen

16 und 19 Jahren. Die Aktion zur Überprüfung des Gesetzes der Freigabe der Abtreibung stößt am meisten auf den Widerstand von „Unwissenheit, Apathie und Pessuregroups", die gewaltige finanzielle Interessen vertreten." (Cath. Harald, 12 May 1972) In der Tat spielen gerade hier finanzielle Belange wie in Japan eine nicht unbedeutende Rolle. Mrs. Jill Knight veröffentlichte in der Zeitschrift „To the Point" vom 26. Januar 1972 eine gediegene Studie, in der sie nachwies, daß die Ärzte, die nur Abtreibungen durchführen, einen Jahresverdienst von ungefähr 300 000 Pfund haben.

Auch in Holland tragen finanzielle Interessen zur Beschleunigung der sicher betrüblichen Entwicklung bei. Wenn auch London noch die „Abortion Capital of the World" ist, strebt man darnach, Amsterdam zu einem „Abortion Capital of the European Continent" zu machen. Die Behörden müssen schnell einen Riegel vor diese Aktion schieben, um wirksam die Entwicklung zu bremsen. Bereits am 7. Januar 1973 schrieb der „Telegraaf":

„Seit der Liberalisierung ist die Abtreibung in England ein „big business" geworden. Hohe Einkünfte bringen die Vermittlung von Adressen von Abtreibungskliniken und die Ausbeutung von schwangeren Frauen, die sich in Not befinden. So entsteht ein ganz neuer Zweig von geschäftlichen Projekten. Allerdings operieren die neuen Geschäftemacher auf diesem attraktiven Gebiet noch im Hintergrund.

An sich ist eine sachgerechte geschäftliche Betriebsführung für Pflegeanstalten, Krankenhäuser u. a. nicht von Übel. Es ist allerdings ein großes Übel, wenn sich solche Unternehmen in einem Land, in dem der Gesetzgeber von einer sich überstürzenden Liberalisierung überrumpelt wird, niederlassen, um die Entwicklung noch mehr zu beschleunigen. Unter dem Geschäftsdruck, daß Investierungen ihr Geld aufbringen müssen, kann man nur zu leicht sich ausrechnen, wie die Praxis in Dingen aussehen wird, die ideale Organisationen und gewissenhafte Ärzte nach ethischen Normen ausrichten. In England bestehen gesetzliche Vorschriften, die geschäftliche Unternehmungen genau beachten müssen. Dagegen hat der Gesetzgeber in Holland noch keine Schranken gegen solche Geschäftsprojekte aufgerichtet.

Da jetzt in Amsterdam das Abtreibungsgeschäft begonnen hat, das bisher nur in der Vermittlung des Abtreibungstourismus nach England bestand, solange hier nichts geschehen konnte, fürchten wir, daß sich der Abtreibungsschwerpunkt nach Holland verlagert. Man spricht bereits davon. Kann man hier nur zusehen?

Das dritte Kapitel von „Unplanned Pregnancy" behandelt ausschließlich die Abtreibung und ihre Methoden, wie sie in England üblich sind, die Prozentzahlen in der Aufteilung der Methoden und die einzelnen Statistiken. Dann beschäftigt man sich mit der Übersicht über die einzelnen Standpunkte und Überzeugungen bezüglich der Abtreibung. Hierbei wird schon deutlich, wie weit die Standpunkte auseinandergehen und wie unversöhnlich die Auffassungen gegeneinander stehen. Dabei ist noch zu berücksichtigen, daß diese Gegensätzlichkeit der Meinungen nicht nur das Abtreibungsgesetz betrifft, sondern nur dessen Auslegung. Das englische Gesetz versucht nicht darzulegen, unter welchen Umständen eine Schwangerschaftsunterbrechung stattfinden kann, es will nur bestimmen, wann eine Schwangerschaftsunterbrechung durchgeführt werden kann, ohne das Gesetz zu verletzen. Die diesbezüglichen Umstände sind so verklausuriert, daß man sie auf verschiedene Weise interpretieren kann. Das ist natürlich vielen willkommen. Der Bericht gibt darum auch offen zu, daß der Text auf viele verwirrend wirkt, sowohl beim Publikum wie bei den Ärzten. Die Fachleute bekennen darum auch ganz offen ihre Ohnmacht, an der Situation etwas zu ändern: „Wir haben kein Anzeichen dafür, daß sich an dieser Situation etwas ändern wird." Ich habe dagegen die persönliche Meinung auf Grund von vielen Gesprächen mit Ärzten, Pflegepersonal und Geistlichen, daß sich diese Situation wohl ändern wird, allerdings von einer schlimmen zu einer schlimmeren. Es wäre sinnlos, wenn man von Garantien für die Legalität sprechen wollte z. B. therapeutische, psychologische oder wirtschaftliche Indikationen. Es ist auch gleichgültig, um ein Beispiel zu nennen, ob die Bescheinigung für die Abtreibung von einem Arzt oder von zweien unterschrieben werden muß. Wäre die Sache nicht so ernst, so könnte man über die Vorschrift lachen, daß zwei Ärzte unterschreiben müssen und noch dazu beide überzeugt sein sollen, daß für die in der Familie lebenden anderen Kinder Gefahr bestehe, falls nicht abgetrieben würde. Diese soll also die körperliche und seelische Entwicklung der anderen Kinder betreffen. Wie kann ein Arzt das beurteilen? Mit Recht bemerkt Dr. Flood dazu:

„Das zwingt den Arzt zu einem Abwägen der sozialen Faktoren, wofür er weder bezahlt wird noch kompetent ist. In jedem Fall hat er so viele Möglichkeiten für seine Entscheidung, daß dem Mißbrauch Tür und Tor geöffnet ist. Um ein sachgerechtes Urteil fällen zu können, muß der Arzt nicht nur die augenblicklichen Verhältnisse sozialer und familiärer Art kennen, sondern auch die kommende Entwicklung dieser Lage.“ [33]

Tatsächlich können Ärzte das nicht beurteilen und dies um so weniger, als die Zahl der Ersuchen um Abtreibung sehr hoch ist. Die Ärzte sagen selber: „Wir sind dazu nicht mehr befähigt als Bankangestellte oder Straßenfeger.“ So sind ihre Unterschriften für mich wertlos. Ich weiß, wie sich dies alles in Ungarn, Polen, Schweden und Japan ausgewirkt hat. In der Praxis erlebt man, daß die Ärzte nur Jasager werden. Psychiater empfehlen die Abtreibung sehr leicht. Ferris erwähnt ein Interview, das er mit einem bekannten Londoner Psychiater hatte. Dieser wies darauf hin, daß er eine Menge Kollegen habe, die immer Ja sagen. Einer meiner Nachbarn behandelt sogar 12 Patienten an einem Morgen, die sich in Sachen Schwangerschaftsunterbrechung an ihn wenden. Das bringt den Psychiater in Verruf. Gynäkologen kennen meinen Nachbarn und nehmen ihn gern in Anspruch, nicht nur, weil er sehr umgänglich ist, sondern weil er auch gut unterschreiben kann.“ Seine Beurteilung ist beim Gericht unanfechtbar, wohl aber bei der Royal Society of Medicine, wo man über ihn lacht. Aber es reicht aus, um die Besorgnis der Chirurgen zu beheben. Wenn sie einen Beweis dafür haben wollen, hole ich mir eine junge Schauspielerin und schicke sie mit einer schaurigen Schwangerschaftsgeschichte zu einem bequemen Psychiater, der dann geduldig ihren Lügenmärchen zuhört, um schnell eine Bescheinigung auszustellen, daß man die Schwangerschaftsunter-

---

[33] Peter Flood, MD. MCh, JCD, „Abortion, Commentary on the Abortion Act 1967“, London 1971, S. 10.

brechung durchführen müsse.[34] Ein Gynäkologe von Format gibt darum auch nichts auf solche Bescheinigungen. Dr. H. Hoynck van Papendrecht, Frauenarzt in Rotterdam, fragt mit Recht: „Welchen Wert kann der Gynäkologe dem Urteil und der Prognose eines Psychiaters zuerkennen? Es ist allgemein bekannt, daß die Kollegen in ihren Diagnosen und Prognosen über denselben Patienten stark voneinander abweichen. Die Zahl und Dauer der Gespräche zwischen einem Psychiater und einer Patientin, die eine unerwünschte Schwangerschaft hat, ist zu gering, als daß man sich ein fundiertes Urteil erlauben könnte." Es fehlt an Zeit und ärztlichen Kräften. Psychiater laufen kein Risiko und raten zur Abtreibung.

Von der berühmten Arztethik bleibt in solchen Fällen wenig oder nichts übrig. Und das ist in Japan bei Millionen, in England bei Hunderttausenden der Fall. Ich möchte hier noch einmal das schöne Buch von Prof. Lindeboom zitieren: „Die ärztliche Ethik fand am Morgen unserer Kultur durch das Wunder hellenistischen Geistes in dem Eid des Hippokrates einen unvergänglichen Ausdruck und wurde durch das Christentum sanktioniert und vergeistigt. Sie war in mehr als zweitausend Jahren eine lebenserhaltende und gesundheitschützende Macht in einer Welt, die von Kriegen und Unglücksfällen heimgesucht war, und sicherte den Kranken und Leidenden eine aufrichtige Hilfe zu. Diese ärztliche Ethik wird heute angegriffen, von Besserwissern als ein „Bollwerk überlebten Konservatismus" verhöhnt und untergraben von mündigen Menschen, die glauben, das absolute Recht auf die Verfügungsgewalt über das Leben zu besitzen.[35]

In den Ländern, in denen die Abtreibung gesetzlich freigegeben wurde, gleich unter welchen Bedingungen, trat eine Schwächung des Gewissens ein sowohl bei Ärzten als auch bei anderen. Manche Ärzte beginnen bereits, ohne Gewissensbedenken zweifelhafte Ratschläge zu erteilen. Eine Frau aus gehobenem Stand schrieb in „Levensrecht", April 1973: „In einem gewissen Dorf

---

[34] S. Ferris, „The Nameless: Abortion in Britain Today", London 1966.

[35] Prof. Lindeboom, a. a. O., S. 59.

kommt in die Sprechstunde eines Arztes ein gesundes Mädchen von ungefähr 20 Jahren. Etwas verlegen sagt sie: „Wenn ich mich nicht irre, so muß ich bald heiraten. Denn ich glaube, ich bin in Hoffnung.“ Übrigens hatte sie sich schon vorher entschlossen in Kürze zu heiraten. Nach der Untersuchung bestätigte ihr der Arzt, daß sie in Hoffnung sei. Aber er könne ihr etwas dagegen geben (als ob es sich hier um eine Krankheit handle), falls sie es wolle. An den Vater des Kindes denken weder sie noch der Arzt. Das Mädchen erhält Tabletten und muß täglich 5 nehmen, wie lange weiß ich nicht. Dann tritt heftiges Erbrechen ein. Das kleine Menschlein wird durch ein Präparat aus seiner guten und sicheren, wenn auch befristeten Wohnung vertrieben und landet in einer Toilette oder in einem Abfalleimer. Der ungeborene unschuldige Mitmensch gibt keinen Schrei von sich, niemand hat ihn gehört oder gesehen, darum kann das Kind sich auch nirgends beklagen. Aber was für ein vom Bösen besessener Mensch mag das gewesen sein, falls man ihn noch Mensch nennen kann, der mit seiner Wissenschaft ein solches Präparat erfunden hat!

Die folgende Patientin. Bei demselben Arzt.

Eine kerngesunde Frau von 40 Jahren, zwei Kinder, verheiratet, sogar gut verheiratet. Sie sagt zum Arzt: „Ich glaube, daß ich in Umständen bin.“ Der Arzt schaut nachdenklich drein, untersucht sie und sagt: „Wirklich, es ist so. Aber ich meine, Sie sind zu alt, um noch Kinder zu bekommen. Auch kommt es oft vor, daß in ihrem Alter Kinder zur Welt kommen, die mißgebildet sind. Darum rate ich ihnen, es wegnehmen zu lassen.“ Die Frau aber, weil sie gläubig ist, will nicht. Denn sie hat zu Hause gelernt, daß man so etwas nicht tun dürfe. Sie ist selbst davon überzeugt, daß solche Handlungsweise gegen Gottes Gesetz verstößt und auch gegen die menschlichen. Aber Monate lang hat sie in Spannung und Angst gelebt, ob sie ein mißgebildetes Kind bekommen würde. Natürlich brachte sie ein ganz normales Kind zur Welt.

Die folgende Patientin. Der Arzt besucht eine Familie, in der schon einige Kinder sind. Die Frau fühlt sich nicht wohl. Sie hatte, wie ich glaube, Bronchitis. Der Arzt stellt dazu noch fest, daß sie in Hoffnung ist. Dann hört man wieder dieselben Geschichten. Nur etwas schlimmer. Nun sollen beide – Mutter und Kind – in Lebensgefahr sein. Mann und Frau aber sagen, sie könnten es vor Gott und ihrem Gewissen nicht verantworten, das Kind wegnehmen zu lassen, zumal die Frau jetzt noch keinerlei diesbezüglichen Beschwerden gehabt habe. Die Frau bekam ein gesundes Kind. Mutter und Kind sind jetzt noch in bester Verfassung. „Wer auf Gott vertraut, hat auf festen Grund gebaut."

Was für eine große Verantwortung die Ärzte doch auf sich laden! Aber nicht nur viele Hausärzte, sondern auch viele Gynäkologen von Ruf haben ihre bisherige sog. konservative Haltung abgelegt. Das sittliche Bewußtsein kann nicht ohne Schaden bleiben, wenn es nicht durch die Gesetzgebung gestützt wird. Dazu erklärte Kardinal Höffner mit Recht:

„Das staatliche Strafrecht will Rechtsgüter, ohne deren Anerkennung eine Gesellschaft nicht bestehen kann, vor rechtswidriger Verletzung schützen. Unter allen Rechtsgütern steht ohne Zweifel das Recht des Menschen auf sein Leben an erster Stelle. Vor allem das so bedrohte ungeborene Leben bedarf des strafrechtlichen Schutzes. Auch wenn der Gesetzgeber nicht beabsichtigt, durch die Strafgesetze das sittliche Bewußtsein der Büger zu bilden und zu schärfen, so ist doch das Strafrecht für das sittliche Bewußtsein von großer Bedeutung. Die vom Strafrecht geschützten Werte werden im Volk erneut bewußt gemacht und bestätigt. Aus dieser Sicht hat die Diskussion um den Paragraph 218 durchaus ihren Sinn. Andererseits würde ein Gesetz, das die Abtreibung weithin straffrei ließe, die Achtung vor der unantastbaren Würde des menschlichen Lebens im öffentlichen Bewußtsein auf das bedenklichste herabmindern. Das würde sich auf die Dauer verheerend auswirken."

Der Bericht „Unplanned Pregnancy" sagt mit anderen Worten ungefähr dasselbe. Die Haltung gegenüber der Frage der Abtreibung hat sich bei den Menschen in kurzer Zeit geändert. Den Männern gereicht es nicht zur Ehre, wenn der Bericht bemerkt: „Männer waren stets dafür, auf Abtreibung zu drängen. Immer waren sie geneigt, die Abtreibung als den einfachsten Weg aus der durch sie verursachten Schwangerschaft zu betrachten. Sie wollten aber dafür keine Verantwortung tragen. Die Komplikationen und Folgen der Abtreibung machten auf die Männer wenig Eindruck. Die wichtigste Folgerung, die sie aus der Liberalisierung der Abtreibung zogen, war die, daß sie die Frauen noch mehr zur Abtreibung zu überreden suchten.[36]

In England herrschte immer unter vielen verheirateten Frauen eine gewisse Neigung zur Abtreibung, vor allem bei den wirtschaftlich schwächeren Gruppen. Die veränderte Haltung in Sachen der Abtreibung ist darum am meisten bei den jungen Mädchen und den unverheirateten Frauen anzutreffen. Unter den unverheirateten Frauen gab es folgende Antworten: 60 % erklärten, daß ihre Partner mit der Abtreibung einverstanden seien, nur 2 % gestanden, daß sich ihre Partner dagegen sträubten. Von den übrigen 38 % wußten entweder die Väter nichts davon oder sie fühlten sich in keiner Weise verantwortlich. Bei den verheirateten Frauen stimmten 93 % der Männer dem Ersuchen um Abtreibung zu. Die übrigen 7 % wußten nichts von der vorhandenen Schwangerschaft oder weigerten sich, auch die geringste Verantwortung zu tragen. Von den Mädchen unter 20 Jahren und von denen, die bei ihren Eltern wohnten, waren es 73 %, die es diesen mitteilten. Wohnten die Mädchen nicht bei ihren Eltern, so gaben nur 19 % ihren Eltern ihre Schwangerschaft bekannt. Von den Mädchen über 20 Jahren berichteten nur 38 % ihren Eltern, daß sie in Hoffnung waren, lebten sie aber allein, so nicht mehr als 7 %.

Aus den Antworten auf die Frage, ob Alter, soziale Verhältnisse oder Rasse auf den Entschluß zur Abtreibung Einfluß ausgeübt hätten, konnte man schließen, daß die Schwangerschaftsunterbrechung leichter in den höhern Gesellschaftsschichten, bei den Jüngeren und bei der weißen Bevölkerung Eingang gefunden hatte.

Wer denkt denn hier nicht an den „Untergang des Abendlandes! Man war ebenfalls interessiert, wie die Öffentlichkeit über das Abtreibungsgesetz und seinen Inhalt urteile. Gleich, ob Privatpersonen antworteten oder Institute, so urteilten alle, daß das Gesetz jede Schwangerschaftsunterbrechung gutheiße, falls die Frau es wolle. Eine Pflegerin formulierte es so:

---

[36] „Unplanned Pregnancy“, S. 38.

Die Patientinnen sind überzeugt, daß man nur um die Abtreibung zu ersuchen brauche, um sie auch schon zu erhalten."

Von jedem kann man erwarten, daß man das Gesetz kennt. So lernte ich es während meiner juristischen Studien. Aber was die Abtreibung betrifft, so ist das nur bei wenigen der Fall. Holland und Belgien sollen beherzigen, was Sir John Peel darlegt: „Was dieses Gesetz wirklich bedeutet, hängt davon ab, wie es interpretiert wird. Aber jeder liest hinein, was er will. Daher kommt die Verwirrung. So sind wir in unlautere Manipulationen hineingeraten, die chaotische Formen angenommen haben. Die Fachleute legen das Gesetz in verschiedenster Weise aus. Wenn das schon bei diesen Experten der Fall ist, was soll dann der Hausarzt oder der einfache Patient tun? Das ist wirklich betrüblich. So viel Verwirrung hätte vermieden werden können, wenn diejenigen, die beim Parlament die Gesetzesvorlage einreichten, sich mehr Informationen verschafft hätten.[37]

Hätten die Parlamentarier sich mehr mit den Verfassern der holländischen „Denkschrift über die Ehrfurcht vor dem menschlichen Leben" – es sind 3000, die ihre Unterschrift darunter gesetzt haben – auseinandergesetzt, so wären sie zurückhaltender gewesen, als es um eine Änderung des Gesetzes zum Schutze des werdenden Lebens ging! In einem Interview mit Dr. De Zeeuw am 29. 4 1972 im Radioprogramm Actua fragte der Reporter, ob die Katholische Volkspartei nicht durch das Problem der Abtreibung in Schwierigkeiten geraten sei. Dr. De Zeeuw antwortete ungefähr so: „Wir denken nicht. Jeder von uns ist der Überzeugung, daß das Gesetz in der heutigen Form verändert werden müsse, daß man aber unmöglich so leichtfertig abtreiben könne." Dr. H. Rottinghuis, Frauenarzt in Amsterdam, ging in einem Leserbrief in „DE Tyd" vom 27. Mai 1972 auf dieses Interview ein:

„Immer fragen wir uns, warum das Gesetz verändert werden müsse. Es ist uns völlig unklar, warum jeder diese Meinung hat. Wir kennen nur zu gut die Motive der Herren Lamberts und Roethof, weil sie diese in der Erklärung zur Gesetzesvorlage ‚Abänderung' dargelegt haben. Es scheint, als ob diese Motive von ‚jedem'

[37] „The Abortion Act 1967". S. 31/32.

als berechtigt anerkannt werden. Für diese Art von Argumentation haben wir nur das Wort „Indoktrination". Befassen wir uns einmal mit den Argumenten der Herren Lambert und Roethof, weil sie im Prinzip für alle Darlegungen der Verteidiger der Gesetzesänderung gelten.

Mit dieser Gesetzesänderung wird beabsichtigt:

1. *die beunruhigende Zahl der ungesetzlichen Abtreibungen zurückzudrängen;*
2. *Garantien für die Volksgesundheit zu geben, wenn medizinisch eingegriffen werden muß;*
3. *die Rechtsunsicherheit zu beheben;*
4. *mehr Raum für die Aktivierung der persönlichen Verantwortung der Frau und des Arztes dadurch zu schaffen, daß man die gesetzlichen Hindernisse entfernt, die in breiten Kreisen der Bevölkerung als ungerecht empfunden werden.*

Zu 1. In keinem Land, in dem die gesetzliche Schwangerschaftsunterbrechung liberalisiert wurde, hat sich die ungesetzliche weder vor noch hinter dem Eisernen Vorhang verringert. Da die Ehrfurcht vor dem Leben geschwunden ist, konnte man sogar noch eine Steigerung der Abtreibungen ungesetzlicher Art verzeichnen. Vorgänge aus jüngster Zeit in England bestärkten uns in dieser Auffassung. Man ist doch töricht, wenn man meint, ein Unrecht – mag die Absicht auch noch so gut sein – dadurch beheben zu können, daß man es in die Hände von Fachleuten legt und legalisiert.

Zu 2. Wie in der Erklärung dargelegt und von den Verteidigern der Abtreibung bestätigt wird, betrachtet man die Schwangerschaftsunterbrechung als einen normalen medizinischen Vorgang. Das ist eine trügerische Einschätzung. Wenn auch die Schwangerschaftsunterbrechung „am sichersten" von einem Arzt vorgenommen werden kann, so bedeutet das nicht, daß der Arzt das Recht zu einer solch mutwilligen Vernichtung des Lebens hat. Denn solche Handlungen gehen nicht zu den „gewöhnlichen" eines Arztes, da ja seine Aufgabe ist, das Leben zu schützen, Krankheiten zu heilen, Schmerzen zu lindern.

Zu 3. Das Motiv ist nicht deutlich. Offensichtlich wird nicht die rechtliche Sicherheit des ungeborenen Lebens beabsichtigt. Was den Arzt betrifft, um den es hier geht, so möchten wir bemerken: Es ist unvorstellbar, daß ein Arzt, der in einer äußersten Konfliktsituation glaubt, das Leben der Mutter nur durch die Vernichtung des ungeborenen Kindes retten zu können, sich beunruhigt fühlt und sich nicht jedem Gerichte stellen kann in der Erwartung, daß ihn keine Strafe trifft. Das heute noch gültige Gesetz gibt ihm diese Sicherheit.

Übrigens kann ich auf Grund meiner mehr als dreißigjährigen Erfahrung als Frauenarzt erklären, daß bei dem heutigen Stand der Wissenschaft selten oder nie die Gesundheit oder das Leben der Patientin unmittelbar bedroht ist, wenn der Arzt die Schwangeren betreut, ihnen hilft und sie mit seiner Kunst begleitet. In diesen Dingen soll man nicht kasuistisch argumentieren, sondern grundsätzlich denken und seine Pflicht tun.

Zu 4. Hier können wir uns kurz fassen. Weder der Mann noch die Frau, weder der Arzt noch die Gemeinschaft hat das Recht, unschuldiges menschliches Leben, so jung es auch ist, zu vernichten.“

So weit Dr. Rottinghuis.

Doch sind viele Ärzte und Juristen in Holland – das gilt nicht für Belgien – der Meinung, daß das heutige Gesetz wie auch immer geändert werden müsse. In Holland gibt die heutige Rechtspraxis die Möglichkeit, am laufenden Band Abtreibungen vorzunehmen. Nicht so in Belgien und Frankreich. Darum kommen Frauen oft zu diesem Zweck nach Holland. Wird die heutige Gesetzgebung nicht geändert, wird alles weiter seinen Lauf nehmen. Verschiedene Gesetzesänderungsvorschläge, wie die von Prof. Struycken, Herrn Smits, Dr. Galenkamp, K. Beuker sind in Holland bereits veröffentlicht oder in Bearbeitung.

In Belgien ist die Lage folgendermaßen. Man nimmt Stellung gegen den Vorschlag von Calewaert und besonders gegen die bedauerliche Gesetzesvorlage Dinant-van Geyt, die deutlich die Frau als die einzige betrachtet, die über Leben und Tod ihres Kindes zu bestimmen hat. Der Vorschlag Vanderpoorten ist viel gemäßigter.

Wesentlich ist die Forderung, daß eine rechtliche Regelung

kommt, die den ungeborenen Mitbürgern einen optimalen Schutz garantiert.[38]

Schließlich noch einige letzte Nachrichten, die ich aus England empfangen habe. Man hat dort lange auf den Bericht der von der englischen Regierung eingesetzten Lane-Kommission gewartet. Diese Kommission sollte genau die Wirkung des im Jahre 1967 angenommenen „Abortion Act" studieren. Präsidentin der Kommission war die Abgeordnete Mrs. Justice Lane. Die Kommission bestand aus 14 Mitgliedern, darunter 9 Frauen. Es gab auch 2 Juristen (einer davon die Präsidentin), 2 Gynäkologen, 2 Hausärzte, 2 Pflegerinnen, 2 weibliche Sozial-Arbeiterinnen, 1 Psychiater, 1 Beamter des Gesundheitsdienstes, 1 Schuldirektorin und 1 Spezialist für „Public Relations".

Drei Jahre hat man an dem Bericht gearbeitet. Man erwartete wirklich etwas Substantielles und wissenschaftlich Begründetes, aber „nascitur ridiculus mus". Ende April 1974 ist der Bericht erschienen. Wenn man ihn in Ruhe liest, kann man nur der allgemeinen Enttäuschung zustimmen. The Times schrieb, der Bericht sei wenig nützlich. Da werden einige Gemeinplätze gesagt, die man schon längst weiß. Der Bericht schlägt wohl vor, die Abtreibungsfrist von 28 Wochen auf 24 Wochen zu beschränken. Als Ergebnis der wissenschaftlichen (!) Untersuchung wird festgestellt, (was jeder von uns schon längst wußte), daß verheiratete Frauen aus den höheren sozialen Schichten über 25 Jahre, die schon 2 oder 3 Kinder haben, sich am schnellsten zu einer Abtreibung entschließen. Die unverheirateten Frauen und die aus den niedri-

---

[38] Man lese die ausgezeichneten Publikationen in „Levensrecht", aug., sept., nov. 1972, jan., maart 1973, auch „Ons Politeuma", 9 sept. 1972, 111–115. Über die juridischen Aspekte lese man: R. Troisfontaines, Faut-il légaliser l'avortement, in Nouvelle Revue Théologique, t. 93, 1971, S. 489–512; M. T. Meulders-Klein, Considérations sur les problèmes juridiques de l'avortement, in Annales de Droit, t. 31, 1971, nr. 4, S. 425–522; Ch. Robert, Tu ne tueras pas, in Esprit et Vie, 1972, n. 3, S. 33–48; Revue Générale, 1972, n. 5, G. Pire, L'avortement, S. 3–34; F. Grandjean, Du point de vue de la foi, S. 35–40; R. Lambotte, Le point de vue du gynécologue, S. 41–45; L'avortement in La Revue Nouvelle, t. 57, n. 1. Januar 1973.

geren sozialen Schichten warten länger, bevor sie eine Abtreibung vornehmen lassen. Was die ungünstigen Folgen der Abtreibung auf längere Sicht betrifft, so hat die Kommission nichts von Bedeutung gefunden, aber sie erkennt an, daß die englische Erfahrung dafür etwas zu kurz ist. Diese Bemerkung ist m. E. wertlos. Diese Leute wissen doch genügend über die schädlichen Folgen aus anderen Ländern. Aber was kann man von einer Kommission erwarten, deren Mitglieder alle heute für die Abteibung in England sind, und ganz besonders Frau Lane und Professor Turnbull.

Ein sehr bekannter englischer Arzt Dr. Heffermann hat geschrieben: „Der Bericht ist nicht das Papier wert, auf dem er geschrieben worden ist." Die Kommission wagte sogar öffentlich zu sagen: „Alle Statistiken, die uns zur Verfügung stehen, zeigen, daß die Abtreibung selten als Verhütungsmittel angesehen und verwendet wird." Jeder, der nur einigermaßen über England informiert ist, weiß es besser. Die Untersuchung ist sehr oberflächlich vorgenommen worden, z. B. besuchten eines Morgens die Forscher das Krankenhaus von Newport und das Royal Gwent Krankenhaus, um die Meinungen der Ärzte zu erfahren, wobei kein einziger der Hausärzte im voraus davon verständigt worden war. Dies ist sicherlich eine sehr befremdende Vorgangsweise für eine Kommission der Regierung, die drei Jahre daran gearbeitet hatte, den Bericht zu erstellen. Was noch hinzukommt, ist, daß 20 % der Krankenhäuser den Fragebogen nicht beantwortet haben. Nur 12 der 32 Fachagenturen, die die Anwendung des Gesetzes über die Abtreibung studiert haben, haben darauf geantwortet. Und auf diese Minderheit hat man die Schlüsse gegründet! Zwei große Krankenhäuser von London haben kürzlich veröffentlicht, daß es keine Abnahme der strafbaren Abteibungen seit dem Gesetz von 1967 (wie dies auch nicht in Japan der Fall ist) gegeben hat. Aber die Kommission Lane sagt kein Wort über diese so wichtige Tatsache.

Das schottische Gesundheitsministerium hat die verschiedenen Kirchengemeinschaften nach ihrem Urteil über den Bericht der Lane-Kommission gefragt. Und die Antwort war ziemlich deutlich:

1. Der Bericht ist vollständig unausgewogen;
2. Der Bericht ist automatisch für die Abtreibung;
3. Der Bericht verdreht die Sachen. Das Abtreibungsgesetz vom Jahre 1967 hat nur gesagt, daß Abtreibung in gewissen Fällen nicht kriminell ist. Die Lane-Kommission stellt die Abtreibung als eine Pflicht dar.
4. Der Bericht schlägt vor, daß ein Arzt, der keine Abtreibung vornehmen will, einer schlechten medizinischen Praxis schuldig ist;
5. Der Bericht verlangt, daß diejenigen, die aus moralischen Gründen nicht abtreiben wollen, nicht promoviert werden sollen.
6. Der Bericht sagt kein Wort über die großen innerlichen Spannungen, denen Pflegerinnen ausgesetzt sind, die sich weigern, an Abtreibungen mitzuwirken.

Man kann deshalb ruhig die Schlußfolgerung ziehen, daß der berühmte lang erwartete „Lane-Bericht" wissenschaftlich wertlos ist, und man kann begreifen, daß er von verschiedenen Bischöfen verurteilt wurde.

„Götterdämmerung" nennen heutzutage viele Engländer den Zustand, in den ihr Land durch die Abtreibungsliberalisierung von 1967 gebracht worden ist. England's meist berühmte Kritiker Malcolm Muggeridge sagt es noch deutlicher: „Nach meiner Auffassung ist die Abtreibung das größte Problem des Westens. Damit steht oder fällt Europa.

"This might seem a rather ridiculous statement in view of the various troubles going on; the Middle East, Northern Ireland, the currency and the energy crises; but all these things are to do with just simply how people live.

Abortion raises the question of their fundamental attitude to life and the process whereby new life comes into this world. And I think it's a clear point of difference whether we see life as part of a sort scientific process: or whether we see it, as Christians have seen it from the beginning of Christendom, as the coming into the world of new life in the image of their Creator with a view to fulfilling the purpose of their Creator.

That is the Christian view. And, of course, in the light of that view, to extinguish life that has begun (and in point of fact, from a Christian point of view, there is no difference between an unborn child in his mother's womb and a child born outside his mother's womb) is to step in and say that for such and such and such reasons we have decided that this life should not fulfil its potentialities.

It is, from my point of view, amounting to turning away from the light of our civilisation in favour of the darkness of total barbarism. Again, I would say that a very important part of my feeling about it, is due to the absolute certainty I have that the logical consequence of accepting abortion is to accept euthanasia. In fact the pressure will be stronger, because in the case of abortion you have behind it the cupidity of the doctors which is pretty strong, but in the case of euthanasia you have behind it the cupidity of governments, which is even stronger.

When a civilisation is dying there is an impulse in those who constitute it, particularly the intellectual élite, to will their own death. Because the civilisation they belong to is dying they will their own death, and in that sense they accentuate and accelerate its death. („*Humanity*", Oxford, *July 74)*

Frankreich

Dieses Land befindet sich am Vorabend einer großen parlamentarischen Debatte, und eine große Schlacht bereitet sich vor. Frankreichs Weg ist noch nicht genügend klar. Ich hoffe zuversichtlich, daß es nicht denselben geht wie augenblicklich England, Deutschland und Österreich. Die Betonung liegt auf „augenblicklich“, denn ich hoffe, daß diese Länder wieder den Weg zurück finden. Wenn es eine Zahl gibt, – wovon man hört, daß sie in Frankreich ständig umstritten ist – so ist es wohl jene der jährlich durchgeführten Abtreibungen: Das Nationalinstitut der Völkerstatistischen Studien (I. N. E. D.) hat jüngst unter der Feder seines Direktors, G. Calot, eine neue Zahlenstudie veröffentlicht, die alle verfügbaren Angaben auf diesem Gebiet erfaßt.

G. Calot zitiert in dieser Hinsicht mehrere im Ausland durchgeführte Untersuchungen, und besonders eine in Griechenland gemachte Studie, nach welcher das Verhältnis der künstlich hervorgerufenen Fehlgeburten vierunddreißig zu hundert Lebendgeburten ist: gemäß einer in Nord-Carolina durchgeführten Studie ist dieses Verhältnis dort vierundzwanzig zu hundert. Schließlich gibt es eine örtliche Statistik, die man in einem Arbeiterviertel von Lyon erhielt, die die Zahl von vierzig hervorgerufenen Fehlgeburten auf hundert Lebendgeburten nennt.

Der Autor bezieht sich auf die Zahlen, die im Jahre 1966 vom I.N.E.D. ermittelt werden konnten, und die auf dem Prozentsatz der Todesfälle auf dem Gebiet der Geburtshilfe basieren; diese Studie gab eine Zahl von 400 000 jährlichen Fehlgeburten – davon 150 000 spontane Fehlgeburten – d. h. 250 000 künstlich herbeigeführte Schwangerschaftsunterbrechungen!

„Nun“, so schreibt Herr G. Calot, *„die Wahl der Sterblichkeitsrate ist der kritische Punkt der Methode“*. Auch folgert der Direktor des I.N.E.D., „es sei vorzuziehen, beim derzeitigen Stand unserer Kenntnisse sich an die Angaben zu halten, die uns durch die griechischen, amerikanischen und Lyoner Untersuchungen geliefert werden, die annehmbare Größenordnungen bringen, jedoch sicher nicht Gewißheiten“. „Solange keine neuen Ergebnisse vorliegen ... bleibt ein Verhältnis von dreißig bis vierzig Lebendge-

burten von hundert eine annehmbare Größenordnung". Diese Schätzung erlaubt auf eine Zahl von 250 000 bis 350 000 spontaner Fehlgeburten jährlich in Frankreich zu schließen. Die Studie von I.N.E.D. führt jedoch nicht genau aus, ob diese Zahlen die im Ausland durchgeführten Schwangerschaftsunterbrechungen einschließen, die, wie man weiß, immer häufiger werden. (Figaro, 17. Mai 1974)

Tatsächlich kann man von einer Invasion französischer Frauen in Holland sprechen. Autobusse, voll von diesen schwangeren Frauen überqueren die holländische Grenze. Man hat sie sogar vor dem holländischen Fernsehen interviewt, und ein Zug von unglücklichen Gesichtern erschien. Nein, das war nicht das schönste Antlitz der ältesten Tochter der Kirche.[39]

---

[39] Wie das alles vor sich geht und wie das alles organisiert wird kann man in einer offiziellen Untersuchung lesen die im April 1974 der französischen Polizei unterbreitet wurde:

Eine Fehlgeburtenreihe.

Ein Lokal au rez-de chaussée rue Buffon, 73, in Paris dient jeden Samstag um 15 Uhr als ständiger Treffpunkt für die Bewegung für die Freiheit der Abtreibung und der Empfängnisverhütung. Man sieht dort ein Plakat:

„Treffpunkt der MLAC (Bewegung für die Freiheit...) Samstag, 15 Uhr. Es ist unnötig, früher zu erscheinen, aber man muß pünktlich sein."

Um 15 Uhr, am 26. Januar 1974 treffen einige Combattanten ein. Sie finden ca. 300 Frauen aller Altersgruppen, aber oft sehr junge, aus allen sozialen Schichten. Mit ihnen kommen 200 Männer oder Burschen. „Wie jeden Samstag (sind Sie zu zahlreich, um hier Platz zu finden.) Wir werden in einen Hörsaal gehen, der uns in Jussieu reserviert wurde". Die Truppe geht nun zur Faculté des sciences von Jussieu und betritt einen Hörsaal.

Das Exposé zeigt, daß die Abtreibung eine sehr natürliche Sache ist. Es gibt keinen Fötus, es ist nur eine Wassertasche. Das Herz schlägt nicht vor 5 Monaten. Die Geheimabtreibung verursacht jedoch jährlich 3000 Tote in Frankreich, also führen wir Sie ins Ausland, damit das gut gemacht wird. (Das ist natürlich alles gelogen; das kleine Herz fängt schon nach 3 Wochen zu klopfen an). Von 6 bis 11 Wochen macht man in Holland eine Abtreibung durch Aspiration ohne Anästhäsie. Die Reise nach Amsterdam — im Autobus – dauert 48 Stunden (hin und her mit Aufenthalt). Man wohnt in einer Jugendherberge.

Wenige Wochen vor der Parlamentsdebatte über die Liberalisierung des Abtreibungsparagraphen in Frankreich haben die französischen Bischöfe mit Nachdruck daran erinnert, daß nach der Auffassung der katholischen Kirche das Leben des Kindes von der

---

Die Abreise findet Montag, Dienstag und Mittwoch um 22 Uhr statt. Der Preis ist 800 Francs, alles inbegriffen.

Bei Embryos von 12 bis 21 Wochen findet die Abtreibung in England statt. Die Abreise findet am Samstag statt und die Rückfahrt am Montag. Der Preis ist 900 Frs., zuzüglich 220 Francs für die Reise. Wenn die Schwangerschaft sehr fortgeschritten ist, praktiziert man die Abtreibung durch Salzinjektion, der Preis ist 1900 Francs zuzüglich die Reisekosten.

Man bittet die Anwesenden, sich nach dem Alter der Schwangerschaft zu teilen, in Kandidatinnen für Holland oder England.

I - Reihe nach Holland.

Die Hälfte der Teilnehmerinnen ist an Holland interessiert.

Man lernt sich kennen. Ein Treffen wird fixiert für Sonntag, 27. Januar 1974 im Café Le Campus, 34 rue Daubenton, um 14 oder 22 Uhr.

Im Laufe dieser Versammlung werden alle praktischen Auskünfte gegeben. Man muß jedoch im Besitz einer Identitätskarte, eines Schwangerschaftszeugnisses und eines Blutgruppenpasses sein und die 800 Francs haben. Man schreibt dann die Kandidatinnen ein. Sie werden in drei Abfahrten aufgeteilt. Eine Liste wird aufgestellt, sie wird getippt und photokopiert.

Die drei Abfahrten finden statt und umfassen je ungefähr 40 Frauen. Die erste wickelt sich am Nordbahnhof ab, am 28. Januar 1974. Treffpunkt um 22 Uhr im Wartesaal zweiter Klasse. Der Verantwortliche ist ein Mann von ca. 40 Jahren, der einer der großen Organisatoren der Reise zu sein scheint. Die Abfahrt findet in der rue Amboise Paré im Autobus 3500 BQ 93 der Marke Van Hool statt. Dieser Bus kommt am 30. Januar gegen 22.30 Uhr in der rue Dunkerque, unter der Leitung von ‚Combattanten', zurück.

Die zweite Abreise findet am 29. Januar 1974 statt. Treffen um 22 Uhr im Wartesaal des Nordbahnhofs. Die Verantwortung übernehmen die ‚Combattanten'. Der Autobus der Marke Mercedes hat als Nummer 365 HR 78. Er kommt am 31. Januar 1974 gegen 21.50 Uhr in die rue de Dunkerque zurück, nachdem er zweieinhalb Stunden beim Zoll aufgehalten wurde. Dieser Autobus wird bei der Rückkehr von jenem 40jährigen Mann geleitet, der die Abreise des 28. Januar 1974 organisiert hatte.

Die dritte Abreise findet am 30. Januar 1974 statt. Treffen um 22 Uhr, am selben Ort. Empfang durch Combattanten, wovon eine zumindest von der Familienplanung ist. Der Autobus der Marke

Empfängnis an ebenso zu respektieren ist wie nach der Geburt. In einer offiziellen Erklärung, die nicht nur von den elf Mitgliedern des ständigen Rates des französischen Episkopates, sondern auch von den 21 Vorsitzenden der bischöflichen Kommissionen unter-

---

Van Hool trägt die Nummer 3465 HJ 78. Der Eingang des Autobusses wird durch einen Mann von ca. dreißig Jahren überwacht, der der Lenker des Busses 3500 BQ 93, am 28. Januar 1974 war.

Die Zahlungsabwicklung findet zu verschiedenen Zeitpunkten statt: einige Zahlungen im Café Le Campus am Sonntag, andere am Nordbahnhof. Mindestens eine Zahlung wurde per Scheck durchgeführt. Für viele Personen ist der Preis, der am Nordbahnhof zu zahlen ist, 150 Francs.

Ein sehr deutlicher Unterschied besteht zwischen:

1. Dem 40jährigen Mann, Organisator, der jede überschwengliche Manifestation vermeiden will und die ganze Unternehmung dirigiert.
2. und den Gruppen, die von Combattanten des weiblichen Geschlechts begleitet sind und die weit weniger Vorsichtsmaßregeln einhalten. Diese Gruppen machen sich bemerkbar und zeigen – bei Rückkehr des Busses – am 30. Januar, das Plakat: „Man erbettelt sich nicht richtiges Recht, man kämpft dafür".

II Reihe nach England:

Die Teilnehmerinnen, die sich für England interessieren, haben ihren Treffpunkt im Café Le Mirbel.

Eine Abreise findet Dienstag statt, um 5.30 Uhr, im allgemeinen mit 4 Personen, um nach London per Ferry-Boat von Calais zu fahren. Die Patientinnen kommen am Donnerstag abends gegen 18.30 Uhr beim Café Terminus, in der Nähe des Nordbahnhofs, zurück. Eine andere Abfahrt findet am Samstag um 5.30 Uhr, Rückkehr am Montag um 18.30 Uhr statt. Das Treffen findet im Wartesaal zweiter Klasse vom Nordbahnhof statt. Das Frühstück wird im Gasthaus la Targette in Arras eingenommen. Die Abtreibungen werden im allgemeinen in London, in einem Privatkrankenhaus, 3135 Langham Street, London Win Ole, vorgenommen, dessen Telefon-Nr. 637 37 06 oder 637 81 71 ist. Die verwendeten Autobusse sind oft 7179 BB 93 und 3499 BQ 93".

Wenn man das als normaler Holländer liest, geniert man sich. Ich empfinde die Schande sehr tief, daß mein früher doch sehr geliebtes Vaterland jetzt ein Zufluchtsort geworden ist für Taten, die nach den Gesetzen anderer Länder strengstens verboten sind. Amsterdam, Hauptstadt für Hippies, für Schwarzabortöre, Einbrecher, Straßenräuber u. a. Verbrecher. Wie kann Holland in so kurzer Zeit so tief sinken!

zeichnet ist, hoben die Bischöfe Mitte März 1974 hervor, daß die von einigen Theologen geäußerten abweichenden persönlichen Ansichten in keiner Weise die beständige Lehrmeinung der Kirche repräsentieren.

Es gehe nicht um die Verteidigung abstrakter Grundsätze, sondern um den Respekt vor menschlichen Wesen: vor dem noch nicht geborenen Kind und vor der Frau, die es in sich trage. „Es geht nicht nur um die Freiheit der Frau", heißt es wörtlich, „diese kann nicht der Verteidigung des Unschuldigen entgegenstehen". Der Gesetzgeber dürfe zwar die schweren Gewissenskonflikte nicht übersehen, die mitunter aus äußerster Verzweiflung entstünden, doch sei das Problem nicht in erster Linie ein Strafrechtsproblem. „Ein Gesetz, das das menschliche Leben, die Würde der Frau, die Verantwortung der Eheleute respektieren will, hat vor allem das unverzichtbare Recht jeder Mutter zu bekräftigen und zu garantieren, ihr Kind geschützt vor jedem Druck zur Welt zu bringen". Das Gesetz müsse ihr die Mittel sichern, die Mutterschaft zu akzeptieren und ihr Kind aufzuziehen.

Die Bischöfe glauben nicht, und das zeigen die Erfahrungen anderer Länder, daß das Problem der heimlichen Abtreibungen durch Liberalisierungsmaßnahmen gelöst werden kann. Man müsse die tieferliegenden wirtschaftlichen, sozialen und kulturellen Ursachen anpacken. „Die Antwort auf die durch die Abtreibung aufgeworfenen Fragen", heißt es abschließend, „entscheidet mit über die Zukunft einer Zivilisation, die sich als menschlich versteht."

Der bischöflichen Erklärung kommt außerordentliche Bedeutung zu, da die französische Nationalversammlung in Kürze erneut über eine Gesetzesvorlage der Regierung beraten wird, die eine bedingte Indikationslösung zum Inhalt hat. Die Vorlage will den Schwangerschaftsabbruch aufgrund ärztlicher Gutachten in drei Fällen erlauben: 1. wenn die körperliche, seelische oder geistige Gesundheit der Mutter bedroht ist; 2. wenn die Schwangerschaft die Folge eines Verbrechens ist; 3. wenn eine schwerwiegende Mißbildung des Kindes zu befürchten ist. Der Widerstand in den Reihen der Gaullistischen UDR, der mit ihnen verbündeten unabhängigen Republikaner und des Zentrums hat die Regierung veranlaßt, ihre Vorlage zurückzustellen. Sie soll jetzt mit einer

Reihe flankierender Maßnahmen zugunsten der Familien und der ledigen Mütter wieder im Plenum der Nationalversammlung erörtert werden.

Eine Anzahl von Abgeordneten der Regierungsparteien will einen Ergänzungsantrag einbringen, der dem Schwangerschaftsabbruch in den genannten Fällen nur dann Straffreiheit gewähren will, wenn die betreffende Frau sich einer Kommission gestellt hat, deren Aufgabe es ist, schwangeren Frauen nach Möglichkeit von der Abtreibung abzuhalten. Ein in den Reihen der Regierungsparteien ausgearbeiteter Gegenentwurf zu der Gesetzesvorlage will die Straffreiheit auch in den Fällen gewähren, in denen eine Verzweiflungssituation gegeben ist.

Die bischöfliche Erklärung ist sehr klar, aber doch ruhig gehalten. Sie will keineswegs den Eindruck erwecken, durch eine Pressure-Gruppe erzwungen zu sein. Das ist mehr der Fall bei den Proponenten der Liberalisierung und ganz speziell bei einem im April 1974 erschienen Buch. Weil diese Veröffentlichung in Frankreich geradezu in die Hände der Abgeordneten, Minister u. a. Regierungsbeamten gedrückt worden ist und wahrscheinlich auch bald in Deutschland erscheinen wird, glaubte ich, wie schwer es mir auch immer fällt, an diesem von Dr. Cl. Peyret verfaßten Buch „Avortement. Pour une loi humaine", „Abtreibung. Für ein humanes Gesetz" (Calman-Levy, Paris, 1974) nicht vorübergehen zu dürfen.

Wenn ich mich nicht täusche, nimmt der Autor als Ausgangspunkt ein Menschenbild, das nicht das eines Christen sein kann. Nirgendwo in diesem Buche habe ich eine positive Würdigung des Wertes des menschlichen Leidens getroffen. Und doch, wie unzählige Male bin ich nicht Zeuge gewesen, wie gerade das Leiden das Schönste aus dem Menschenherzen hervorholt. Eine Welt ohne irgendein Leiden würde eine harte, kalte Welt, eine Welt aus „Plastik" sein, in der jedes innere Wachstum ausgeschlossen ist. Diese Wahrheit dürfen wir jetzt weniger denn je vergessen, da heutzutage die Anzahl der lebenslang Behinderten in Frankreich und Deutschland in die Zehntausende wächst.[40] Was mich

---

40 Dies geht aus einer Untersuchung hervor, die der Direktor der Universitäts-Kinderklinik Münster, Professor Dr. K. D. Bachmann, in

am meisten erstaunt, ist die wiederholte Versicherung Dr. Peyrets: „Ich werde weiterfahren, die Abtreibung vom religiösen Gesichtspunkt her (weil ich ein Christ bin, ein überzeugter Katholik) zu mißbilligen". Trotz allem wende ich die Abtreibung in gewissen Fällen an, weil ich die Überzeugung – selbst als Christ – habe, daß es die einzige Lösung ist."

---

der jüngsten Ausgabe der „Münchner Medizinischen Wochenschrift" veröffentlichte. Unter 10 000 schulpflichtigen Kindern muß in Deutschland mit etwa 1100 Behinderten gerechnet werden. Unfallfolgen sowie angeborene Fehlbildungen sind dabei die häufigsten Ursachen. Der Hausarzt sei in zunehmendem Umfang mit der Betreuung chronisch kranker Kinder beschäftigt. Sie litten an angeborenen Herzfehlern, Stoffwechselstörungen, zerebralen Schädigungen, Diabetes und anderen Störungen, aber auch besonders an Behinderungen durch Unfallfolgen. Nach Bachmanns Angaben wurden bei rund acht Prozent der 116 000 unfallverletzten Kinder des Jahres 1970 chronische Unfallfolgen beobachtet. Nach allgemeiner kinderärztlicher Erfahrung haben speziell die frühkindlichen Hirnschäden bei den behinderten Kindern zugenommen.

Diese Kinder, ja alle Leidenden, rufen nach unserer Liebe, rufen nach unserer Aufmerksamkeit und bringen oft das Schönste aus dem Menschenherzen hervor. Francis Volle schrieb in „La Croix" vom 19. Juli 1974: „Zum guten Teil verdanken wir es gerade den Unglücklichen, die die Familien in ihrem Schoße tragen, daß eine Gesellschaft menschlich bleibt. Diese Herausforderer unserer Aufmerksamkeit sind Herausforderer zur Entphilistrierung, zum Verzicht, zur Güte, schließlich zur Liebe. Ohne sie wären wohl wenig Bevorzugte ausreichend dazu geneigt, in der wahren Liebe zu leben, jene die gibt und sich gibt. Auf wen würde sich übrigens die Zärtlichkeit ergießen, wenn es keine Schwäche gäbe?

Eine Welt ohne Mitgefühl, ohne Zärtlichkeit, ohne gegenseitige Hilfe, ohne Nächstenliebe wäre eine Welt, in der niemand leben könnte, es wäre eine harte, grausame, mörderische und schließlich entsetzliche Welt. Ich füge hinzu, daß es ebenso wäre, wenn die Not, die zum Dienen antreibt, systematisch in gewissen Orten und zu gewissen Zeiten versteckt wird, statt ständig in der gesamten Gesellschaft präsent zu sein. Wenn man zum Beispiel, die „Herausforderer" in die Krippen, die Krankenhäuser, die Heime, die Plätze für Behinderte oder für Alte (mit nur Spezialisten,) die nur zur Krankheit und zur Schwäche neigen, verbannen würde, dann wäre sehr zu befürchten, daß die Schaffung der caritativen Dienste nichts als die Frucht eines allgemeinen egoistischen Wunsches ist, sich der Behinderten zu entledigen. Die Liebe würde dort auf allen Gebieten schwinden.

Diese komische Art zu denken ähnelt jener eines Mannes, der von einem deutschen Vater und einer chinesischen Mutter stammt und sagen würde: „als reinblütiger Franzose bin ich überzeugt..." oder, unmöglicherweise, jener von Frau Golda Meir, die sagen würde: „als Christin denke ich ..." Der Erste kann es sicher im guten Glauben bekräftigen, und selbst die Zweite, aber weder der eine als Franzose, noch die andere als Christin.

Dies sind die wichtigsten Punkte. Aber zusätzlich gibt mir das Buch Anlaß zu einer Menge von Bemerkungen, von denen ich kurz die folgenden anführen möchte:

Wie er selbst sagt: „Dieses Buch erhebt auf nichts anderes Anspruch, als ein Dokument der Arbeit über eine absichtliche versteckte oder unbewußt unbekannte Tatsache zu liefern (S. 7)". Nun, in meinem kleinen Buch und in den Büchern von vielen anderen, die nicht die Auffassung von Dr. Peyret teilen, gibt es keine absichtlich versteckte Tatsache, noch eine unbewußt unbekannte. Die schwierigsten Tatsachen werden dort erwähnt, und die Heilmittel – andere als die von Dr. Peyret – werden vorgeschlagen. Der Autor stellt uns eine Menge von Fällen vor – gewöhnlich emotionell beschrieben – und diese Fälle sind für ihn der Grund, „weshalb ich kein gutes Gewissen mehr haben kann", d. h. nicht die Abtreibung vorzunehmen. Aber alle diese genannten Fälle können auf eine ganz andere Weise gelöst werden, wie ich glaube es ausführlich in meinem Buch dargestellt zu haben.

Was schwerwiegender ist, er informiert uns an keiner Stelle über die tragischen Konsequenzen, die zweifelsohne die durch ihn vorgenommenen Abtreibungen mit sich bringen mußten.

Die Altenpfleger sollen ältere Mitbürger – wie früher die Diakonissen – in ihrer Wohnung versorgen, wozu vor allem gehört: Pflege, Ausführung ärztlicher Anordnungen, Betreuung bei Krankheit und Gebrechlichkeit sowie Übernahme und Vermittlung häuslicher Hilfen. Was sich hier so abstrakt anhört, ist in Wahrheit ein Kernproblem für alte Menschen: Nur dann, wenn sie auch zu Hause versorgt werden können, wenn also ambulante Pflegedienste zur Verfügung stehen, bleibt ihnen unter Umständen das Altenheim erspart, in dem sie fern von Freunden und Familien, von Kneipe und gewohnten Wegen gewissermaßen „keimfrei" aufbewahrt werden.

Die Familien- oder Dorfpflegerin soll – falls die Mutter, etwa wegen Krankheit, nicht dazu kommt – die Familie versorgen.

Nachdem er einen tragischen Todesfall erwähnt hat, schreibt er: „Im Laufe meiner parlamentarischen Arbeiten wußte ich, daß mich die Erinnerung an diesen Tod, mehr als jedes andere Argument, zum Handeln zwingen würde“ (S. 10). Darauf erlaube ich mir, die folgende Bemerkung zu machen: Im Laufe all meiner pastoralen Arbeiten während mehr als 40 Jahren und in mehreren Ländern, im Laufe meiner Erfahrungen als Professor mit einigen Tausenden von Studenten und Studentinnen, weiß ich, daß mich die Erinnerung an diese ca. zehn Toten und die hunderte tragischen Fälle auf Grund der durchgeführten Abtreibungen zum Handeln gezwungen haben.

Die Informationen des Dr. Peyret über Polen, Ungarn und über Japan sind – um es milde auszudrücken – voll von Fehlern und Ungenauigkeiten. Manche Male spricht er „von einer untragbaren Bürde, von Situationen höchster Not, buchstäblich entmenschlichend“ (S. 63), von Dramen, die für einen Gläubigen weder untragbar, noch entmenschlichend sind, weder Dramen in den Augen eines Christen. Hier kommt ganz klar seine ganz deformierte Sicht auf den Menschen heraus. Deshalb diese Entgleisungen.

Wenn er sagt: „Aber bei jedem Mal fühlt sich der Arzt schuldig, daß er nichts tut“, möchte ich antworten: ich kenne Dutzende Ärzte in verschiedenen Ländern, welche, nachdem sie die Abtreibung verweigert haben, sich nicht schuldig fühlen, weil sie viel für diese Frauen getan haben. Ich werde mir erlauben, dem Dr. Peyret den Rat zu geben: niemals nichts tun. Was zu tun ist, man kann es in meinem Buch entdecken.

In seinem Exposé nimmt Dr. Peyret einen immer emotionelleren Ton an: „Wieviele nicht gewünschte Mutterschaften hätten vermieden werden können! wieviele persönliche Dramen diesen ledigen Müttern, Mütter gegen ihren Willen, erspart werden! und wieviele vermiedene Bedrohungen der Ausgeglichenheit der Eheleute!“ (S. 54–55).

Noch einmal, wenn die Mutterschaften wirklich nicht erwünscht sind, ist die Lösung der Abtreibung noch schlechter, und ich kann auch von einer Erfahrung, die vielleicht länger als jene des Dr. Peyret ist, sprechen. Wenn er sagt: „Ich habe Familien gesehen, die zur Bestürzung aller durch die Ankündigung einer neuen Schwangerschaft unerklärlich entzweit waren“ (S. 55), dann antworte ich ihm: Ich habe noch viel mehr Familien gesehen, die – zur Bestürzung aller – durch den Rat, noch mehr durch den Befehl des Gatten an seine Frau, abtreiben zu lassen, entzweit sind. Übrigens dramatisiert der Autor ständig und malt schwarz.

Es passiert dem Autor oft, von „Ausnahmeheilmitteln für eine außergewöhnliche Lage“ zu sprechen, oder, wie man es in Holland macht, für eine dringende Notlage, und so oft hat man den Eindruck, daß diese außergewöhnlichen Lagen so häufig sind, daß sie aufhören, in wirklichkeit außergewöhnlich zu sein.

Ist das nicht eine allzu leichte Verallgemeinerung, die es gestattet, so oft die Türe der Abtreibung zu öffnen, daß sie schließlich offen bleibt!

Im Laufe seines Buches hat der Autor „versucht, die Verwüstungen herauszustellen, welche die Ausübung der geheimen Abtreibung hervorruft“ (S. 218).

Nun, die Liberalisierung vermindert praktisch in keiner Weise die Zahl der geheimen Abtreibungen. Das ist endgültig festgestellt in Japan und England. „Ich mußte“, schreibt er, „zunächst gegen mich selbst ankämpfen. Als Katholik, als Arzt, als Gaullist, alle meine Einstellungen waren zu überdenken“ (S. 10).

Der Katholik und der Arzt sind besiegt worden. Der Abtreiber hat den Sieg davongetragen. Hoffen wir, daß nach einer verlorenen Schlacht der Sieg, nämlich jener des guten christlichen Verstandes, ihn schließlich mitreißen wird ...

Und damit verabschiede ich mich vom Dr. Peyret, dessen Ehrlichkeit und guten Glauben ich nicht bezweifle. Wie wird die Sache ausgehen und wer wird den Sieg davontragen? Was wird uns vorgeführt werden, einen Sprung in die Nacht oder in den Tag?

EINERSEITS die Sympathisanten Dr. Peyrets, das Staatssekretariat für Frauenfragen geführt von Françoise Giroud, die die „condition féminine“ heben will und glaubt, auf den Staatspräsidenten rechnen zu können.[40a] Als Symptom dafür gilt seine

[40a] Bei der ersten Pressekonferenz, die der neue französische Präsident Giscard d'Estaing den Journalisten gegeben hat, war eine der wichtigsten Fragen:

liberale Einstellung zur Schwangerschaftunterbrechung. Vor Ende dieses Jahres wird ihre strafrechtliche Verfolgung aufgehoben werden. Daneben noch die neue Gesundheitsministerin, in der Regierung Giscards, Simone Veil, die schon durchgesetzt hat, daß die Mittel zur Geburtenbeschränkung bedingungslos jeder Französin, auch der Minderjährigen, über die Krankenkasse zugänglich werden.

Man staunt, wie so etwas möglich ist in Frankreich, zumal noch neulich in der Mainzer „Allgemeinen Zeitung" (29. August 1974), geschrieben wurde in Zusammenhang mit der Bukarester Bevölkerungskonferenz:

„Die Pille wird den Siegeszug nicht antreten können. Es gibt Schwierigkeiten über Schwierigkeiten bei der grimmigen Absicht, den wissenschaftlich aufgezogenen Aktionsplan in ein weltanschauliches Aktionsprogramm umzufunktionieren. Global gesehen, machten sich die Befürworter der Geburtenkontrolle und Ver-

---

Q. – *Monsieur le président, en ce qui concerne le problème de l'avortement, où se situe votre choix entre, d'une part, le respect dû à la vie et, d'autre part, l'aide matérielle et morale à apporter aux femmes qui sont dans la détresse devant une grossesse non désiree?*

R. – *Dans la loi d'amnistie, et ceci à mon initiative, a figuré pour la première fois, l'amnistie, de toutes les condamnations de femmes qui avaient été prononcées pour fait d'avortement. Ensuite, i'ai lu, comme chacun de vous, la loi de 1920. Cette loi est inapplicable et inappliquée. Si vous regardez le détail de l'article 3, vous verrez dans cette loi que le simple fait d'inciter ou d'exhorter à des pratiques restrictives en matière de contraception devrait être puni de peines de prison entre un mois et six mois et une amende. Or, à l'heure actuelle, le Parlement vient de voter un dispositif qui, au contraire, libéralise et facilite la contraception. Peut-on appliquer une loi crée à cet égard des peines de prison? C'est un sujet qui devrait être traité par le Parlement lors de sa prochaine session de façon à être tranché avant la fin de la présente année. C'est au Parlement de trancher. Il ne m'appartient pas de le faire, et de le faire à l'occasion d'un certain nombre de peines. Je souhaite qu'il tranche dans un sens libéral et non répressif. Enfin, je demande au gouvernement de ne plus entreprendre poursuites dans l'attende du vote du Parlement à l'encontre des femmes qui se verraient appliquer la loi de 1920.*

De Gaulle würde sich in seinem Grab umdrehen.

fechter der Pille auf den Rückzug. Und interessanterweise fand die Anti-Eindämmungspolitik der Chinesen in bezug auf die Weltbevölkerung Verbündete, die normalerweise voneinander nichts wissen wollen: den Vatikan und die südamerikanischen Staaten. Die chinesische These von der ‚widersinnigen Theorie von der Bevölkerungsexplosion' wird dem Aktionsplan der UNO so einen besonderen Stempel aufdrücken und die Arbeit der mit der Pille liebäugelnden Demographen auf den Kopf stellen."

ANDERSEITS die Kraft der Religion, der Einsatz von (jetzt) fast 15 000 Ärzten, der normale, natürliche Menschenverstand und die Aktion: „Laissez – les vivre". Schatten oder Licht, Untergang oder Auferstehung. Was wird Frankreich jetzt tun? Das ist die große Frage, die wohl noch nicht gelöst ist, wenn dieses Buch erscheint. M. E. ist die Entscheidung von größter Bedeutung. So wie Frankreich auf rein politischem Gebiet einflußreicher wird, so könnte es auch eine führende Kraft in der Lösung des Abtreibungsproblems werden. Man kann bestimmt nicht sagen, daß die Vorbereitung für eine eventuelle Gesetzesänderung oberflächlich gewesen sei. Vor dem Fernsehen kam regelmäßig Pro und Contra zu Wort. Die parlamentarische „Kommission der kulturellen, familiären und sozialen Angelegenheiten" hat kürzlich ihren „Informationsbericht" im Hinblick auf das Abtreibungsgesetz veröffentlicht. Es ist ein Werk von ca. 530 Seiten, im Großformat gedruckt (21 x 27). Es gereicht der Kommission und Frankreich zur Ehre. Glücklich die Nation – trotz allem – wo man die Gesetze mit solchem Fleiß vorbereitet, und wo man bemüht ist, alle Kompetenzen zu hören! So hat man es in Deutschland nicht gemacht. Im Ganzen verfuhr die Kommission in 42 Hearings. Einige von diesen waren von einer professionellen, menschlich wie geistig bemerkenswerten Qualität. Die Kommission hat hintereinander Ärztevereinigungen, Volkskundler, Verwaltungsbeamte, Vertreter der Familien (Volksfamilienvereinigungen, Katholische Familienvereinigungen etc.), Frauenvereine, qualifizierte Vertreter der Kirchen (Katholische und evangelische Kirchen; Judentum. Warum wurden Muselmanen, die in Frankreich zahlreicher sind als Protestanten oder Juden, nicht gehört?), Journalisten der Frauenpresse, Sozialgehilfen usw. Da man nun das Gefühl hat, alle Argumente ausgeschöpft zu haben, ist das Erstaunliche, daß jede gehörte Vereinigung einen neuen Gesichtspunkt hinzubringt, der das Interesse in den meisten Fällen wieder belebt.

Insgesamt gab es 21 Hearings für den Schutz des Lebens, 19 für die Liberalisierung der Abtreibung, drei schwieriger zu klassifizierende.

Aber eine deutliche Schlußfolgerung zeichnet sich ab. Wie immer auch die Kompetenz (oft erstklassig) des Arztes, oder des Verwaltungsbeamten, oder des Volkskundlers sein mag, wie immer auch die Ausdehnung seiner Kenntnisse und seiner Wissenschaft sein mag, wie immer auch die Dauer und die Qualität seiner Erfahrung sein mögen, wie immer auch sein Geschlecht sein mag, seine Einstellung, die er oder sie, vorschlägt, hängt weder von seiner Kompetenz, noch von seiner Wissenschaft ab. Wir sehen, daß es Anhänger der freien Abtreibung wie Anhänger zum Schutz des Lebens gibt ebenso bei den Ärzten von großem Talent wie bei den Verwaltungsbeamten von großem Ruf, den berühmten Volkskundlern usw. Jedoch bis auf eine Ausnahme. Die Kirchen. Wenn sie gehört werden, ex officio, zeigen sie alle eine gewisse Einmütigkeit. Eine andere Ausnahme kann hervorgehoben werden. Da die „Höhrer" aus den Reihen der Abgeordneten ebenfalls eingreifen, um zu befragen oder sogar um ausführlich zu reden, bemerkt man, zumindest in gewissen politischen Fraktionen, eine Homogenität zwischen der politischen Partei, von der man abhängt, und der „Partei", die sie in dieser Materie einnimmt.

So ist also die Position jedes einzelnen nicht der Schluß einer unwiderleglichen Überlegung, weder das wissenschaftliche Ergebnis, weder die Frucht von sachlichen Erfahrungen. Sie ist zunächst und hauptsächlich ein Sprung in die Nacht – oder in den Tag –, eine Entscheidung des Herzens, die jeder fällt. Sobald man eine Seite gewählt hat (selbst manchmal unbewußt), hat niemand, wenn er intelligent ist, Mühe, manchmal in aller Naivität, ein ganzes Arsenal von wissenschaftlichen Argumenten und Erfahrungen zu sammeln, um sie in den Dienst seiner Sache zu stellen. Aber das war es nicht, was hier entscheidend gewesen ist und das wird es nicht für den Gegner sein. Es ist das Herz und die innere Überzeugung. Ein Vernunftsschluß hat noch nie einen Atheisten zum religiösen Glauben bekehrt, noch einen Gläubigen einer Religion zum Glauben einer anderen, weder der Anhänger der Abtreibung seinen Gegner noch umgekehrt.

Die Diskussionen, die man hört, sind wie ein Spiegel, in dem sich das Herz eines jeden widerspiegelt: jenes, der sich für die absolute Erlaubnis auf jedem Gebiet im Namen von dem, was er Freiheit nennt, entscheidet, oder jenes, der auf eine unbegrenzte fortschrittliche Entwicklung des Menschen hofft, oder jenes, der sich fürchtet vor dem Mysterium des Anderen: ein anderer als er ganz einfach – und sei es der Keim eines Säuglings, der sich fürchtet sich dem anderen gegenübergestellt zu finden, der ihn zur Erklärung auffordert: was hast du mit deinem unschuldigen Bruder gemacht? Wer hat dir die Befugnis dafür gegeben? Die wahren Motive ruhen in der Tiefe und in der Überzeugung eines jeden. Man wirft sie nicht um mit rein intellektuellen Begründungen. Hier spricht hauptsächlich der Glaube, bei uns das Christentum, bei den Indern der Hinduismus, bei den Arabern der Mohamedanismus. Die Hearings können vermehrt werden, die Wissenschaft vertieft, die Erfahrungen weitergeführt, die Schlußfolgerung wird nicht wesentlich davon abhängen. Die Abgeordneten werden mit ihrem Herzen wählen. Es ist eine Art Glaubensbekenntnis, das sie ablegen werden: ein Bekenntnis des Glaubens an den Menschen sicherlich, aber zu gleicher Zeit ganz offenbar – unseres Glaubens an Gott. Was wird unser Glaube an Gott werden, wenn wir übersehen, wie er sich zuletzt in einen Glauben an den Menschen verwandelt? Welchen Wert hat unser Credo, wenn wir es sprechen – „neben“ – unserem Herzen, das sich in unseren Beziehungen zu den anderen ausdrückt?

Bundesrepublik Deutschland

Was uns Professoren im Fernen Osten, und darunter besonders den vielen deutschen Professoren an der Sophia Universität in Tokio, an der Nanzan Universität in Nagoya und an den verschiedenen japanischen Staatsuniversitäten auffällt – oder besser – was wir einfach nicht begreifen können, das ist die Tatsache, daß das deutsche Volk sich wieder von einer Minderheit manipulieren läßt, wenn auch nicht so wie unter Hitler, aber mit denselben tragischen Folgen.

Es ist wahrscheinlich doch allgemein bekannt, daß die Europäische Ärzteaktion nach einer dreijährigen Auseinandersetzung eine wissenschaftlich gut durchgearbeitete, ausführliche Denkschrift den Regierungen und Parlamenten übergeben hat, in welcher die unmittelbaren Folgen einer Freigabe der Abtreibung in der sogenannten „Fristenlösung" oder auch in der „Erweiterten Indikationslösung" festgestellt wurden.

Wir im Fernen Osten staunen, wie treffend und mit welch erstaunlicher Präzision diese Ärzte – darunter viele deutsche – die unmittelbaren Folgen beschrieben haben, obwohl ihnen keine 10 % der Tatsachen zur Verfügung standen, die wir in Japan durch eine 26jährige Erfahrung in Liberalisierung und Massenabtreibungen haben.

Auf Seite 32–35 der Denkschrift wird unter anderem folgendes gesagt:

1.) „Sowohl die ‚Indikationslösung' mit der Einführung der sozialen ‚Notstandsindikation' und der Beseitigung der unabhängigen Gutachterstellen mit Entscheidungsbefugnis, als auch die sog. ‚Fristenlösung' führt zur völligen Freigabe der Abtreibung und damit nach den Erfahrungen in den anderen Ländern von einer bisherigen Zahl der Abtreibungen von ca. 75 000 pro Jahr in der BRD zu wenigstens 500 000 – 1 Million Abtreibungen jährlich. Beide Lösungen können also auf keinen Fall für sich in Anspruch nehmen zu einer ‚Verringerung der Abtreibungszahlen' zu führen. Nachdem das Grundgesetz der BRD und die Verfassungen der anderen europäischen Länder den uneingeschränkten und unbefristeten Schutz des menschlichen Lebens befehlen und unser eigenes Leben völlig unbezweifelbar mit der Vereinigung von Ei- und Samenzelle zu unserem spezifisch menschlichen, einmaligen Strukturbild begonnen hat, ist sowohl diese Art Indikationslösung, als auch die Fristenlösung verfassungswidrig. Beide ‚Lösungen' sind um ein vielfaches schlechter als der derzeitige Zustand."

Dazu ist noch hinzuzufügen, was Dr. Ernst und Kollegen in ihrem Informationsblatt „Von A bis Z unwahr!" als Antwort auf 25 Lügen der Fristenlöser feststellten: Die Wahrheit ist, auf die Lüge der Regierungskoalition, wie auch der Mehrheit der Synode der Evang. Kirche Deutschlands, daß man durch die Beseitigung des Abtreibungsverbotes einen besseren Schutz für das ungeborene menschliche Leben erreichen wolle, daß man nirgends durch die Beseitigung der einzigen gemeinsamen Verhaltensnorm ein besseres Verhalten erzielen kann oder gar durch die Beseitigung des einzig wirksamen Schutzes, nämlich des Strafgesetzes, einen besseren Schutz erreichen kann.

2.) „Es gibt keinerlei rationale Argumente für die Freigabe der Abtreibung aus nicht medizinischen Gründen, d. h. ohne daß das Leben der Mutter durch das Kind bedroht würde. Es gibt darum auch keinerlei stichhaltige Argumente für die entsprechenden Gesetzentwürfe. Alle 25 dafür angeführten Begründungen halten einer exakten Nachprüfung nicht stand. Sie sind – wie wir in dem eben zitierten Faltblatt A–Z nachwiesen – bewußte Täuschungen und Irreführungen der Öffentlichkeit, also ganz schlicht gesagt Lügen.

Während die behauptete Verbesserung nirgends eingetreten ist, wo man die Abtreibung freigab, sind ihre Folgen jetzt allgemein bekannt:

a) Rasches Ansteigen der Abtreibungsquote auf die wenigstens 10fache Zahl gegenüber heute, mit Dauerschädigungen bei den Frauen von 25–35, auch bei Klinikabtreibungen. Die Behauptung von der Ungefährlichkeit der Absaugungsmethode ist ebenfalls durch entsprechende Statistiken widerlegt worden.

b) Weiterer katastrophaler Geburtenrückgang, der dann das Ausmaß eines nationalen und europäischen Selbstmordes annehmen wird, mit allen dadurch bedingten wirtschaftlichen, kulturellen und politischen Konsequenzen.

c) Zerstörung der geistig-moralischen Grundlagen der Ärzteschaft und des ärztlichen Gewissens nach der Freigabe durch die zwangsläufig eintretende Korrumpierung und die Kommerzialisierung der Massenschlächterei ungeborener Kinder.

d) Betten- und Schwesternmangel für wirklich kranke Patientinnen durch die Überbelegung der Betten mit Frauen, die eine Abtreibung machen lassen.

e) Zahlenmäßiger und vor allem qualitätsmäßiger Rückgang des frauenärztlichen Berufsstandes durch den psychischen Zwang zur Abtreibung.

f) Beseitigung des Rechtsbewußtseins und des Gewissens bei Millionen von Frauen, Männern und Medizinern durch die Abtreibungen, und allgemeine weitere Verrohung. Öffnung des Weges zur Euthanasie und zum „Gnadentod". Restlose Beseitigung der Ehrfurcht vor dem menschlichen Leben.

g) Überlastung und Kriminalisierung der Krankenkassen und aller zahlenden Mitglieder durch die Mitfinanzierung krimineller Handlungen.

h) Versklavung der noch nicht degenerierten Frauen unter den Erpressungen zahlungsunwilliger Liebhaber und Väter. Abtreibungszwang.

i) Weitere Auflösung unserer Grundgesetze und Lebensordnungen in der BRD und der freien Welt.

k) Zerstörung der religiösen Grundlagen der abendländischen Kultur mit allen ideologischen Konsequenzen."

Mit Ausnahme von k) treffen all die genannten Punkte auf Japan zu und das so sicher, daß wir vermuten können, Dr. Ernst und Kollegen haben die Folgen in Japan genau studiert.

Die Fristenlösung ist dann angenommen. Die erste Schlacht ist verloren und man kann nur hoffen, daß die bekannten Worte der Engländer: „We loose all battles, except the last" (wir verlieren alle Schlachten, nur nicht die letzte) für Deutschland zutreffen werden.

Dr. med. Siegfried Ernst beendete seine vorzügliche Ansprache auf der Europäischen Ärztekonferenz in Noordwykerhout (Holland) am 11. 5. 1974 mit den Worten: „Die Situation in der Bundesrepublik und in Europa ist noch nicht verloren. Wir haben zwar zunächst die erste Schlacht verloren. Das gab es in der Geschichte auch auf anderen Ebenen. Wir wissen aber, daß wir das moderne Konzept besitzen, die Übereinstimmung mit den besten Traditionen abendländischen Arzttums, und daß unter uns mitten im scheinbaren Zerfall europäischer Institutionen aus einer gemeinsamen geistigen und ethischen Grundlage, aus einem überlegenen Leitbild vom Menschen und von der Gesellschaft und aus einer über alle Grenzen hinweggehenden Entschlossenheit, diesen Kampf bis zum Ende zu führen und zu gewinnen, eine Einheit erwachsen ist, die tiefer geht und fester halten wird und die auch die Voraussetzung für eine europäische Wiedergeburt darstellt."

Tatsächlich ist der Beschluß des Bonner Parlamentes noch nicht endgültig. Eine einstweilige Anordnung des Bundesverfassungsgerichts, die das Land Baden-Württemberg beantragt hat, führte dazu, daß das Fristenregelungsgesetz zunächst nicht in Kraft treten kann. Erst wenn das Gericht über die Frage entschieden haben wird, ob das Gesetz mit der Verfassung vereinbar ist, wird die Entscheidung fallen. Indes kann an dem Fristenregelungsgesetz der formale Verlauf der Gesetzgebung dargestellt werden.

Der Bundestag hatte das Gesetz schon vor Monaten beschlossen, mußte aber, da der Bundesrat Einspruch erhob, seinen Beschluß noch einmal mit absoluter Mehrheit wiederholen, um den Bundesrat zu überstimmen. Ob dies genügt oder ob das Gesetz ein Zustimmungsgesetz ist, das gegen den Willen des Bundesrats überhaupt nicht in Kraft treten kann, wird ebenfalls erst das Verfassungsgericht noch entscheiden. Die Regierungskoalition muß jetzt auf das Urteil des Bundesverfassungsgerichts warten. Es wird wahrscheinlich im Herbst gesprochen werden. Das Gesetz schreibt vor, daß eine einstweilige Anordnung des Verfassungsgerichtes nach drei Monaten außer Kraft tritt, wenn sie nicht mit Zweidrittelmehrheit wiederholt wird.

„Wenn am Ende doch noch die Fristenlösung entgegen dem Rat der überwiegenden Mehrzahl der Ärzte Gesetz werden sollte, bedarf sie einer ergänzenden Strafnorm gegen jene Männer, die unter Hinweis auf die öffentliche Kostentragung Frauen, die ein Kind von ihnen erwarten, zur Abtreibung drängen, ohne daß ein Notstand vorliegt. Wird diese jetzt aufgerissene Lücke nicht geschlossen, so schlägt die Reform des § 218 in schlimmen Überdruck auf im Stich gelassene Frauen um, und der mallorcastische Trend des irregeleiteten Zeitgeistes treibt zur scheinbar legalisierten Tötung ungeborenen Lebens auch dann, wenn ein gebuchter Reisetermin zur Schwangerschaft querliegen sollte.

Die Verfassungsrichter werden daher entgegen allen Beteuerungen, daß die Fristenlösung ebenfalls den Schutz des ungeborenen Lebens gewährleiste, ihre Augen nicht davor verschließen können, welch abenteuerliche Umstülpung des Rechtsbewußtseins durch die Straflosstellung für die ersten drei Monate begünstigt wird." (Rheinischer Merkur 28. 6. 1974)

Am Anfang sprach ich über die Manipulierung der Masse durch eine Minderheit, wie das in Hitlers Zeiten ausgezeichnet gelungen ist. Die psychologische Einstimmung der Masse auf die Liquidation der Geisteskranken und die Euthanasie erfolgte damals durch Filme. In dem Film „Ich klage an" zeigte man das Schicksal eines Multiplesklerosekranken und klagte das bestehende Gesetz an, das das Töten kranker Menschen verbietet. Mit Sentimentalität und Verdrehung erzeugte man bei Millionen Menschen das Gefühl, daß es ein Akt der Nächstenliebe sei, einen solchen Menschen von seinem Leiden zu erlösen. Dieselben Ideen werden heute systematisch verbreitet, wenn man auch im Bundestag in Bonn auf das traurige und unzumutbare Schicksal jener armen Kinder hinweist, die in Heimen untergebracht werden müßten und dann zum größten Teil ja doch nur unglücklich und kriminell würden. Man müsse sie deshalb im Mutterleib vor diesem Schicksal bewahren, indem man sie umbringt. Entsprechend behaupten auch die linksstehenden „kirchlichen Bruderschaften" in der Bundesrepublik, daß in bestimmten Fällen eine soziale Abtreibung ein „Akt der Nächstenliebe" sein könne für den Mediziner, der sie ausführe. Genau wie Hitlers Filmmacher beschimpfte auch der 25jährige FDP-Sprecher von Schoeler in der Bonner Debatte das Strafgesetz gegen die Tötung der Ungeborenen als „unmenschliche Gesetzgebung". Während allerdings heute die Koalitionsparteien und auch die „Gesundheitsministerin" Frau Dr. Focke in aller Öffentlichkeit die Ärzte auffordern, sich zu Tötungsfunktionären der sozialistisch-liberalistischen Konsumgesellschaft degradieren zu lassen, wagte Hitler nicht, diese Forderung öffentlich zu erheben. Frau Dr. Focke mißbrauchte sogar das hundertjährige Jubiläum des deutschen Ärztetages und die Feier dieser großartigen Tradition deutschen und darüber hinaus auch europäischen Arzttums, um in ihrer Ansprache es als die Aufgabe der Ärzte zu bezeichnen auch bei einer Freigabe der Abtreibung die medizinisch beste Form des Schwangerschaftsabbruchs durchzuführen! Himmler und Hitler dagegen führten ihre Massenliquidationen unter strenger Geheimhaltung durch und die Ärzteschaft als Ganzes erfuhr höchstens hinter der vorgehaltenen Hand, was in den psychiatrischen Kliniken und in den Konzentrationslagern vor sich ging. Das Leitbild des europäischen Arztes aber wagte Hitler keineswegs offiziell und in aller Öffentlichkeit umzufunktionieren, weil er die nationale und internationale Reaktion fürchtete.

Die Massenliquidationen waren eine völlig „sachlich, hygienische" Angelegenheit, einerlei, ob es die Liquidation der Geisteskranken war oder die „Selektion" im Konzentrationslager. Dr. Siegfried Ernst erwähnte in seinem Vortrag diese „Sachlichkeit" der Liquidationsmaschinerie deshalb, weil man ihm bei der Diskussion um die Abtreibung vorgeworfen hat, es sei nicht „sachlich", wenn man die bewußte, geplante Tötung eines Menschenlebens gegen Geld als „Mord" bezeichnet und wenn man nicht bereit ist, die grotesken vorgegebenen Begründungen für die Abtreibungsfreigabe als ehrlich anzusehen oder gar als „sittlich vertretbar". Ja, man sieht in der eiskalten Sachlichkeit der Diskussion und der Ausklammerung der Frage nach Recht und Unrecht, Gut und Böse, geradezu das Kennzeichen progressiver Christlichkeit, wie man das gelegentlich auch in Frankreich hören kann. Selbst ein bekannter evang. Bischof, der die Abtreibung völlig ablehnt, meinte, man dürfe diejenigen nicht „diskriminieren", die das Recht auf ihren eigenen Bauch und die Freigabe der Tötung der Ungeborenen fordern. Im Gegensatz zur Württembergischen Evangelischen Landessynode, die ein klares Votum gegen jede Liberalisierung aussprach, erklärte die Synode der Evang. Kirchengemeinschaft Deutschlands in einer mit knapper Mehrheit angenommenen Entschließung, man dürfe die Fristenlösung nicht als „sittlich nicht vertretbar" erklären. „Wir haben uns erlaubt", so sprach Dr. Ernst, „als europäische Ärzteaktion auf diesen unehrlichen und in seinen politischen und menschlichen Auswirkungen katastrophalen Missbrauch des obersten Gremiums der evang. Kirche zur Durchsetzung der Massenliquidation ungeborener Kinder entsprechend zu antworten". Dr. Ernst und viele seiner Kollegen forderten die sofortige Rücknahme dieser Erklärung, die ja auch prompt die Wirkung hatte, daß sie vier Abgeordneten, die sich bei ihrer Entscheidung im Bundestag ausdrücklich darauf beriefen, die innere und öffentliche Möglichkeit verschafften als angebliche „Christen" für die Fristenlösung zu stimmen. Da es sich nur um ganz wenige Stimmen handelte, die entscheiden, kann man sagen, die Synode der Evang. Kirche Deutschlands – im Gegensatz zum Rat der EKD, der anders entschied – trägt die volle geistige und politische Verantwortung für den nun einsetzenden Massenmord an den Ungeborenen. Dr. Ernst und seine Kollegen machten deshalb die Synodalen darauf aufmerksam, daß sie als evangelische Ärzte an einer Kirche kein Interesse mehr hätten, die mithilft, die geistig-moralischen Grundlagen des ärztlichen Standes zu zerschlagen.[40b]

Der außerordentlich tapfere evangelische Arzt Dr. S. Ernst sagt uns weiter:

„Dabei ist es heute genau so wie im Dritten Reich, daß bestimmte Überzeugungen, die den Zielen der Leute im Wege sind, die lediglich aus persönlichem Egoismus oder auch aus der klaren Absicht das Menschenbild ideologisch umzufunktionieren, heute nicht mehr im Fernsehen vertreten werden dürfen. Da

---

40b Der Bischof von Regensburg, Dr. Rudolf Graber, hat die Annahme des Großen Bundesverdienstkreuzes abgelehnt. Einer der wesentlichen Gründe für die Ablehnung ist die bis in die höchsten Regierungskreise reichende Einstellung der Bonner Koalition zur Reform des Abtreibungsparagraphen 218. Es war ihm unmöglich, die Auszeichnung anzunehmen, zumal schon zwei Pfarrer seiner Diözese in diesem Zusammenhang ihre Bundesverdienstkreuze zurückgegeben hatten.

kann man 1,3 Millionen Unterschriften haben und Hunderte können die schriftliche Forderung erheben, daß wir im Fernsehen auch zu Wort kommen, daß ein Sprecher der europäischen Ärzte aus Holland, aus Japan, aus Frankreich, aus England und aus der Schweiz ebenfalls im Deutschen Fernsehen zu Wort kommen müsse, die Diktatoren der öffentlichen Meinung scheren sich nicht darum. Ja Herr Merseburger von der Hetzsendung „Panorama" des 1. Deutschen Fernsehens läßt zwar keine Ärzte zu Wort kommen, dafür aber wirbt er sich neun Medizinerinnen, die ihre persönlichen Schuldkomplexe abreagieren und vier Mediziner, und läßt sie dann öffentlich vor dem Fernsehen eine Abtreibung vorführen und dazu noch behaupten, daß diese Abtreibung völlig harmlos und ohne Nachwirkungen sei." Nebenbei, das ist auch in Holland passiert.

Bei der letzten Herbsttagung der europäischen Ärzte in Paris konnte man erleben, wie das Zweite Deutsche Fernsehen fast alles filmte, und man versprach diese Tagung in Deutschland auszustrahlen. Es durfte nichts darüber berichtet werden und man behauptete einfach, der Redakteur sei erkrankt. „Diese Meinungsdiktatur", so sagte Dr. Ernst, „erlebten wir nicht nur einmal, sondern ununterbrochen in Fernsehen und in einem Teil der großen Presse. Man ist zu der bewährten Taktik übergegangen, die Wahrheit einfach tot zu schweigen oder sie umzufälschen."

„Ich muß zur Schande der deutschen Demokratie, für die diese Leute angeblich kämpfen, sagen, daß seit Josef Göbbels, dem Propagandaminister Adolf Hitlers in Deutschland, von offiziellen Stellen nie mehr so frech und so viel gelogen wurde."

Bei der Erörterung der Frage, was einen auf Verfassung beruhenden Staat von einer Willkürherrschaft unterscheide, wurde schon in der Antike erkannt, daß der Unterschied in der Anerkennung und Beachtung unantastbarer Rechte begründet ist. Der griechische Historiker Polybios hat im 2. Jahrhundert vor Christus gezeigt, daß auch eine Demokratie als solche nur bestehen kann auf der Grundlage unverrückbarer Rechte. Verläßt sie diese Grundlage, so schlägt sie in ihre Entartung um, die als Ochlokratie bezeichnet wird. Augustinus berichtet die berühmte Begebenheit mit einem Seeräuber, der vor Alexander dem Großen erklärte: weil er mit einem kleinen Schiff herumfahre und andere beraube, nenne man ihn Räuber, aber Alexander, der mit riesigen Heeren die ganze Welt erobere, heiße König und Herr. Daran knüpft Augustinus den Schluß: „Wenn also die Gerechtigkeit beseitigt wird, was sind Staaten dann anderes als große Räuberbanden?" Und ich möchte hinzufügen: Wenn die Achtung und Erhaltung des menschlichen Lebens nicht mehr oberster Grundsatz bleibt als unantastbares Recht in der Verfassung der Völker, was sind Staaten dann anderes als Mörderbanden?

„Der NS-Staat hat genau an jenem Punkt aufgehört, Rechtsstaat zu sein, an dem das „Leben gewisser Menschen, sei es das Leben Ungeborener nach eugenischen, oder das Leben Geborener nach rassischen, volksgesundheitlichen oder wirtschaftlichen Gesichtspunken der „besseren Einsicht" anderer preisgegeben wurde. Noch 1935 konnte bei den damaligen Beratungen über die Neugestaltung des Deutschen Strafrechts Prof. von Gleispach erklären, daß „die Kraft der sittlichen Norm des Tötungsverbotes nicht dadurch geschwächt werden" darf, „daß aus bloßen Zweckmäßigkeitsgründen Ausnahmen . . . gemacht werden". Was ist aber daraus geworden, als die Wege einmal beschritten waren, auf denen es keine prinzipielle Grenze mehr gibt? Welcher furchtbare Zusammenhang gerade zwischen der Tötung Ungeborener und der Euthanasie besteht, hat erst voriges Jahr Lothar Gruchmann in einem überaus aufschlußreichen Aufsatz über Euthanasie und Justiz im Dritten Reiche" (Vierteljahreshefte für Zeitgeschichte 20, 1972, 235 ff.) dargetan." (Furche)

So wie in USA, in England, Japan und anderen Ländern nach der gesetzlichen Freigabe der Abtreibung sofort der Schrei nach dem nächsten logischen Schritt, nach der Euthanasie kam, so geschieht das auch in der Bundesrepublik Deutschland bereits heute, daß die Forderung auf Freigabe der Euthanasie „auf Wunsch des Patienten" nun erhoben wird. Ist es nicht eine zwingende innere Logik, daß die Generation, die heute aus persönlicher Selbstsucht bereit ist, mehr als die Hälfte der kommenden Generation liquidieren zu lassen, ehe sie geboren ist, morgen selbst als „soziale Indikation" in entsprechende Sterbeheime für überflüssige, sozial unzumutbare Alte zur Liquidation eingewiesen wird. Denn die auf die Hälfte dezimierte junge Generation kann doch die durch die Fortschritte der modernen Medizin ständig wachsende Zahl von „unproduktiven“ Alten gar nicht mehr auf die Dauer finanzieren und ernähren, wie das in Japan und England auch der Fall ist.

Die Vertreter der Abtreibungsfreigabe haben bisher leider mit Erfolg in Öffentlichkeit und Parlament statt sachliche Gegenargumente zu bringen und die Widerlegung der Feststellung von der wesensmäßigen Identität von Abtreibung und Euthanasie vorzunehmen immer mit heftigsten emotionellen Entladungen reagiert und die Beleidigten gespielt. Unter Betonung der Sachlichkeit der Diskussion wurde dann dieser u. a. wichtigste Punkt überspielt und die Auseinandersetzung an der entscheidenden Stelle jeweils emotional beendet, so ungefähr wie Dr. Cl. Peyret das tut in seinem Buche: „Abtreibung, für ein humanes Gesetz“.

Möchte Deutschland tandem aliquando hören auf die Entschließung des 76. Deutschen Ärztetags in München: „Die Achtung und Erhaltung des menschlichen Lebens muß oberster Grundsatz für die Entscheidung bleiben, ob ein Schwangerschaftsabbruch legal durchgeführt werden kann. Auch das werdende Menschenleben ist schutzwürdig und darf aus ärztlicher Sicht nur um der Erhaltung der Gesundheit der werdenden Mutter willen geopfert werden. Der Deutsche Ärztetag lehnt daher die strafrechtliche Freigabe des Schwangerschaftsabbruchs im Rahmen einer Frist von drei Monaten ab.“ Dieses Recht auf Leben ist im wahrsten Sinne eine Grundnorm der freien rechtsstaatlichen Gemeinschaft. Auch dort, wo man die Begründung aus dem christlichen Glauben preisgegeben hat, wirkt doch mitten in einer Welt der Relativitäten noch deutlich etwas nach von dem „großen Halt des göttlichen Gebotes“ (K. Barth), von der Ehrfurcht für das Leben und von absoluten rechtlichen Geboten. Die ersten Vorschläge sprachen zögernd von 4 Wochen, dann aber waren es bald 12. Und es braucht keinerlei prophetische Begabung, um vorauszusagen, daß diese Frist sehr bald noch weiter gestreckt werden wird. Denken wir nur an Japan, wo Zehntausende Abtreibungen geschehen nach dem 6. und 7. Monat.

Schließlich möchte ich noch hinzufügen, daß der deutsche Ärztetag nicht bei seiner kategorischen Absage geblieben ist, aber ganz positiv seine Bereitschaft erklärt hat: „1. seinen Beitrag zu leisten zur emanzipatorischen Erziehung bei der Sexualaufklärung[41] und bei der Familienplanung. 2. seinen Beitrag zu leisten zu sozialstaatlichen Initiativen bei der Adoptionsgesetzgebung, bei einem Lastenausgleich für kinderreiche Familien und bei der Organisation von Familienhilfen, 3. seinen Beitrag zu leisten zur Überwindung der Kinderfeindlichkeit unserer Gesellschaft."

Was mich am meisten beeindruckt hat während meiner endlosen Reisen durch Japan und verschiedene westliche Länder, sind die Kinderfeindschaft und die entarteten Eltern. Deutschland, höchste Konsumgesellschaft, immer mehr Freizeit, immer mehr Vergnügen, jährlich mehr als eine halbe Million Abtreibungen, mehr als 300 000 leere Wohnungen, Millionen leere Wiegen und Mädchentaschen voll mit Pillen.[42] Wir brauchen keine Kinder

---

[41] Bei der Sexualerziehung soll man mehr sprechen über das natürliche Schamgefühl der Kinder als einen großen Wert. Warum wird dem Jugendlichen bei der Frage nach der Pille so wenig konkret gesagt über die Tugend der Reinheit, Keuschheit und Selbstbeherrschung? „All das Nachgeben und Entgegenkommen führt doch von einem Problem in das andere. Eines weiß ich sicher: Wer sich als junger Mensch in den Griff bekommen und das Leben bestehen will, der muß kämpfen." (Ernst Wipperfeld in Rhein. Merkur)

[42] „In der Pille kann man die Krönung des Strebens nach Glück durch Sex erkennen. Welche Wehen von Tagen und Nächten, sie, die Pille, existent werden zu lassen! Welcher Erfindungsreichtum und welche Konzentration nur für ein einziges Ziel: die Errungenschaft der unfruchtbaren Zeugung. Welche Armeen von Mäusen, Ratten, Kaninchen und anderem Kleingetier mußten für diese Experimente herhalten, bis – oh glory hallelujah! – ihre winzigen Gebärmuttern, mit Sorgfalt seziert, die gesegnete Leere trotz vorhergegangener Kopulation demonstrierten, bis sie der ganzen Menschheit die sublime Aussicht boten – die Umkehrung dessen, was der Jungfrau Maria gewährt war: Paarung ohne Empfängnis. Ein Minificat anstatt ein Magnificat. Die Pille hat endlich den Zeugungsprozess durch Sterilität geheiligt. Aphrodite versinkt im Meer, menstruations- und für immer fruchtlos. Der unendliche, sterile Orgasmus – wenn es je eine Formel für den

mehr zu machen; wir kaufen uns einfach Fremdarbeiter. „Wohin wird das führen? „Après nous le déluge, nach uns die Sündflut.“

Deutschland war für mich immer ein sehr schönes Land, ein Land der Kultur, ein Land von eifrigen Arbeitern, von Philosophen und besonders von Komponisten. Schon als Sechzehnjähriger habe ich Goethe, Schiller, Werke der Romantiker, Heine, Rilke, Dehmel und viele andere Dichter gelesen. Es war für mich als junger Mann ein kostbarer Anblick, die singenden Knaben und Mädchen überall im Lande wandern zu sehen. Das war alles fröhlich, das war lebensfördernd, das gab mir jungem Holländer Mut zum Leben.

Aber wie tief ist Deutschland jetzt gefallen. Ich spüre dort eine bewußte Feindseligkeit gegen das Leben, Minirock, Mini-Auto, aber keine Babys. Ich glaube, in der ganzen deutschen Geschichte war der Unwille, empfangenes Leben weiterzugeben, nie so verbreitet wie heute. Was können jungverheiratete, einander tiefliebende Menschen Höheres, Erhabeneres tun als das Leben weiterzugeben.

Dr. Anton Böhm schreibt im Rheinischen Merkur vom 23. 8. 74:

„Die Pille ist nicht zufällig erfunden worden, der Zeitgenosse hat sie unbewußt verlangt; sie kam zu der Zeit, die sie haben wollte, und weitere medikamentöse Vereinfachungen der Verhü-

---

Untergang gab: das ist sie. Wahrscheinlich wird sich die Pille auf lange Sicht als eine Geißel erweisen, gegen die Heimsuchungen wie die Pest sich wie eine Grippe-Epidemie ausnehmen werden.

Ist es nicht bemerkenswert? Millionen über Millionen Frauen, dem Streben nach Glück verschrieben – aufgeplustert, parfümiert und pomadisiert, frisiert, drapiert und ausstaffiert nach bestem Wissen und Gewissen von Mode-Magazinen und Television; gesäugt mit Obstsäften, mit Vitaminen gefüttert und rohen Steaks, graziöse, sonnengebräunte, agile Körper – und ihre Hände strecken sich flehend aus, fordern nichts anderes als Schutz vor Empfängnis. Jedes Risiko zu wagen, jedes Opfer zu bringen, jede Entbehrung zu erleiden sind sie willens – Appetitverlust, Geistesschwäche, Krankheit, Sexverlust und Verfettung –, wenn ihnen nur die narren-, die unfallsichere Sterilität garantiert ist.“ Malcolm Muggeridge („Esquire“, 1970)

tungstechnik werden folgen. Man will das Leben genießen, aber kein neues Leben, das dann auch genossen werden könnte, schaffen. Oder sollte die heute übliche Art von Lebensgenuß insgeheim als erlebensunwert gefühlt, gar erkannt werden? So daß die Lebensgier, indem sie sich selbst überschlug, der Schalheit ihrer Genüsse innewurde, und, da sie auf die Frage nach dem Sinn des Lebens keine andere Anwort weiß als den Genuß, neues Leben für sinnlos hält?

Indes, die Lebensfeindlichkeit bleibt nicht bei der Passivität, sie wird aggressiv: gegen das werdende Leben. Die Empfängnis gilt als Unfall, der durch Tötung des Empfangenen wieder gutgemacht werden muß; oder als Krankheit, die durch einen chirurgischen Eingriff auf Krankenkassenkosten zu beheben ist. Das und nichts anderes war doch seit jeher der Kern der Campagne zur gesetzlichen Freigabe der Abtreibung oder zur Einführung der „Fristenlösung“ – deren schreiende Absurdität offenbar nicht begriffen wird; der vernunftstolze Zeitgenosse sieht nicht, daß es eine Beleidigung der Vernunft ist, das Leben des Ungeborenen bis zum Tag 90 als vogelfrei zu erklären, es vom Tag 91 ab aber strafrechtlich zu schützen: ist es schützenswert, dann muß man es von Beginn an schützen; ist es nicht schützenswert, dann gilt das mindestens bis zur Geburt. Die sozialen, frauenemanzipatorischen, medizinischen Beweggründe stehen am Rande; sie werden nur vorgeschoben, um ein unbeschränktes subjektiv-egoistisches Verfügungsrecht über empfangenes Leben durchzudrükken – so daß nicht einmal über den Anlaß zur Tötung Rechenschaft abgelegt werden muß, und jede Nichtigkeit, jede Willkür legalisiert ist. Der haarspalterische Streit darüber, ob das empfangene Leben vom ersten Anfang oder von welchem Stadium an Person ist und daher alle Personenrechte genießt, lenkt nur vom Wesentlichen ab. Worum es geht, ist allein, daß es menschliches Leben ist – was denn könnte es sonst sein? Es ist vom Augenblick der Empfängnis an zwar in das Leben der Mutter eingebunden, aber von diesem verschieden durch das originäre Angelegtsein auf eigene individuelle Personhaftigkeit. Daß diese jedermann zugängliche Wahrheit verdunkelt, verbogen, durch Spitzfindigkeiten wegargumentiert, starr geleugnet wird, kann nicht anders gedeutet werden als so: Das eigentliche, tiefste, wenn auch verborgene Motiv einer demagogischen, geradezu hysterischen Abtreibungspropaganda („Mein Bauch gehört mir“) ist die Feindschaft, ist der irrationale Haß gegen das Leben in jedem Status, gegen die Möglichkeit der Menschwerdung überhaupt. Leben wird nicht gewollt, ob Person oder nicht, das ist die wahre Intention: der Geist einer dämonischen Verneinung der Schöpfung Gottes.“

Muß dann dazu noch der unerträgliche, da gewissenswidrige, Zustand eintreten, daß Millionen von Versicherten und Steuerzahlern für Handlungen mitbezahlen müssen, die nach ihrer Überzeugung kriminell, ja unmenschlich sind? Dann würde die fatale Forderung nach mehr (falsch verstandener) Freiheit umschlagen in Gewissenszwang gegenüber jenen, die sich dem Lebensrecht der Ungeborenen verpflichtet wissen. Wann wird dann die Sterbehilfe für „lebensunwertes Leben“ auf Kassenrezept folgen?

Nein, diesen Weg kann und darf Deutschland doch nicht einschlagen; dieses Deutschland, das durch seine Kultur, seine Kunst, seine Musik und seine Dichter meine holländische Jugend so erfreut hat, soll seinen Kurs ändern, ja es soll, es muß wieder rein, gesund und kräftig auferstehen. Dann kann es wahrscheinlich auch das kräftige Herz eines neuen Europas werden.

Ich rufe der deutschen Jugend zu. In euch liegt die Zukunft nicht nur Deutschlands – sondern ganz Europas. Es liegt an der frischen deutschen Jugend Zuversicht und Hoffnung zu entfalten. Gebe Gott, daß sie dafür den Mut finde!

Während dieses Buch in Druck geht, ist gerade die Weltbevölkerungskonferenz der Vereinigten Nationen in Bukarest beendet. Viel Neues hat diese Konferenz nicht zustande gebracht. Schon vor 15 Jahren schrieb ich in meinem „Asiatischen Tagebuch“, „es gibt wenigstens in Japan oder Holland überhaupt keine Überbevölkerung und man hat auch keinen Grund für Geburtenkontrolle: im Gegenteil, man ruft um mehr Arbeiter.“

Von Familienplanung, Abtreibung usw. wollten die Delegierten in Bukarest nicht viel wissen. Sogar das Wort „Familienplanung“ wurde in dem von der Konferenz verabschiedeten Aktionsplan" gestrichen und durch „Verantwortungsvolle Elternschaft" ersetzt. Der Akzent wurde fast ausschließlich auf die Notwendigkeit der wirtschaftlichen und sozialen Entwicklung als das wichtigste Mittel zur Regelung von Bevölkerungsfragen gelegt.

„Armut, Hunger und Krankheit ließen sich nicht mit einer Verringerung der Erdbevölkerung beseitigen", sagte der Vertreter Algeriens.

Kl. Natorp schrieb in der „Frankfurter Allgemeinen Zeitung" am 31. August 1974:

„Nicht einmal eine Eindämmung des Wachstums scheint nach Bukarest möglich. Die Stabilisierung der Erdbevölkerung, also das Erreichen des sogenannten „Nullwachstums", bleibt für die nächsten Jahrzehnte unerreichbar. Ob die Erde inzwischen die gewaltige Vermehrung der Menschheit erträgt, ohne mit Katastrophen zu reagieren, ob vor allem die immer größer werdende Masse Mensch sich selbst erträgt, ohne rabiat zu werden – das sind Fragen, die in Bukarest nicht einmal angetippt wurden."

In keiner Hinsicht stimme ich dem Schreiber zu. Überall auf der Welt – und ich fliege schon dreißig Jahre herum – sehe ich, auch bei den Armen, in großen Familien lachende Kinder, glückliche, wenn auch hart arbeitende Eltern, und da, wo kaum Kinder sind, Lebensüberdruß, Existenzangst, Einsamkeit und Hoffnungslosigkeit. Doch habe ich für Deutschland noch Zuversicht. Die letzten Berichte aus dem Saarland sind sehr ermutigend:

Joachim Neander schrieb in „Die Welt" vom 31. Aug. 1974:

„Das Saarland hat als erstes Bundesland einen konkreten Schritt zu einer aktiven Familienpolitik getan. Durch ein sogenanntes Familiengründungsdarlehen, das ab sofort gewährt wird, sollen vor allem junge Ehepaare ermutigt werden, Kinder zu bekommen. Das Modell sieht vor: Junge Ehepaare, die zusammen nicht mehr als netto 2400 Mark im Monat verdienen, beantragen bei einem Kreditinstitut ein Darlehen bis 5000 Mark. Das Land gibt für dieses Familiengründungsdarlehen eine Bürgschaft und eine Zinshilfe bis fünf Prozent. Bekommt das Ehepaar ein Kind, werden ihm von der Darlehenssumme 1000 Mark erlassen. Beim zweiten Kind fallen weitere 1500, beim dritten 2000 Mark weg. Beim vierten Kind braucht nichts mehr zurückgezahlt zu werden.

Die neue saarländische Ministerin für Familie, Gesundheit und Sozialwesen, Rita Waschbüsch (CDU), zuckt zusammen, wenn man ihr statt des offiziellen Titels „Familiengründungsdarlehen" etwa mit „Ehestandsdarlehen" kommt. „Sie drängen mich da in eine Ecke, die ich überhaupt nicht mag, sagt sie, die jüngste Ministerin in der Bundesrepublik, 34 Jahre alt, von Beruf Katechetin und Hausfrau, Mutter von vier Kindern, Ehefrau eines Grundschullehrers.

Warum? „Ehestandsdarlehen" – so hieß das Ding bei den Nazis, und das klingt von daher viel zu stark nach Bevölkerungspolitik. Unser Modell ist in erster Linie eine Maßnahme der Familienpolitik, ein Stück Hilfe für die Familien, Abbau der Existenzangst."

Aber dann gibt sie doch zu, daß damit auch ein erster Schritt zu einer aktiveren Familienpolitik getan werden soll. Einer Politik, die nicht nur, wie überall sonst in der Bundesrepublik, hier und da mit allerlei Mitteln die Last der Kinderreichen im Lande zu verringern sucht, sondern die junge Menschen offen dazu ermutigt, Kinder zu bekommen. Und zwar bald. Frau Waschbüsch: „Da befinde ich mich im Einklang mit Ärzten und Psychologen. Die Ehepaare, die lange mit dem ersten Kind warten, verpassen vieles was junge Familien festigt."

Sie selbst ist, wie sie sagt, „vom 20. bis zum 25. Lebensjahr intensiv mit Kinderkriegen beschäftigt gewesen." Das hat ihrer politischen Karriere indes überhaupt nicht geschadet. Und in ihrem Geständnis: „Ich wollte immer sieben Kinder haben", fehlen die Worte „eigentlich" oder „ursprünglich", die man an sich an dieser Stelle erwartet.

Doch dann schränkt sie ein. Sie habe nichts, weiß Gott nichts, gegen Wunschkinder. Sie sei sich darüber klar, daß sie selbst – Wohnsitz im ländlichen Geburtsort, eine noch junge, rüstige Oma mit im großen Haus wohnend, – im Grunde kein Paradebeispiel für die Schwierigkeiten der kinderreichen Familien in Deutschland bietet und daß auch das Saarland mit seinen zwei Eigenheimen auf eine Mietwohnung (im Bundesdurchschnitt ist es umgekehrt) in dieser Hinsicht nicht repräsentativ sei.

Aber die Einwände, die schnellen, die da sofort aus den hochindustrialisierten Problemgebieten kommen, die schrecken sie auch nicht. Familiengründungsdarlehen – Geldprämie für Asoziale, Blitzstart in die Obdachlosigkeit?

Frau Waschbüsch: „Erstens einmal sind die Darlehen zweckgebunden und für Anschaffungen. Zweitens prüft die betroffene Bank die Bonität der Antragsteller wie in jedem anderen Fall. Drittens sind die Rückzahlungsraten mit 70 oder 80 Mark monatlich nicht hoch, wenn man bedenkt, was junge Leute heute so an Verpflichtungen eingehen."

Aber dürfen denn die Industrienationen, die der Dritten Welt seit Jahren die Familienplanung predigen, jetzt selber anfangen, die Kinderzahl zu belohnen? „Es muß in partnerschaftlichem Gespräch mit Indern oder Lateinamerikanern doch möglich sein, klarzumachen, daß auch ihnen nicht damit geholfen ist, wenn die Industrievölker sich planmäßig selbst ausrotten." [42b]

Ist das Saarbrücker Modell nicht ein typisches Mittelstandsmodell? „Ja, das ist auch so gedacht. Viele Kinder zu haben, das war bisher günstig für die ganz Reichen und für die ganz Armen. Wir wollen die Mittelgruppe ermuntern, das zeigen wir schon mit unserer relativ doch sehr hohen Einkommensbegrenzung."

Die berühmte Kinderfeindlichkeit in der Bundesrepublik hat nach Ansicht der Ministerin vor allem psychologische Gründe.

[42b] Béchir Ben Yahmed schreibt in „La jeune Afrique": *„Diese Geburtenbeschränker um jeden Preis vergessen, daß sie uns in Wirklichkeit sagen: ‚Eure einzige Bestimmung ist es, Rohstoffe zu produzieren; vermehrt euch nicht, damit wir weiter verschwenden können. Eure Fruchtbarkeit bedroht unseren Überfluß (das stimmt). Ihr verbraucht 100 Kilogramm Getreide pro Kopf und Jahr, wir verbrauchen 1 000. Seht ihr nicht, daß eine Verdopplung eurer Anzahl unseren Verbrauch auf ... 700 oder 800 Kilogramm herabsetzt?' Es ist, als ob der Reiche in den USA, in Frankreich oder in Afrika dem Armen sagte: ‚Das Benzin wird knapp; damit ich meine zwei Autos behalten kann, mußt du dich mit einem Fahrrad begnügen, ich verbiete dir das Moped.'*

Diese Geburteneinschränker vergessen zu erwähnen, daß, während auf der Erde im Durchschnitt 28 Menschen pro Quadratkilometer wohnen, die Dichte in Afrika nur 12 beträgt, in Lateinamerika 15. Selbst in Südostasien sind es, im Gegensatz zu weit verbreiteten Meinungen, nur 63. Es sind Westeuropa (150) und vor allem Japan (280), die relativ etwas überbevölkert sind."

Wie oft stelle sich bei Beschwerden und Petitionen heraus, daß die gleichen Leute, die Kinderlärm als unerträglich bezeichnen, viel höhere Phonzahlen im Straßenverkehr oder Industrielärm klaglos ertragen. Die öffentliche Meinung belächle die Nur-Hausfrau. Die Familien kämen sich verlassen vor. „Und mit der Abtreibung, da beseitigen wir die Kinder, nicht die Kinderfeindlichkeit", sagt Frau Waschbüsch.

Die Delegation des Vatikan bei der Weltbevölkerungskonferenz in Bukarest hat dem Aktionsplan für politische Maßnahmen auf dem Gebiet der Bevölkerungspolitik ihre Zustimmung verweigert. Der Leiter der Delegation, Bischof Gagnon, begründete die Haltung des Vatikans damit, daß besonders im Hinblick auf die Familie, die Achtung vor dem Leben und die unterschiedslose Anwendung von Mitteln für die Verhinderung von Geburten, eine beschränkte Sicht und unbefriedigende und zweideutige Passagen beibehalten worden seien.

Rumänien ist dabei, das Rad zurückzudrehen, was man umso besser begreift, als man weiß, daß auf eine Geburt vier Abtreibungen kamen. So weit ist man in England noch nicht, doch man muß befürchten, daß es so kommen wird.

Der offizielle Grund, den die Rumänische Regierung angab, um das Gesetz zu ändern, ist die Tatsache, daß „die Abtreibung sehr große Nachteile für die Gesundheit der Mutter und für das Reproduktionspotential der Nation, besonders für die Jugend, zur Folge hatte." Dazu möchte ich bemerken: gerade so wie in Japan.[43]

Kurz vor seiner Abreise nach China schrieb Präsident Nixon einen Brief an Kardinal Cooke, den Erzbischof von New York, in dem er seine volle Zustimmung für die Aktion bezeugte, die im Staat New York durchgeführt wird, um das Abtreibungsgesetz zu ändern. Er schrieb wörtlich: *eine solche Freigabe der Abtreibung „ist unmöglich in Übereinstimmung mit unserem religiösen und westlichen Erbe. In unsrem guten und großen Land wurde in den letzten Jahren das Lebensrecht von Hunderttausenden von ungeborenen Kindern vernichtet, und das noch auf gesetzliche Weise, aber nach meinem Urteil ohne jegliche rechtliche Begründung."*

Während ich hier in Japan die letzten Ergänzungen schreibe, findet in Bukarest die UNO-Weltkonferenz für Bevölkerungsfragen statt. Rumänien hat mit 11,2 % einen für Europa überaus hohen Geburtenüberschuß. Aber Rumänien will weiter indu-

---

[43] Le nombre des naissances en Roumanie, avant la loi de 1956 légalisant de façon très „libérale" l'avortement, variait entre 400.000 et 450.000. En 1966, ce nombre était tombé à 273.000 (et le chiffre des avortements était passé entre temps de quelques dizaines de milliers à 250.000) . . . Ce que voyant, le Gouvernement de la Roumanie modifiait profondement sa légalisation en 1966 et restreignait à quelques cas très limités le 'droit à l'avortement', Résultat dès 1967: le nombre des naissances remontait à 528.000 et, en 1968 à 526.000; (Le redressement spectaculaire de la natalité en Roumanie") par M. Vasile Ghetau de la Direction centrale de la Statistique à Bucarest. Economie et statistique No. 12, mai 1970).

strialisieren und dazu braucht es Menschen (wie Japan auch jetzt schon zu wenig Menschen hat). Die gesetzlichen Maßnahmen sind dementsprechend familienfördernd: Kinderbeihilfen, Geburtenbeihilfen, Wohnungsbeihilfen und – Kredite und medizinische Hilfen sind enorm.

Demgegenüber steht eine ausgesprochen scheidungsfeindliche Zivilisationsgesetzgebung, obwohl betont wird, daß bei „seriösen Motiven“ geschieden werden kann. Was „seriöse Motive“ sind, entscheidet eine Kommission, nachdem das scheidungswillige Paar mehrere Monate Bedenkzeit über sich ergehen lassen mußte.

In der Frage der Abtreibung gibt es eine sehr strenge Indikationslösung: Bei schwerer Krankheit oder wenn die Frau über 40 ist oder schon vier Kinder hat, Frauen unter 16 bei Inzest.

Und die Pille ist zwar nicht verboten, aber im Handel gar nicht erhältlich. Verabreicht wird sie bei den gleichen Indikationen wie für eine Schwangerschaftsunterbrechung. „Die Pille ist nicht die Lösung, um die Menschheit glücklich zu machen.“ Mit dieser apodiktischen Feststellung umriß Botschafter Virgil Constantinescu den rumänischen Standpunkt – und den Standpunkt vieler Experten – zum Problem der Bevölkerungsexplosion in der Welt.

Aber so sagte der Rumänische Botschafter:

„Wir sind an der Sache direkt interessiert. Denn das Bevölkerungsproblem geht uns sehr nahe. Eine solche Konferenz kann nicht in einem Land mit starker Geburtenkontrolle oder Familienplanung stattfinden, in einer Atmosphäre, die durch eine extreme Bevölkerungspolitik des Gastlandes beeinflußt wird. Hier in Rumänien sind objektive und konstruktive Diskussionen möglich.“

Es war sehr klug vom UNO-Sekretariat, daß es vermieden hat, allen Ländern eine Senkung der Geburtenrate nahezulegen. Denn längst nicht alle Regierungen betrachten Kindersegen als Fluch. So will die Sowjetunion ihre Bevölkerung – mit 250 Millionen nach China und Indien die drittgrößte der Erde – noch vergrößern.

Rumänien und Polen, Ghana in Afrika und Brasilien, Argentinien, Chile und Uruguay in Lateinamerika wollen mehr Babys. Immerhin ist ja die Souveränität der Länder im Aktionsplan verankert. Dieser Plan ist sehr ausgewogen – vermutlich die einzige Chance, ihn bei den Vereinten Nationen durchzubringen –, beinhaltet aber noch immer genügend Zündstoff für ideologische und politische Auseinandersetzungen.

So wird etwa unter Hinweis auf die Menschenrechtsdeklaration allen Staaten nahegelegt, trotz aller bevölkerungspolitischen Nachteile das Recht von Ehepaaren nicht anzutasten, die Zahl der gewünschten Kinder selber frei zu entscheiden. Außerdem sollen allen Menschen, „die dies wünschen", bis 1985 Informationen und Mittel der Familienplanung zur Verfügung stehen." Dieser Passus trifft sowohl eine Reihe kommunistischer Länder, die ihrer Industrialisierung zuliebe den Geburtenüberschuß staatlich weiter in die Höhe treiben, als auch jene Länder, wo aus religiösen Motiven eine Geburtenregelung abgelehnt oder sehr erschwert wird.

Jedenfalls sind wir hier in Japan davon überzeugt, daß von dieser Weltbevölkerungskonferenz der Vereinten Nationen keinerlei präzise Aussagen zu erwarten sind. Dafür ist das Thema zu heikel, denn politische, ethische und theologische Fragen spielen hier mit.

Einige Regierungen in den noch wenig entwickelten Gebieten der Erde sind zum Beispiel nicht davon abzubringen, daß die „reichen" Länder die ärmeren Staaten mit Hilfe bevölkerungspolitischer Machenschaften für immer im Zustand der Abhängigkeit halten wollen. Geburtenkontrolle ist in ihren Augen eine neue Form von Kolonialismus und Imperialismus. Die Industriestaaten, so argwöhnen sie, wollen sich durch die Unterstützung von Familienplanungsprogrammen nur ihrer Verpflichtung zu größerer finanzieller Hilfe bei der Entwicklung der armen Länder entziehen.

Wir in Japan sind gespannt, wie die westlichen Länder darauf reagieren werden.[44]

Der Korrespondent der Süddeutschen Zeitung, Redaktionsmitglied Hannes Burger schrieb aus Bukarest:

---

[44] Dr. Gunning, der Präsident of the world Federation of physicians who respect human (50 000 Mitglieder) sagte in seiner Rede in Bukarest sehr beherzigende Worte:

„Auf der Weltbevölkerungskonferenz der UNO sind die erwarteten Meinungsgegensätze über den Kampf gegen eine Überbevölkerung der Welt zum Ausbruch gekommen. Dabei zeigten sich insbesondere Differenzen zwischen den katholischen Entwicklungsländern Südamerikas und denen Asiens. Der argentinische Delegierte Juan-Carlos Beltramino erklärte dagegen den Widerstand seines Landes gegen jede Form von Familienplanung. Argentinien widersetze sich jeder Absicht, „künftiges Menschenleben zu zerstören". Ebenso lehnte der Delegierte Uruguays, Guido Michelin Salomon eine internationale Geburtenregulierung ab. Er sprach sich jedoch für „Verantwortung" in der Bevölkerungspolitik aus.

Auf der anderen Seite befürwortete der indische Gesundheitsminister Karah Singh den Aktionsplan der UNO für die Gebur-

---

„A world-wide programm for birth-control through abolishing sexual restraint will be extremely harmful, because it weakens the will to selfcontrol, which is necessary both for the spiritual development of man and for solving the problems posed to humanity today. . . .

If man is in reality the purely physical being as the materialistic theory assumes, then neither an appeal to responsibility nor to selfcontrol would have any effect, but do no harm. All through history societies have greatly flourished while their citizens were strongly challenged to be responsible and disciplined. In fact no great civilization can be named where no such challenge has existed.

As the world's resources are such as to allow every human a Western standard of living even when world population continues to double every 30 years during the next 100 years, if we have the necessary mental energy to use these resources, our main concern should be the increase of mental energy on a world scale. It is therefore suggested that the proposals about contraceptive practice and propaganda be abolished. Instead the Plan should include information about the two possible conceptions of man and society, and about the relationship between selfcontrol, personal responsibility and the well-being of society. If this information should be given with the same vigour and conviction as the Plan suggests in other fields, it would bring world population under control within the timespan of one generation and provide simultaneously the necessary mental energy to solve humanity's great problems."

tenregelung mit dem Argument, daß trotz aller wissenschaftlichen und technischen Fortschritte ein unbegrenztes Wachstum der Weltbevölkerung unmöglich sei. Auch Prinzessin Ashraf von Persien, eine Schwester des Schahs, unterstützte diesen Standpunkt.

Die USA boten durch ihren Gesundheitsminister Caspa Weinberger ihre Bereitschaft an, Entwicklungsländern in der Aufklärung über Familienplanung und bei der Einrichtung sanitärer und medizinischer Anlagen behilflich zu sein. Der französische Arbeitsminister Michel Durafour betonte, bei der Familienplanung dürften niemals die Rechte des einzelnen Menschen außer acht gelassen werden. Außerdem müsse auf nationale und religiöse Eigentümlichkeiten Rücksicht genommen werden.

Die Welt steht nach den Worten des sowjetischen Chefdelegierten, Lew Markowitsch Wolodarskij, nicht vor einem bedeutenden Bevölkerungsproblem. Der Imperialismus, nicht der Geburtenüberschuß bleibe das Haupthindernis für den Fortschritt der Entwicklungsländer, sagte Wolodarskij auf der Mittwochsitzung der Konferenz. Die Entwicklungsländer seien das Ziel der Ausbeutung durch das Monopolkapital, und dieses benutze die Bevölkerungsfrage als Rauchvorhang, um andere Probleme zu verdecken.

Die Sowjetunion und ihre sozialistischen Nachbarn in Osteuropa, die nicht von den Problemen eines raschen Bevölkerungszuwachses bedroht sind, vertreten den Standpunkt, daß Bevölkerungspolitik auf nationaler Ebene geregelt werden müsse und daß wirtschaftliche und politische Entwicklung, und nicht Kontrollen die Antwort auf Bevölkerungsprobleme geben. Die sowjetische Delegation hat jedoch den Entwurf eines Weltbevölkerungsaktionsplanes, der im Mittelpunkt der Debatte auf der Bukarester Konferenz steht, nicht pauschal abgelehnt.

In einem Bericht über die Bevölkerungssituation in Europa erklärte der Exekutivsekretär der UNO-Wirtschaftskommission für Europa (ECE), Janez Stanovnik, daß die europäischen Industrieländer im laufenden oder im kommenden Jahrzehnt ihre Bevölkerungszahl bestenfalls stabilisieren könnten. Einige Länder, wie die Bundesrepublik Deutschland, könnten sogar einen Bevölkerungsrückgang erfahren.«

Redakteur Hannes Burger meldet der Süddeutschen Zeitung weiter unterm 20. August 74:

Maihofers Ratschläge auf der Weltbevölkerungskonferenz der UNO in Bukarest:

„Professor Maihofer selbst zeigte schon zwei Tage vor seinem Auftritt im Plenum der UNO-Weltbevölkerungskonferenz helle Begeisterung über seine Rede und der Bundeskanzler kann in der Tat mit seinem Innenminister zufrieden sein. Maihofer hat am Dienstag die derzeitige Position der Bundesregierung gegenüber der Dritten Welt trefflich vertreten: er hat mit schönen und gescheiten Worten so gut wie nichts gesagt – und schon gar nichts versprochen, was Geld kosten könnte. Der Innenminister ist ohnehin allenfalls formal, aber nicht von der Sache her zuständig und er läßt auch keinen Zweifel daran, welch neue Welt von Problemen sich ihm auftut.

Die langfristige Strategie des Innenministeriums, vor allem des Staatssekretärs Hartkopf, trägt jetzt ihre Früchte. Nach dem Motto „Bevölkerungspolitik ist viel zu ernst, als daß man sie dem Entwicklungshilfeministerium überlassen könnte", hat Hartkopf frühzeitig durchgesetzt, daß das Innenministerium die deutsche Delegation auf der Weltbevölkerungskonferenz vertritt, weil es für bevölkerungsstatistische Fragen in der Bundesrepublik zuständig ist. Dafür interessiert sich freilich auf der Konferenz in Bukarest niemand. . . .

So hat der Bonner Innenminister in Bukarest gewiß nichts Falsches gesagt, auch nichts Neues, allenfalls allgemeine Weisheiten mit professoraler Gelehrsamkeit vorgetragen und mit ausgewogenen Kant- und Marx-Zitaten garniert. Die Quintessenz seiner Ausführungen, daß man wirtschaftliche und soziale Entwicklungspolitik einerseits und Bevölkerungspolitik andererseits nicht mehr unabhängig voneinander betreiben könne, steht schon in sämtlichen Vorbereitungsunterlagen des Kongresses."

Eine besondere, beachtenswerte Note hat folgende Pressemeldung der DPA:

BUKAREST (Reuter, dpa). Auf der Weltbevölkerungs-Konferenz in Bukarest erklärte Dienstag der indische Gesundheits-

und Familienminister Singh, die im Überfluß lebenden Industriestaaten müßten ihre Wirtschaft einer Prüfung unterziehen. Der Höhenflug zu grenzenlosem Konsum müsse umgekehrt werden, wenn die entwickelten Länder wirklich der Meinung seien, daß diese Welt für alle Menschen da sei. Die mit dem Konsum verbundene „Verschwendung von Rohstoffen ist erschreckend". Geburtenregelung sei keineswegs die einzige Methode für Bevölkerungspolitik."

Es ist in diesem Zusammenhang sehr bezeichnend, wie die FAZ unterm 26. 8. 74 aus Bukarest berichtet:

Immer mehr Änderungswünsche zum Weltbevölkerungsaktionsplan. Die UN-Bevölkerungskonferenz in Bukarest gerät in Zeitnot.

S.-E. BUKAREST, 25. August. Die Vereinten Nationen, die zur Weltbevölkerungskonferenz nach Bukarest eingeladen haben, glaubten sich gut vorbereitet. In vier Symposien hatten Experten in den vergangenen 14 Monaten Papiere zu den Themenkreisen „Bevölkerung und Entwicklung", „Bevölkerung und Familie", „Bevölkerung, Hilfsquellen und Umwelt" sowie „Bevölkerung und Grundrecht" erarbeitet. Um den in der rumänischen Hauptstadt vorgelegten Entwurf eines „Weltbevölkerungsaktionsplanes" rechtzeitig gegen Einwände abzusichern, hatte der Generalsekretär der Konferenz, der Mexikaner Antonio Carillo-Flores, im April und Mai Regierungsvertreter aus fünf verschiedenen Regionen zu Konsultationen eingeladen. Zu direkten Regierungsgesprächen reiste er selber in annähernd 40 Staaten. Darüber hinaus fanden zur Vorbereitung des Bukarester Welttreffens seit 1970 Regionalkonferenzen in Mexiko, Accra, Tokio und Beirut statt. Die Weichen für einen relativ reibungslosen Konferenzverlauf schienen gestellt.

Aber diese Hoffnung erwies sich schnell als ein Irrtum. Kaum war die feierliche Eröffnung vorüber, brach über die in Rumänien versammelten Vertreter von annähernd 150 Regierungen eine Flut von Änderungswünschen zum Aktionsplan herein. Offenbar war einer Reihe von Staaten erst in letzter Minute bewußt ge-

worden, daß sie eine Erklärung verabschieden sollten, die auch für die eigene Bevölkerungspolitik bindend sein würde.

Ausgehend von der Tatsache, daß sich die Weltbevölkerung bei einer Wachstumsrate von gegenwärtig jährlich zwei Prozent alle 35 Jahre verdoppeln wird, empfiehlt der Aktionsplan – verkürzt dargestellt – Ländern, die der Auffassung sind, daß ihre Wachstumsraten zu hoch sind, „zu erwägen, quantitative Ziele für das Bevölkerumswachstum zu setzen". Der Plan spricht in diesem Zusammenhang von einer Reduzierung der Geburtenraten um fünf bis zehn pro Tausend bis zum Jahre 1985.

Zweitens empfiehlt der Plan, daß die Lebenserwartung in den Entwicklungsländern 1985 mindestens 62 Jahre betragen solle, verglichen mit einer durchschnittlichen Lebenserwartung von gegenwärtig 55 Jahren in diesen Regionen. Drittens fordert der Plan alle Staaten auf, nach Möglichkeit bis 1980, aber nicht später als 1985 allen ihren Bürgern, die es wünschen, „die notwendigen Informationen und Unterweisungen in Fragen der Familienplanung und Mittel, Familienplanung effektiv zu betreiben", zugänglich zu machen.

Wenn Regierungen, die schon jetzt klare Vorstellungen über ihre gewünschte Bevölkerungsentwicklung haben (das schließt auch Länder ein, die an einer Steigerung der Bevölkerungszahl interessiert sind), ihre Ziele verwirklichen können, würde das Wachstum in den Entwicklungsländern von gegenwärtig 2,4 Prozent pro Jahr bis 1985 auf etwa 2 Prozent zurückgehen, in den Industrienationen mit etwas unter 0,9 Prozent weitgehend unverändert bleiben und damit weltweit um 2 Prozent auf etwa 1,7 Prozent absinken.

Alle Staaten werden aufgefordert, das Recht der Ehepaare zu respektieren, selber über die Zahl und den Altersabstand der Kinder zu entscheiden und dafür zu sorgen, daß Familienplanung nicht nur ungewünschte Geburten verhindern, sondern die Sterilität und verminderte Fruchtbarkeit beseitigen solle. Familienplanungsprogramme sollten in Gesundheitsprogramme und andere Programme eingebettet werden, die das Ziel haben, die Qualität des Familienlebens zu heben.

Die Illusion, daß solche Vorstellungen die Konferenz ohne

größere Änderungen passieren würden, beseitigte in Bukarest die Delegation Argentiniens nachhaltig, als sie gleich zu Beginn der Beratungen 68 Abänderungswünsche für den Aktionsplan anmeldete. Als ein Land, das sein Bevölkerungswachstum steigern will, wandte sich Argentinien gegen Formulierungen, welche die Notwendigkeit, Familienplanung zu betreiben, zu stark hervorheben.

In diesem Zusammenhang sind folgende Pressemeldungen von Belang:

Die „Frankfurter Allgemeine Zeitung" berichtet:

Die Nahrungsmittelreserven auf der Welt sind nach den Worten des amerikanischen Landwirtschaftsministers Butz größer als behauptet. Damit trat der Minister vor Journalisten in Washington der Erklärung des amerikanischen Delegierten bei der Bukarester Konferenz, Brown, entgegen, wonach der Nahrungsmittelvorrat auf der Welt zu Ende gehe und nur eine Reserve für 27 Tage habe. „Das erschreckt die Leute nur", sagte Butz, „und es ist einfach nicht wahr. Wir haben eine Nahrungsmittelreserve, die viel größer ist." Offenbar habe Brown sich nur auf die Getreidevorräte der Exportnationen bezogen, aber die Reserven der Getreideimportländer außer acht gelassen. Völlig ignoriert habe er den Viehbestand in Amerika, Europa und der gesamten südlichen Hemisphäre. Wenn dies mit in Betracht gezogen werde, reiche die Nahrungsmittelreserve der Welt für fast 400 Tage aus. (Frankfurter Allgemeine, 28. Aug. 1974)

Sozialistische Staaten: Nicht gleich verantwortlich

Nachdem nun dieser erste Stein geworfen war, folgte ein ganzer Geschoßhagel. Die Sowjetunion und andere sozialistische Staaten wehrten sich dagegen, in einigen Formulierungen des Planes mit den westlichen Industrienationen in einen Topf geworfen zu werden, wodurch der falsche Eindruck erweckt werden könne, daß kapitalistische und sozialistische Staaten für die Rückständigkeit der Entwicklungsländer in gleicher Weise verantwortlich seien. Es müsse berücksichtigt werden, daß die Grundlage für eine erfolgreiche Lösung der Bevölkerungsprobleme eine sozio-ökonomische Umwandlung sei. Ägypten wollte den Titel des Papiers von „Plan" in „Politik" abgeändert wissen, weil praktische Empfehlungen für die Aktionen nicht in dem Entwurf enthalten seien. Indien plädierte dafür, die Notwendigkeit der Errichtung einer neuen internationalen Wirtschaftsordnung in dem Papier zu verankern. Schweden brachte den Gedanken eines Konsumverzichts der Industrienationen vor, sekundiert von Kanada und den Niederlanden.

Während die Regierungsvertreter darangingen, um Formulierungen der Endfassung des Aktionsplans zu ringen, wurden auf dem Forum der „Bevölkerungstribüne", einer Parallelveranstaltung nichtstaatlicher Organisationen, noch Stellungnahmen zu den in dem Papier enthaltenen Grundsätzen erarbeitet. So warnten die in Bukarest versammelten Anthropologen und Ethnologen davor, der Magie von Projektionen zu erliegen und in Fragen der Bevölkerungspolitik dem Grundsatz „Was gut für die Nation ist, ist auch für jeden einzelnen gut" zu huldigen. Wo Kinderreichtum vor allem durch wirtschaftliche Zwänge, wie Mangel an Altersversorgung, verursacht sei, müßten vor allem bessere Lebensbedingungen geschaffen werden. Mit Familienplanungsprogrammen, die sich moderner Werbemethoden bedienten, seien vielfach keine Erfolge zu erzielen. Man müsse sich der vorhandenen traditionellen Kommunikationswege und -mittel bedienen, wenn man Informationen an den Mann bringen wolle.

Darüber hinaus machen bei der Weltbevölkerungskonferenz immer wieder Einzelpersönlichkeiten von sich reden. Unterstützt von der „Grand old Lady" der Anthropologie, Dr. Margaret Mead, hat die Schriftstellerin Germaine Greer („Der weibliche Eunuch") schon mit anderen Frauenrechtlerinnen einen Vorschlag zur Integration der Frau in den Entwicklungsprozeß vorgelegt. „Frauen", sagt sie, werden in dem Aktionsprogramm als Baby-Fabriken betrachtet mit dem einzigen Unterschied zu anderen Fabriken, daß sie um eine Einstellung der Produktion ersucht werden. Wenn den Frauen keine Alternative für die Rolle der Mutterschaft angeboten wird, gibt es für sie keinerlei Motivierung, in irgendeiner anderen Weise einen Beitrag für ihre Gesellschaft zu leisten. Mir ist unbegreiflich, daß der Plan auf diesen Zusammenhang keine Rücksicht nimmt."

Enttäuschung bei den Kritikern, Enttäuschung bei den Delegierten. Nach den ersten vier Tagen der Weltbevölkerungskonferenz waren von den 93 Paragraphen des Aktionsplanes ganze zwei verabschiedet. Am Freitag dieser Woche soll die Konferenz mit der Verkündigung des Planes geschlossen werden. Angesichts der von niemandem mehr bestrittenen Tatsache, daß am Ende dieses Jahrhunderts mindestens sieben Milliarden Menschen die Erde bevölkern werden, mag das zu erwartende Ergebnis vielen zu dürftig, zu unverbindlich erscheinen."

Für den Autor dieses Buches ist dies aber keine Enttäuschung, eher eine größere Hoffnung für die Zukunft angesichts des entscheidenden und erfolgreichen Angriffs Argentiniens, das sich mit seiner weiten, dünn bevölkerten Pampa von Unterbevölkerung bedroht fühlt. Der argentinische Antrag wurde mit 58 gegen 42 Stimmen angenommen. Die Mehrheit vereinigte „in einer unheiligen Allianz die Sowjetunion und ihre Satelliten, einige lateinamerikanische Länder, eine Reihe afrikanischer Staaten und den Vatikan. In der Minderheit fanden sich neben den Vertretern des Westens die Staaten Asiens, die am meisten unter der Übervölkerung leiden. Ihre Haltung war allerdings in einigen Fällen zweideutig: der Delegierte von Bangla Desch hielt eine leidenschaftliche Rede gegen den argentinischen Änderungsantrag – fehlte dann aber bei der Abstimmung."

Vom Aktionsplan ist deshalb weder Aktion noch Plan übriggeblieben. Wahrscheinlich um so besser! Ich stimme auch jetzt (wie ich das schon durch 20 Jahre tue) und dann künftig der Stellung Colin Clarks zu: „population growth will bring with it not poverty, but great economic prosperity." [43a]

[43a] In einem Interview, das Prof. Alfred Sauvy der französischen Zeitung „La Croix" (19. Juli 1974) gab, lesen wir:

– Constatez-vous une corrélation entre la croissance démographique et l'abaissement relatif du niveau de vie?

– „Cela dépend une fois de plus de chaque pays. Depuis dix ans, pourtant, je fais des calculs – en me fondant sur des données difficilement contestables, celles de la Banque mondiale de M. McNamara – et je constate que, dans le monde peu développe, les pays à croissance

Kaum jemand hatte sich Illusionen darüber gemacht, daß die UNO-Konferenz in Bukarest einen wesentlichen Beitrag zur Lösung des Übervölkerungsproblems leisten würde. Ihr Verlauf jedoch hat die schlimmsten Erwartungen der Pessimisten noch übertroffen. Aber alles in allem freue ich mich, daß alles in Bukarest so verlaufen ist.[43b]

---

démographique plus rapide ont connu une progression de leur niveau de vie supérieure à celle des pays à croissance démographique plus lente.

Par conséquent, c'est exactement le contraire de ce que disent tous les économistes du monde entier qui raisonnent à partir de leurs modèles, au lieu de raisonner à partir des faits. Certes, cela ne signifie pas qu'il en sera toujours ainsi et qu'une population peut augmenter indéfiniment, et sans mal, au rythme de 3 % par an. Mais en tout cas je constate que dans les dix dernières années, les résultats infirment les théories les plus pessimistes."

[43b] Die Deutsche Ausgabe des Osservatore Romano vom 13. September 1974 brachte die Intervention des Leiters der Delegation des Heiligen Stuhls, Bischof Edouard Gagnon, bei der Weltkonferenz in Bukarest, aus der wir Nachfolgendes zitieren:

„Herr Präsident!

Diese Konferenz trägt eine schwere Verantwortung; ich bin jedoch überzeugt, daß alle Teilnehmer bereit sind, sie gemeinsam zu tragen. Wir werden dabei sicherer gehen, wenn wir uns von einer mit Realismus gepaarten Hoffnung leiten lassen, die um die bestehenden Schwierigkeiten weiß, gleichzeitig jedoch die Überzeugung besitzt, diese Schwierigkeiten meistern zu können. Mit einer solchen Haltung – nämlich der Bereitschaft, der Konferenz einen Dienst zu erweisen – nimmt der Hl. Stuhl an dieser Konferenz teil. Er ist bestrebt, in aller Aufrichtigkeit jenen Beitrag zu leisten, der seinem Auftrag und seiner Natur entspricht ...

Herr Präsident, eine große Unruhe hat den Anstoß zu dieser Konferenz und zum Jahr der Bevölkerung gegeben. Zweifellos wurde diese Unruhe auch künstlich hochgespielt, aber sie gründet in erster Linie auf zwei tatsächlich bestehenden, großen Problemen der Menschheit, nämlich auf der Schwierigkeit, die Unterentwicklung zu beseitigen, und dem Unvermögen, die Bevölkerungszunahme zu steuern.

Zu dieser ersten Unruhe hat sich eine zweite gesellt; ich meine die Befürchtung, die Angst – immer eine schlechte Ratgeberin – könne die Aufmerksamkeit ausschließlich auf die oberflächlichen Probleme richten statt auf deren tiefliegende Ursachen. In diesem Fall würde man aber eher dahin kommen, nach oberflächlichen als nach grundsätzlichen und wahrhaft menschlichen Lösungen zu suchen. Dabei ist es doch der Mensch, der im Mittelpunkt aller Probleme steht, und „der Mensch ist nur in dem Maß wahrer Mensch, als er – Herr seiner Handlungen und Richter über ihren Wert – selbst an seinem Fortschritt arbeitet, in Übereinstimmung mit seiner Natur, die ihm der Schöpfer gegeben hat und zu deren Möglichkeiten und Forderungen er in Freiheit sein Ja sagt" (Populorum progressio, Nr. 34). . . .

. . . Der Generalsekretär der Konferenz hat zur Ergänzung der Umfragen ein Kolloquium über die Menschenrechte abgehalten; der Bericht darüber soll unsere Diskussionen anregen. Ton und Ausrichtung der Dokumente lassen erkennen, daß die Konferenz ohne diesen Bericht Gefahr laufen würde, sich auf wirtschaftliche und gesellschaftliche Überlegungen zu beschränken, ohne sich mit dem eigentlichen Problem der Werte und Beweggründe zu befassen. Diese geistigen, moralischen und spirituellen Gegebenheiten, die im Sprachgebrauch der Vereinten Nationen im Ausdruck „Kulturelle Faktoren" zusammengefaßt werden, enthalten einige für unser Thema grundlegende Elemente, wie etwa das Streben nach Glück, nach Liebe, nach einem Preis des Lebens.

Gestatten Sie mir, einen Augenblick bei diesem letztgenannten Begriff zu verweilen. Unsere Dokumente heben ihn zweimal hervor: einmal im Zusammenhang mit dem Kampf gegen Krankheit und Sterblichkeit – einem unantastbaren Ideal jeder Gesellschaft – und dann bei der Bewahrung der Lebensqualität, das heißt – um es mit den Worten des „Gesprächs zu sagen – bei dem Bemühen um ein „sinnvolleres Leben", das vor „der ausschließlichen Sorge um die wirtschaftliche Entwicklung bewahrt ist" (E/CONF. 60/CBP. 4. 134). Trotzdem aber ist im allgemeinen, selbst wenn man von den Beweggründen für die Fortpflanzung spricht, kaum von der Rolle des Lebens und der Achtung vor dem Leben die Rede und auch nicht von den Gesetzen, die den Ablauf der Fortpflanzung selbst regeln.

Die Dokumentation hat eine gewisse Scheu, von den Kindern zu sprechen. Dabei sind sie es doch – um es mit den Worten der ersten Weltgesundheitskonferenz zu sagen –, die „die ganze Hoffnung für die künftige Menschheit darstellen" (W. H. A., 1, 43). Wenn wir richtig gelesen haben, so wird in den Grunddokumenten nur ein einziges Mal das Glück erwähnt, das sie – die Kinder – mit ihrer Forderung nach Leben beanspruchen (E/CONF./60/4.85.)

Bei bestimmten Behauptungen über das Verhältnis zwischen der Verlängerung der Lebenserwartung und Geburtenhäufigkeit gewinnt man sogar den Eindruck, das Interesse an der Fruchtbarkeit werde an der Sorge um die Ausgleichsrate, das heißt um die Erhaltung des Gleichgewichts zwischen Geburten- und Sterberate, gemessen (vgl. E/CONF. 60/7. 17). Heißt das nicht im Grunde, daß man sich für eine bestimmte Form von Wohlstand entschieden hat, die nicht das volle Glück ist; für eine Welt also, in der die Kinder von den Erwachsenen, also den Größeren, Stärkeren und Berechnenderen, erdrückt werden?

Seien wir darauf bedacht, Herr Präsident, daß unsere Konferenz auch der Jugend etwas zu sagen hat. Sie ist eines gewissen Sicherheitsideals und einer farblosen „Modernisierung" müde, sucht vielleicht etwas Besseres, sicher aber etwas anderes und ist bereit, sich die Erde untertan zu machen, um sie menschlicher und glücklicher zu gestalten.

Das Hauptanliegen des „Entwurfs" ist jedoch eine möglichst rasche Herabsetzung der Geburtenziffer bei gleichzeitiger Vermehrung der Reserven, wie es das Prinzip der Souveränität der einzelnen Staaten erfordert. Der Hl. Stuhl hat wiederholt – zuletzt in der Ansprache des Heiligen Vaters an die Herren Carillo Flores und Salas und in dem Beitrag unserer Delegation bei den Beratungen in Genf – erklärt, daß er die Besorgnisse über das gegenwärtige Bevölkerungsproblem teilt. Dennoch sollte nichts unternommen werden, was ausschließlich nur eine einzige der Größen, die die Ursachen der Bevölkerungsschwankungen bilden, berücksichtigt. Der besagte „Entwurf" erscheint uns in dieser Hinsicht einseitig, wir werden das im zuständigen Arbeitskreis näher erklären. Wir müssen jedoch sofort sagen, daß wir ernste Vorbehalte gegen die Anwendung direkter oder indirekter Maßnahmen zur raschen zahlenmäßigen Herabsetzung der Geburtenrate anmelden werden. Die Delegation des Hl. Stuhles hat bereits in Genf erklärt: „Wollte man ausschließlich die Bevölkerungszunahme in den Mittelpunkt der Entwicklungskampagne stellen und ungeheure Mittel für die Lösung dieses Problems allein aufwenden, so fürchten wir, daß auf diese Weise die Zukunftsaussichten aus dem Gleichgewicht gebracht und der Menschheit neue Frustrationen bereitet werden könnten." ...

Viele scheinen zu glauben, die „Modernisierung" sorge auf diesem Gebiet für ein unbedingt gesundes Urteil und mithin für einschränkende Maßnahmen. Das Ziel, das man anstreben muß, ist jedoch die Selbstbeherrschung und ein reifes Verantwortungsbewußtsein. Eine gesunde Entwicklung kann dazu zweifellos einen Beitrag leisten, obwohl die Erfahrung lehrt, daß die Minder- und Unbemittelten hierin den Reichen oft überlegen sind. Eines ist sicher: die Erziehung und Persönlichkeitsbildung, die eine solche Haltung zum Reifen bringen, gehen weit über den gesellschaftlich-wirtschaftlichen Bereich und über die Kompetenz des Staates allein hinaus.

Wir wollen schließlich nicht verschweigen, daß die Abschnitte des Aktionsplanes über Empfängnis- und Geburtenverhütung für uns nicht annehmbar sind. Sie sind nicht annehmbar hinsichtlich der empfängnisverhütenden Mittel, denn über sie hat die katholische Kirche bereits ein Urteil gefällt; sie ist sich bewußt, daß sie ihre Lehre unmißverständlich wiederholen und aufrechterhalten muß. Und sie sind auch nicht annehmbar, weil wir keine Garantie dafür haben, daß man sich bei der Anwendung der Abtreibung oder ihrer Legalisierung nicht auf eben diese Abschnitte beruft. Das „Gespräch über die Menschenrechte" (E/CONF. 60 CBP/4, Nr. 24, 76–82) war in diesem Punkte unsicher; seine Unsicherheiten sind durchaus nicht geeignet, unsere Besorgnis zu zerstreuen.

Das sind also, Herr Präsident, die Hauptpunkte der Stellungnahme, die die Delegation des Hl. Stuhles dieser Konferenz vorzulegen hat. Wir werden uns bemühen, in den Arbeitskreisen gewisse Punkte daraus zu erläutern. Vor allem werden wir auf eine gute Zusammenarbeit mit den anderen Konferenzteilnehmern bedacht sein. Wir sind nach wie vor überzeugt, daß auf dieser Konferenz weithin konstruktive Arbeit geleistet werden kann und daß sie umso fruchtbarer sein wird, je treuer man zu seinen unverrückbaren Grundsätzen steht und je hochherziger man seine Verpflichtungen auf sich nimmt. Möge Gott, der Urheber alles Lebens, uns dabei helfen.

Herr Präsident, ich danke Ihnen.

Bulgarien

1967 fing auch Bulgarien an, das Gesetz auf drastische Weise einzuengen. Man gestattete nur Frauen über 45 Jahren die Schwangerschaftsunterbrechung, jüngeren nur, wenn sie bereits drei lebende Kinder hatten. Jetzt wurde durch AFP aus Sofia gemeldet, daß die Bulgarische Regierung die Abtreibung aufs neue beschränkt hat. Diese ist nur den Mädchen unter 18 Jahren und Frauen über 45 bei einer einwandfreien medizinischen Indikation gestattet. Gleichzeitig wurden eine Menge Maßregeln getroffen, um das Volkswachstum günstig zu beeinflussen. Bei all diesen Schritten geht die Regierung von dem Standpunkt aus, daß Abtreibung sich gegen die Belange des Staates und der Familien richtet und eine direkte Gefahr für die Frau bedeutet. Die Bulgarische Presseagentur fügte hinzu, daß 25 bis 30 % der Frauen, die eine Abtreibung begangen haben, ihre Gesundheit und ihre Fruchtbarkeit in Gefahr gebracht hatten.

Tschechoslowakei

In der CSSR, wo im letzten Jahr mehr als 100 000 Abtreibungen geschehen waren (mehr als 80 % soziale Indikationen), hat die große Zahl Komplikationen (unmittelbare 5 %, spätere 20 bis 30 %) die Regierung sehr besorgt gemacht. Man ist sich dessen bewußt, daß das Gesetz verändert werden muß, was vielleicht bei Drucklegung dieses Buches geschehen ist.

Polen

Polen verfolgt dasselbe Ziel. In den letzten Monaten wurde in Polen in der Öffentlichkeit eine heftige Diskussion über eine Änderung des seit April 1956 geltenden Gesetzes zur Schwangerschaftsunterbrechung und über die diesbezüglichen Bedingungen geführt. Es zeichnet sich jetzt eine Lösung ab. Die beiden linkskatholischen Gruppen haben im letzten Parlament vom Präsidenten des Parlamentes getrennt eine Revision des Gesetzes gefordert. Dabei stellte sich heraus, daß die vorgeschlagenen Änderungen weithin die Unterstützung von Politikern aus der kommunistischen Partei fanden. Man kann wohl annehmen, daß dies nicht aus ideellen Beweggründen erfolgte. Wegen der armseligen Wohnverhältnisse und der großen Armut ging in Polen die Geburtenziffer stark zurück. Praktisch alle Frauen müssen dort arbeiten. Man befürchtet in Polen noch ungünstigere wirtschaftliche Verhältnisse bei einem noch größeren Sinken der Geburtenrate . . Was auch immer der Hauptbeweggrund sein mag, Tatsache ist, daß die Abtreibung stark eingeschränkt wird. Das Gesetz, das von dem katholischen Publizisten Jerzy Lazarowicz als „eine barbarische Gesellschaftspraxis“ abgestempelt wurde, wurde bereits verändert.

In Warschau weist man darauf hin, daß es nicht darum geht, erlaubte Dinge zu verbieten. Das bis vor kurzem geltende Gesetz hätte man eher als ein Abweichen von den Normen bezeichnen müssen. In einem Kommentar zu dem Gesetz heißt es darum auch: „Schwangerschaftsunterbrechung ist grundsätzlich verboten. Der Eingriff zur Schwangerschaftsunterbrechung darf allein dann geschehen, wenn alle Bedingungen, die das Gesetz stellt, erfüllt sind.“

Die Initiatoren der Gesetzesänderung forderten dann auch gleichzeitig eine neue Sozialgesetzgebung, damit eine Situation für die Mutter gewährleistet ist, in der sie gar nicht mehr daran denkt, abzutreiben. Vor allem fordern sie, daß die Mutterschaft an Ansehen zunehmen und sich höherer Wertschätzung erfreuen muß, daß auch schwangeren ledigen Müttern energisch geholfen werden muß.

Als größtes Bedenken gegen die Abtreibung wird angeführt, daß sie ein Verbrechen gegen die Naturgesetze der Biologie und der Physiologie des menschlichen Organismus und darum auch eine Gefährdung der psychischen und physischen Gesundheit der Frau ist. So hat der kommunistische Publizist Andrzy Kantowicz das geltende Gesetz „die richterliche Sanktionierung eines brutalen chirurgischen Eingriffes“ genannt, „der nicht nur den Rhythmus der physiologischen Funktionen der Fortpflanzungsorgane der Frau, sondern auch ihren ganzen Organismus zerstört.
Was für ein Vorbild für gewisse katholische Minister!

Auch in Ungarn melden sich Stimmen, die eine Gesetzesveränderung wollen. Dort ist die Bevölkerungszunahme mit 2,6 Geburten auf 1000 auf den absoluten Tiefpunkt gesunken. Das Parteiblatt „Nepszabadsag" nennt als erste Ursache dieses traurigen Zustandes „die nachlässige Gedankenlosigkeit, mit der die Abtreibungen betrieben werden." Das Parteiblatt kritisiert die medizinischen Kommissionen, die nur einen „förmlichen Charakter" haben, während in anderen sozialistischen Ländern die medizinische und die materielle Lage zuerst gründlich geprüft wird, bevor man zu einer Abtreibung die Zustimmung erhält.

Ebenfalls – das hängt natürlich damit zusammen – wird einer ernsten Kritik „die egozentrische Denkweise so vieler Ungarn unterworfen, die, weil sie hauptsächlich nach einem höheren Lebensstandard drängen, jedes Verantwortungsbewußtsein für die Gemeinschaft verloren haben" [44] Janos Kodolányi, einer der bekanntesten ungarischen Schriftsteller, führte in der Literaturzeitschrift „Kotars" aus: „Keine einzige Frau hat das Recht, ihr ungeborenes Kind zu vernichten. Tut sie es, dann vernichtet sie sich selbst und ist schließlich an der Vernichtung ihres Volkes mit schuld." Der ebenso bekannte kommunistische Schriftsteller Kárloy Jobbágy, der im Jahre 1956 die Freigabe der Abtreibung leidenschaftlich verteidigt hatte, schrieb in der Februarnummer 1964 der Zeitschrift: „Elét es Irodalom": „Ich hätte niemals geglaubt, daß wir kaum acht Jahre nach der Freigabe der Abtreibung diese jetzt mit großen Zweifeln betrachten, da die ungeheuere Möglichkeit des Endes unseres Volkes in Sicht kommt. Es ist eben eine Tatsache, daß die Ungarische Nation stets schwächer wird. Es könnte eine unerwartete Weltkrise oder eine Epidemie ausbrechen, die stärkere Völker überleben werden. Die

---

[44] Andreas Klinger, „Abortion Programs", herausgegeben von B. Berelson, „Family Planning and Population Programs, A. Review of World Developments", Chicago, 1966, S. 467–476. Außerdem: „S.O.S. From Hungary", the American Hungarian Society, New York, S. 133. Weiter: „Der Gynäkologe", Band 5, Heft 2, Mai 1972: „Schwangerschaftsabbruch und Strafgesetz", von H. Heiss, S. 72–81.

schwachen Nationen aber werden zugrunde gehen. Dann werden unsere Geschichte und unsere Literatur nur Erinnerungen sein."

Der Schriftsteller Pál Szabó schrieb in der Zeitung „Szabad Föld": „Es muß jetzt jedem klar werden, daß die Abtreibung nicht nur die Vernichtung zahlloser unschuldiger Leben bedeutet, sondern auch eine Schwächung der Kinder, die am Leben bleiben." Er setzte sich für die Abschaffung der Abtreibung ein und an deren Stelle für eine gesunde Familienplanung mit einem Verpflegungssystem auf nationaler Ebene und für bessere soziale Bedingungen für arbeitende Frauen. In einem Gedicht trieb Gyula Illyés die Abtreibungslogik zu ihren, wie er es nannte, letzten Folgerungen: „ Wenn wir heute die ungeborenen Kinder töten, weil sie unproduktive Elemente sind, die unsere Wirtschaft belasten, dann könnten wir morgen vielleicht die Alten liquidieren, und zwar aus demselben Grund."

Trotz aller Geburtenkontrolle, allerlei Pillen und empfängnisverhütenden Mitteln nehmen die Abtreibungen stets zu. Gegenüber 100 Geburten stehen 150 Abtreibungen, die offiziell angegeben wurden. (Die wirkliche Zahl ist ähnlich wie in England oder Japan viel höher.) Das ist die letzte Nachricht, die ich aus Ungarn erhalten habe. Dr. Andreas Kovacs sagte im Rundfunk im Juli dieses Jahres in Budapest: „Es ist am allerwenigsten ein günstiges Zeichen, daß die Zahl der Abtreibungen einundeinhalbmal höher ist als die der Geburten. Diese Lage darf nicht bestehen bleiben."

Andere Ungarn sprachen von einem kommenden ethnischen Stalingrad, d. h. eine stets kleiner werdende Gruppe junger produktiver Menschen, die eine abnormal große Zahl von Alten unterhalten muß – gerade wie es in England schon der Fall ist, und wovor Japan sich augenblicklich sehr fürchtet und darum seit Mai dieses Jahres eine riesige Propaganda gegen die Abtreibung führt und nach mehr Kindern (vor allem Mädchen) schreit. Wie sich auch das zutragen möge, es scheint, daß in Ungarn – wenigstens vorläufig – alle Gewichte völlig verschoben sind und der Boden bereitet wird für die Überprüfung der liberalen Gesetzgebung." Das geschieht nicht, weil die Bischöfe beim Zustandekommen des Gesetzes 1956 erklärten: „Weder den

Tartaren noch den Türken war es gelungen, unser Volk auszurotten. Die Eltern werden dies selbst tun, wenn sie sich auf den Weg zu dieser verbrecherischen Praxis begeben." Aber es geschieht wohl, weil der demographische Zustand des Landes katastrophale Ziffern zeigt. Darum hat sich auch das Ungarische Parlament in der Frühjahrssitzung 1973 speziell mit dieser Frage befaßt. Ministerpräsident Eugen Fock erklärte: „Die medizinische Wissenschaft und Praxis hat bewiesen, daß die künstliche Schwangerschaftsunterbrechung nicht allein die Gesundheit der Frau gefährdet, sondern auch die Entwicklung der später geborenen Kinder schädlich beeinflußt." In seinem Jahresbericht wies Fock vor dem Parlament darauf hin, daß der Wachstumskoeffizient 1973 nur 3,3 % betrug. Die Zahl der Rentner steigt sehr stark an: 1960 bildeten sie 6,4 % der Bevölkerung, 1972 bereits 8,4 . Sie ist beinahe ebenso groß wie die Zahl der in der Industrie Beschäftigten.

„Im Bewußtsein unserer schweren Verantwortung für die neue Generation und die Zukunft des sozialistischen Ungarns müssen wir für eine günstigere Entwicklung unserer Bevölkerung sorgen," erklärte Fock.

Imre Györi, erster Parteisekretär der Provinz Csongrad, legte in derselben Debatte dar: „Wir müssen den zügellosen Geist austreiben der sich infolge der Verwaltungsmaßregeln auf dem Sektor der Demographie und der Gesundheit in den letzten 50 Jahren entwickelt hat."

Nach verschiedenen Wortmeldungen schloß Fock: „Wir können nicht dulden, daß die künstliche Schwangerschaftsunterbrechung aus Mangel an genügender Information die Gesundheit der Frau und der neuen Generation gefährdet und die Frau ihrer ewig schönen Berufung berauben könnte: des Kindersegens."

Aus diesen treffenden Worten des Ministerpräsidenten Eugen Fock, die sich in einem Hirtenschreiben eines katholischen Bischofs nicht schlecht ausnehmen würden, können wir folgern, daß auch die Ungarische Regierung in Kürze Änderungen des Gesetzes vornehmen wird. Es ist bedauerlich, daß zuerst hierfür mehr als 3 Millionen Abtreibungen geschehen mußten, und das bei einer Bevölkerung von ungefähr 10 Millionen Ungarn.

Russland

Sowjet-Rußland steuerte seit längerer Zeit einen Zick-Zack-Kurs. Einmal war es auf dem Wege zu einer freien Abtreibungspraxis, dann wieder zu einem strengen Verbot, dann wieder gestattete es eine größere Freiheit, jetzt kehrt es scheinbar wieder zu einer Eindämmung geringeren Ausmaßes zurück, wenigstens soweit uns Berichte erreichen – die nicht immer glaubwürdig sind.[45]

1920 wurde die Abtreibung gesetzlich freigegeben, und zwar mit folgender Begründung: „Das ist ein Teil unseres Programms, um unsere Frauen zu emanzipieren und um ihnen die gleichen Rechte zu geben wie den Männern, sie nämlich nicht zu verpflichten, unerwünschte Kinder auszutragen." Dazu kommen noch wirtschaftliche Gründe. Kleinere Familien werden als ein Vorteil wegen der schnelleren industriellen Entwicklung betrachtet, weil die Frauen zur Erhöhung des Arbeitspotentials wie anfänglich in Japan sehr benötigt wurden. Wie überall brachte die Freigabe eine gewaltige Zunahme der Abtreibungen, und zwar viermal soviel wie 1925, zehnmal soviel wie 1935. Die Abtreibungen wurden meistens in den staatlichen Kliniken ausgeführt, die angewandte Technik wurde mit „assembly-line approach" bezeichnet.[46] Zweimal bin ich für einige Wochen in Rußland gewesen. Dort habe ich selbst gesehen, wie die Patienten behandelt wurden. Darum kann ich verstehen, warum die Abtreibungen „in einer Art Schnellverfahren geschehen, und zwar in einem Abstand von acht Minuten." Ein ausländischer Arzt berichtete, daß in einer soliden Staatsklinik in Moskau acht Abtreibungen in zwei Stunden ausgeführt wurden. Ein anderer Arzt sprach von „der abscheulichen Wirksamkeit der Abtreibungskliniken".[47]

Die offiziellen Berichte sprechen von einer nur geringen Zahl

---

[45] M. Potts, „Legal Abortion in Eastern Europe", Eugenics Review, 1967, 59, S. 232.

[46] L. Lader, „Abortion", S. 121.

[47] P. H. Gebhard, W. B. Pomeroy, C. Martin, C. Christenson, „Pregnancy, Birth and Abortion" S. 217.

von Komplikationen. Das ist selbstverständlich dieselbe Lüge, die man uns auch an anderen Ländern auftischt. Jeder Eingeweihte weiß, aus welchem Grund das geschieht. Die Patienten verlassen wie in anderen Ländern unmittelbar nach dem Eingriff die Klinik. Andere Krankenhäuser, Sanatorien oder Spezialkliniken müssen für die Nachbehandlung sorgen. Die Abtreibungskliniken in den Niederlanden werden auch bald mit „schönen“ Statistiken kommen. Wer ernste Untersuchunggen anstellen will, muß dann selber die Einrichtungen für Schwachsinnige, Psychiatrie und innere Krankheiten aufsuchen, um zu einem wirklichkeitsgetreuen Ergebnis zu gelangen.

Man vermutet sehr stark, daß es vor allem dem Protest der Ärzte zuzuschreiben ist, daß man 1936 eine Änderung vornahm. Jedenfalls kamen von 1930 an wiederholte warnende Hinweise aus den Kreisen der Ärzte, daß die Abtreibungen ernste physische und psychische Folgen hätten. Es müssen zweifelsohne noch andere Motive im Spiel gewesen sein, als eine plötzliche Wende eintrat, als eine Rückkehr zu der revolutionären Begeisterung der alten Bolschewiken.[48] Jedenfalls hörte man mit den Abtreibungen 1936 auf, ausgenommen war die strikte medizinische Indikation. Im November 1955 schlug das Pendel um. Wiederum lockerte man sehr die Zügel. Die angegebenen Gründe bringen keine Klarheit. U. a. wurde gesagt, daß die Sowjetfrauen genügend aufgeklärt seien, um nach eigener Einsicht handeln zu können. Die Vermutung wird nicht ausgeschlossen, daß die Sowjetregierung den materiellen Wünschen mehr entgegenkommen wollte. „Jedes Sowjetpaar möchte gern mit einem zweiten Kind warten, um sich ein neues Schlafzimmer oder einen neuen Anzug anzuschaffen.“[49] Jedenfalls war (ist?) die Zahl der Abtreibungen äußerst hoch, aber richtige Zahlen erhält man nicht. Sie scheinen sich zu bewegen zwischen 2 und 5 oder 6 Millionen jährlich. Die offizielle Sowjetpolitik scheint in dieser Hinsicht sehr zweideutig zu sein. Man hört davon, daß die Sowjetärzte sich gegenwärtig weigern, Abtreibungen vorzunehmen, wenn die Frau nicht wenigstens zwei

[48] L. Lader, „Abortion“, S. 121.

[49] L. Lader a. a. O. S. 122

Kinder hat. Ich bin persönlich davon überzeugt, daß in Kürze eine strengere Politik betrieben wird. Jedenfalls ist es interessant, zu sehen, „wie die Länder mit Erfahrung versuchen werden, sich in das konservative Lager der gesetzlichen Indikationslösung zurückzulavieren.“ [50]

Um wieder auf England zurückzukommen, sehen wir, daß der Bericht „Unplanned Pregnancy“ uns die großen Schwierigkeiten bewußt werden läßt, wenn es darum geht, die Abtreibungsparagraphen zu formulieren. Öffentlich wird zugegeben, daß die Grundentscheidungen in dieser Hinsicht mehr sozialer und politischer Natur sind. Ebenfalls ist man überzeugt, was jeder natürlich vorhergesehen hat und was bereits geschehen ist und noch in größerem Maße geschehen wird, daß die Anzahl der Abtreibungen zunehmen wird. Ebenso verdient die Bemerkung des Berichtes Interesse, daß Länder, die anfänglich freiere Abtreibungsgesetze hatten, es für nötig befunden haben, sich gegen die Abtreibungen zu wenden. Merkwürdigerweise fügt er nicht hinzu – was man doch eigentlich erwarten sollte – daß dies in England auch in Kürze der Fall sein wird. „Unplanned Pregnancy“ fürchtet wohl, daß das Gesetz Sorglosigkeit beim Gebrauch der empfängnisverhütenden Mittel herbeiführen wird. Aber er wagt nicht, dies deutlich zu sagen, da die Information noch nicht genügend ist. Auf Grund der Informationen, die ich aus anderen Ländern bekommen habe, darf ich wohl sagen, daß die Sorglosigkeit zunehmen wird und damit auch die Zahl der Abtreibungen.

---

[50] Rhein. Merkur 23. 6. 72.

Indien ist immer geburtenfreudig gewesen. Dort wurden Kinder noch immer als ein Segen betrachtet. Abtreibung kam selten vor. Man muß noch die Strenge Gandhis voraussetzen und das Prinzip, daß man keinem lebenden Wesen Schaden zufügen darf (ahimsa). Kinderbeschränkung betrachtete er als Prostitution und Abtreibung als einen Greuel. Trotzdem – unter dem Eindruck der Freigabe in anderen Ländern, Amerikas und Europas, unter dem Druck verschiedener überbevölkerter Zentren ist Indien dazu übergegangen, ein Gesetz, das älter als 100 Jahre ist, zu ändern. Das Gesetz lautete: „Abtreibung ist bei medizinischer Indikation erlaubt, d. h. infolge von Krankheit, physischer Mängel oder großer Schwäche der Frau, deren Leben bei einer Entbindung bedroht ist." Das war also der einzige Grund zur Schwangerschaftsunterbrechung. Es gab weder eine psychische noch eine soziale Indikation. Das neue Gesetz, das am 1. April 1972 rechtskräftig wurde, brachte eine große Veränderung. Das erste Ziel des neuen Gesetzes war es, die Abtreibungen in besser eingerichteten Krankenhäusern und von erfahrenen Ärzten ausführen zu lassen.[51] Obwohl es keine genaue Information über die Zahl der Abtreibungen in Indien gibt (Leute, die dort mehr als 25 Jahre leben, versichern, daß keine Statistik dort zuverlässig ist), kann man im allgemeinen annehmen, daß jährlich ungefähr 3,8 Millionen Abtreibungen stattfinden – eine verhältnismäßig geringe Zahl gegenüber einer Bevölkerung von 550 Millionen. Bei einer gleichen Berechnung müßte Japan 12 Millionen Abtreibungen haben.

Ein großer Teil der Abtreibungen – ungefähr 5 % der Schwangerschaften in Indien werden unterbrochen – ist auch jetzt noch geheim und ungesetzlich wie in so vielen Ländern nach der Freigabe. Sie geschehen durch Kurpfuscher. Daher kommen die vielen Sterbefälle und viele andere sehr ernste physische Folgen, von den seelischen gar nicht zu sprechen.

Die relativ kleine Zahl der Abtreibungen ist vor allem aus

[51] V. Benjamin: „The Indian Imperatives for the legislation of abortion", in „Religion and Society", Bangalore, Juni 1972, S. 62.

den ethischen Prinzipien der Hindus, die 83,51 Prozent der Bevölkerung ausmachen, zu erklären. Ihre traditionelle Abneigung gegen die Abtreibung beruht auf ihrer Auffassung über Gott und die Seele. Die Seele, eingeschlossen in dem Kerker des Leibes durch die sündige Bindung an materielle Dinge, muß um der Erlösung willen davon wegstreben und sich ins Absolute versenken. Das geschieht durch eine lange Kette von Wiedergeburten. Wenn man in jedem Lebenszyklus seine Pflichten erfüllt, kommt man seiner Erlösung stets näher. Eine Abtreibung macht es der Seele unmöglich, in diesem Leib ihre Erlösung zu bewirken. Man zwingt die Seele mit Gewalt zu einer neuen Wiedergeburt. Der Hindu Dharma Shastras[52] (Lebensregel der Hindus) verbietet deshalb die Abtreibung sehr streng. Sogar dann, wenn man weiß, daß das Kind lebenslänglich krank oder behindert sein würde, darf man nicht abtreiben, da man Verdienste erwerben kann, wenn man geduldig das unglückliche Leben verbringt und sich so dem Gesetz des Karma (Gesetz für Belohnung oder Bestrafung für Taten im früheren Leben) unterwirft. Das kommende Kind trägt bereits das Erbe aller vorhergehenden Leben, d. h. die Summe aller weitverzweigten Erfahrungen in sich, die jetzt seine individuelle Persönlichkeit ausmachen und bestimmen. Dieser Glaube an das Karma hält die Hindus davor zurück, auch nur das kleinste Tierchen zu töten. Ganz besonders verabscheuen sie die direkte gewalttätige Tötung des Lebens durch Mord oder Schlachtung. Darum verurteilen sie weniger streng eine Schwangerschaftsunterbrechung mit Hilfe einer Tablette oder eines Pflanzenmittels als eine operative.

Auf Grund dieser Auffassung hat die Tradition der Hindus das Töten des ungeborenen Lebens mit schweren Strafen belegt. In der Mahabharata (XII, 165, 46, 47) lesen wir, daß die Frau, die das Leben in ihrem Schoße tötet, ihre Sündenvergebung nur durch Selbstverbrennung erlangen kann. Eine solche Sünde ist nur noch zu vergleichen mit dem Töten eines Brahmanen und muß so bestraft werden. (Apast., I, 9, 24; Vassishtha, XX, 23;

---

52 Sri Thandaveshwara: „The Ethical Issues in abortion, a Hindu view", in: „Religion and Society", Bangalore 1972, S. 24–32.

Gautama, XXII, 12–13; Vishnu, XXXVI, 1, 1–99). In diesen Schriften wird die Abtreibung zweimal so schwer bestraft als ein gewöhnlicher Mord. Paracarca, IV, 18, fordert, daß eine Frau, die solche Schuld auf sich lädt, exkommuniziert werden muß, und Narada, XII, 91, verlangt, daß sie aus dem Dorf oder der Stadt gestoßen werden muß. In Yajnav, III, 298 lesen wir, daß Abtreibung der Ermordung des Gatten oder dem sexuellen Verkehr mit einem aus einer niedrigeren Kaste gleichgestellt wird. Es ist also eines der größten Verbrechen, die die Frau begehen kann und für die sie ewig ihre Kaste verloren hat. (Apast., I, 7, 21; Vasishtha, XXVIII, 7; Gautama, XXI, 9). Es ist in der Tat die größte aller Sünden (Mahanirvanat, III, 153). Noch andere Zitate aus den Hinduschriften könnte man bringen.

Das Alter des ungeborenen Kindes spielt auch eine Rolle. Über den Zeitpunkt der Beseelung gehen die Ansichten der Hindus auseinander, aber eine Schwangerschaftsunterbrechung nach vier Monaten wird auch jetzt noch allgemein als sehr unmoralisch betrachtet. Eine Abtreibung vor dieser Zeit gilt als zulässig, wenn sie durch eine Tablette oder durch eine Pflanzenmedizin geschieht.

Es gibt noch einen anderen, mehr praktischen Grund, warum die Hindus sowohl die Abtreibung wie die empfängnisverhütenden Mittel, (erst recht die Sterilisierung) sehr ungern sehen. Sie wünschen viele Kinder, weil dadurch die Möglichkeit besteht, bei Krankheit und Alter eher Hilfe zu erlangen. Weil der Staat Kranken und Alten kaum Hilfe gewährt, ist man auf seine Kinder angewiesen. Zudem sind emotionale und soziale Gründe für den Wunsch der Inder maßgebend, eine große Familie zu haben. Trotzdem – wir sehen, wie viel das moderne Indien von seiner Tradition verliert – dies alles hat die Hindufrauen nicht daran gehindert (auch infolge des Druckes, den die Regierung ausübt), abzutreiben. Ledige Mütter sind wohl gezwungen, abzutreiben, wenn sie in Hoffnung sind. Ebenfalls verheiratete Frauen, wenn sie Ehebruch begangen haben. Es kommt allerdings auch vor, daß eine Frau schon viele Kinder hat, die sie nicht mehr ernähren kann.

Das neue Gesetz vom 1. April 1972 erlaubt wie in anderen

Ländern die Abtreibung aus psychischen und sozial-wirtschaftlichen Gründen. Das Tor ist also weit geöffnet. Trotzdem betrachtet das neue Gesetz, „Medical Termination of Pregnancy Act“ genannt, eine Abtreibung an einem ungeborenen Kind von mehr als 28 Wochen als Kindesmord.

Das neue Gesetz schafft also die Möglichkeit, in Massen abzutreiben. Aber das Hauptziel des Gesetzes, die Frau gegen böse Praktiken gewissenloser Ärzte und Kurpfuscher zu schützen, wurde wie in vielen anderen Ländern nicht erreicht. Nur wenige Staats- und Gemeindekrankenhäuser verfügen über die nötige Apparatur. Die Privatkrankenhäuser sind äußerst teuer. Nur sehr Begüterte können sich an solche wenden. Andererseits verpflichtet das Gesetz die Ärzte nicht zur Abtreibung, wenn sie Gewissensbedenken haben. Es gibt viele indische Ärzte, die sich weigern, und gerade nicht die schlechtesten – im Gegenteil.

Alles zusammen genommen, darf man folgern, daß das neue Gesetz die Lage im Wesentlichen nicht viel geändert hat. Viele Frauen, die eine Abtreibung wünschen und denen es das Gesetz erlaubt, müssen entweder sehr viel zahlen, wenn sie in Privatkliniken gehen, oder unter Bedingungen eine Operation durchführen lassen, die ihrer Gesundheit sehr schaden. Erst in einem Jahrzehnt werden wir wissen, inwieweit die neuen Praktiken die indischen Frauen ungünstig verändert haben. Das wird wahrscheinlich wie heute in Japan der Fall sein.

Übrigens gibt es meines Erachtens kaum einen Grund für Abtreibungen oder künstliche Geburtenkontrolle. In Indien könnte die Geburtenziffer allein schon dadurch gesenkt werden, daß man die Mädchen länger zur Schule gehen läßt und damit die Heiraten von 15–18jährigen drosselt. Wenn das durchschnittliche Heiratsalter der Inderinnen auf 19 Jahre heraufgesetzt werden könnte, hätte dies eine Senkung der Geburtenzahlen um 35–50 % in den nächsten 30 Jahren zur Folge.

Nach der Ansicht des weltberühmten Ökonomen und Demographen Colin Clark braucht Indien auch heutzutage keine Geburtenkontrolle.

„My research on India brought me to the conclusion that it would slow down economic growth dramatically if the Government's birth control efforts became successful. The developing countries all have high rates of population increase. Those with the highest population growth rates have the highest rates of growth of income per head. . . . It took me 20 years of research to change my opinion in favor of population growth as a necessary factor for economic growth." („Japan Times", 14. Jan. 1974).

China

China ist ebenso immer geburtenfreudig gewesen, und das wird wohl immer etwa so bleiben. Die ganze konfuzianische Atmosphäre weist in diese Richtung. Wenn auch das rote China die Lehre des Konfuzius abgelehnt hat, bleibt doch der Einfluß von Konfuzius spürbar. Durch den starken Geburtenrückgang in den westlichen Ländern machen wir bereits den gelben Brüdern Platz, die in Zukunft an unsere Stelle treten werden.

Denn es ist sehr wahrscheinlich, daß China schon 1990 die Milliardengrenze überschreiten wird. Wegen der beständigen Mißernten und der verschiedenen kleinen Revolutionen untereinander wird es in China manchmal schwierig, alle gut zu ernähren. Ich betone hier das Wort „einigermaßen", denn augenblicklich verfügt China über mehr Getreide als je, vor allem als damals, als China nur 500 Millionen Einwohner zählte. Wie die chinesischen Vertreter auf der Weltbevölkerungskonferenz in Bukarest August 1974 versicherten, seien Hunger oder Mangel an Rohstoffen nicht zu befürchten.

Unter Mao sind die Frauen sehr emanzipiert. Probleme der Liebe, Ehe und Kindererziehung werden jetzt vom Standpunkt des Proletariats gesehen.[52a] Allerlei bürgerliche und feudalistische Ideen werden beiseite geschoben. Nach der Zweiwochenschrift „New China News Agency", die schon seit 20 Jahren die zuverlässigsten Berichte über China bringt, wird jetzt auch in China die Familienplanung in die Hand genommen. Wie immer tritt man auch hier drastisch auf. Zuerst sind sexuelle Verbindungen vor der Ehe schlechthin verboten, ja. wirklich verboten, und man hält sich daran. Das bedeutet schon bei Ledigen keine Abtreibung. Dann drängt man auf Heiratsabschluß im reiferen Alter (Männer nicht vor dem 30., Frauen nicht vor dem 27. Lebensjahr), also Gleichstellung der Geschlechter. Das war ein gewaltiger Sprung für das chinesische Volk, das es 3000 Jahre anders gewöhnt war. Im 3. Nationalen Volkskongreß saßen 1965 bereits 542

[52a] Man lese „Die Welt", Beiblatt „die Geistige Welt" vom 31. Aug. 74, „Klein-Peking liegt am Rhein."

Frauen (17,8 % aller Abgeordneten). Gegenwärtig sind mehr als die Hälfte im mittleren Schuldienst, im höhern 20–25 %. Bis zur Kulturrevolution waren nur wenige Spitzenfunktionen in Regierung und Partei den Frauen vorbehalten. Auch das hat sich jetzt geändert.[52b]

Die Familienplanung geht von der Idee aus, die Bevölkerungszunahme so zu regeln, daß sie mit der wirtschaftlichen Entwicklung übereinstimmt. Für diesen Zweck werden unterschiedliche Maßnahmen für unterschiedliche Gegebenheiten getroffen. In dichtbevölkerten Gebieten werden späte Heirat und Geburtenkontrolle befürwortet. In Gebieten, wo nationale Minderheiten leben, und die sonst nur wenig bevölkert sind, werden nach dem Bericht des chinesischen Delegierten der Weltbevölkerungskonferenz in Bukarest Maßnahmen getroffen, die das Bevölkerungswachstum erleichtern sollen. Man ereifert sich über die abergläubische Auffassung, als ob viele Kinder Glück brächten, wie auch gegen das Vorurteil, daß die Zahl der Kinder durch das Schicksal bestimmt sei. In einer ungeheuer großen Zahl von Polykliniken, die im ganzen Land zerstreut sind, geben hunderttausende Pfleger Auskunft über die Familienplanung. Empfängnisverhütende Mittel werden gratis verteilt, aber nur an Verheiratete. Auf dem Land werden sie von den „Barfuß-Ärzten", deren es eine große Masse gibt, angegeben. Die Abtreibung ist offiziell nicht erlaubt, geschieht aber gelegentlich. Während meines kurzen Besuches in Rot-China war es mir nicht möglich, genaue Zahlen zu erhalten. Meine diesbezüglichen Fragen wurden mit absolutem Schweigen beantwortet. Wohl ist diese Zahl niedrig, denn man kann sich freiwillig sterilisieren lassen. Das tut man schon reichlich, vor allem in den großen Städten. In einer großen Wollspinnerei in Shanghai hatten sich von den 4864 Arbeiterinnen 28,5 %, von den 273 Arbeitern 29 % sterilisieren lassen. Von den Arbeiterinnen nahmen 10 % regelmäßig die Pille. Daraus kann man folgern, daß die Zahl der Abtreibungen

[52b] Zur weiteren Informiation lese man: „Wenigstens ein Drittel des Himmels für die Frauen", in „China, Aktuell", april 1973, SS. 161–164.

niedrig sein wird. Die jährliche Bevölkerungszunahme ist auf 1 % gesunken, was dennoch bedeutet, daß jährlich noch acht Millionen Chinesen dazukommen. Aber wie es in Rußland bei den islamitischen Minderheiten der Fall ist, so wird es nach meiner Überzeugung auch in China sein, nämlich daß unter ihnen – treu der Lehre des Islam – die Geburtenziffer bedeutend höher liegt und daß sie sich nicht sterilisieren lassen. Ich habe allerdings keine Angaben über die Zahl der Geburten bei den Chinesischen Islamiten erhalten können. In Rußland war man in dieser Sache offener.

Die uzbekistanische Bevölkerung, die großenteils mohamedanisch ist, wächst viel schneller als das übrige Rußland. Präsident Matschanow erklärte kürzlich: „In der ganzen Sowjetunion haben die Familien im Schnitt 2,8 Kinder, in Uzbekistan 5,8.

Wie man auch über die Mao-Besessenheit denken kann – ich kann sie nicht besonders schätzen – die jüngsten Berichte, die ich von Menschen mit Urteil, die dort tausende Kilometer gereist waren, erhielt, sind alle gleichlautend, daß das System trotz aller Widerstände wirkt. Nirgendwo unsittliche Reklame, Pornographie (wie auch in Rußland), Freudenhäuser. Dr. Chen Haifeng, einer der höchsten Beamten des Gesundheitsministeriums erklärte: „Wir können keine Patienten mit Geschlechtskrankheiten mehr finden, um sie an unseren Universitäten unseren kommenden Ärzten in den Hörsälen zu zeigen. Die Krankheiten sind einfach nicht mehr da."

Das ist wohl übertrieben, aber wenn man liest, daß die Geschlechtskrankheiten in Schweden, Amerika, in den Niederlanden, in Belgien, England u. a. stark zunehmen, ja in einigen Ländern (Schweden, Amerika), katastrophale Ausmaße annehmen, dann kann ich nicht so ohne weiteres den Gedanken an „den Untergang des Abendlandes" von mir weisen, und dies um so mehr, als die pharmazeutische Industrie immer und immer neue Antibabypillen auf den europäischen, australischen und amerikanischen Markt bringt. Der meist unterbevölkerte Erdteil der Welt bereitet den australischen Behörden zunehmend Sorgen. Im ersten Halbjahr 1974 sank die Geburtenziffer im Vergleich zu den ersten sechs Monaten des vergangenen Jahres um ein Drittel. Das Jahr 1973 war für den kleinsten Erdteil der Welt der geburtenschwächste Jahrgang seit dem Zweiten Weltkrieg. Wissenschaftler stehen dem Phänomen ratlos gegenüber; sie weisen jedoch darauf hin, daß die Zahl der Schwangerschaftsunterbrechungen und Sterilisierungen noch niemals so hoch war wie in den beiden vergangenen Jahren. Darüber hinaus wurde in Australien eine neue Rekordzahl von Antibabypillen verkauft.

Ich möchte schließlich meinen deutschen Lesern die warnenden Worte vorhalten, Worte von Dr. med. Siegfried Ernst aus Ulm, dem tapferen Kämpfer, der schon in ganz Europa bekannt ist:

„Als von 10 Jahren die Antibabypillen aufkamen, warnten 400 süddeutsche Ärzte, unter ihnen allein 24 Professoren für Frauenheilkunde, vor dem Mißbrauch dieser Pillen zur Zerstörung von Jugend, Familie und Volk durch Enthemmung des Sexualtriebes und Herauslösung der Lustproduktion aus dem Gesamtsinn und Gesamtzusammenhang menschlicher Geschlechtlichkeit. Sie wiesen in der sog. Ulmer Ärztedenkschrift darauf hin, daß die hemmungslose Anwendung dieser Pillen im Sinne eines Genußmittels zu verheerenden biologischen, persönlichen, familiären, wirtschaftlichen, politischen und ideologischen Konsequenzen führen werde. Man lachte sie damals aus, und das Bundesgesundheitsministerium warf das Memorandum in den Papierkorb, ohne auf die Forderungen der Ärzte auch nur im mindesten zu reagieren.

Heute stehen wir vor einer Katastrophe, die sich immer schonungsloser abzeichnet. Nicht nur daß wir ein biologisch sterbendes Volk durch diese Pillen geworden sind. Es kam zu der vorhergesagten Totalenthemmung des Sexus, einer pornographischen Schwemme, die nun selbst vor der scheußlichsten pornographischen Verhöhnung Jesu Christi nicht Halt macht, z. B. eine Darbietung im Dritten Fernsehen in Hamburg, die an Gemeinheit noch den dänischen Jesusfilm in den Schatten stellt. Sexuelle Aggressionen in der schmutzigsten Form, die Preisgabe nicht nur der Ehre Gottes, wird von staatlichen Organen sogar gefördert.

Wie ist es möglich, ein so eingreifendes Medikament wie die

Pille zum Genußmittel für ständigen Gebrauch zu machen und ruhig in Kauf zu nehmen, daß es zu schweren Schädigungen der Eierstöcke, der Venen und Arterien, der Bauchspeicheldrüse und Leber, ja der Chromosome und Erbanlagen bis in die 3. und 4. Generation kommt? Die sexuelle Suchtbildung, Frühsexualismus, die psychische Zerstörung, die Auflösung alles religiösen und politischen Empfindens, die klare gezielte Manipulation der kommunistischen Revolte über die sexuelle Revolution und Enthemmung, die biologische Vernichtung des Volkes, sind Folgen hemmungsloser Lustbefriedigung. Welcher Ehemann könnte seinen Kindern die Pillen verwehren und die isolierte sexuelle Lustproduktion vermiesen, wenn er selbst in seiner Ehe dieses Recht der radikalen Isolation der Lust vom gemeinschaftsbildenden und schöpferischen Sinn menschlicher Geschlechtlichkeit praktiziert? Was könnte er einwenden, wenn die Kinder diese höchste Lust vor der Ehe genießen wollen, wenn der Homosexuelle seine perverse Art der Lustproduktion zum Menschenrecht deklariert und der Onanist, der Sodomist, der Sadist, der Masochist, der Pornograph, der Ehebrecher jeweils seine eigene Lustproduktion heilig spricht. Kann man überhaupt noch Einordnung in die große Gemeinschaft fordern, Dienst, Opfer, Verzicht, wenn die isolierte Lustproduktion an der empfindlichsten Stelle menschlicher Existenz zur Sucht entwickelt wurde? Der Krebs der Gesellschaft ist die Enthemmung der Vermehrungsenergie, der Mißbrauch der größten Gabe, die der Mensch besitzt: Mitschöpfer zu sein und selbst neues menschliches Leben schaffen zu können!

Die heutige Generation und die Jugend hat zu wählen zwischen Gott und enthemmtem Sex, zwischen höherer Lebensqualität und Sumpf, zwischen Lebenssinn und Sinnverlust, zwischen Leben und Tod, zwischen der Hure von Babel und Maria. Wir wählen das Leitbild unserer Mütter und der großen Mütter unseres Volkes und grüßen die Mutter unseres Herrn Jesus Christus, einerlei, ob katholisch oder evangelisch, als Christen: Ave Maria!“

(„Vox Fidei, Stimme des Glaubens“, März 1974, S. 20–21.)

PHYSISCHE FOLGEN DER ABTREIBUNG

Wenn der Bericht „Unplanned Pregnancy“ von den Komplikationen zu sprechen beginnt, so geht es zuerst über Allgemeinheiten, die jeder kennt. „Solange die Schwangerschaftsunterbrechung eine chirurgische Operation bleibt, sind direkte oder unmittelbar auftretende Komplikationen immer möglich, wie auch solche, die später auftreten. Je größer die Erfahrung des Chirurgen ist und je früher die Operation geschieht, umso geringer werden die physischen Komplikationen sein.“ Dann wird darüber geklagt, daß der Erfahrungsbereich zu gering sei für Schlußfolgerungen. Aber ich sehe nicht ein, wie sich die Schlußfolgerungen von denen unterscheiden können, die ich für Japan auf den früheren Seiten gezogen habe. Stark berührt mich die Tatsache, daß der Bericht ganz offen zugab, daß so viele ohne die geringste Sachkenntnis das ganze Problem der Komplikationen mit leichter Hand beiseite schieben, als sei es äußerst belanglos. Das geschieht wiederholt bei den Verfechtern der Abtreibung, die ich in dieser Veröffentlichung durchaus auch zu Wort kommen lasse. Ein einziges Beispiel: Als Folge eines „Fehlers“ bemerkt eine Frau, sie sei schwanger, wünscht aber das Kind nicht auszutragen. Dann geht sie zu ihrem Hausarzt, der ihr mit Sympathie zuhört und weiterhin ihre ganze Abtreibungsangelegenheit regeln wird. Sie wird dann an einen anderen Arzt verwiesen, der, überzeugt, daß der Hausarzt es am besten wissen müsse, ein Papier unterzeichnet, das dann einem Gynäkologen übermittelt wird. Der hat nur die Rolle eines Technikers zu spielen. Er führt dann auch eine bequeme, schnelle und unkomplizierte Operation aus. Die Patientin bleibt noch einige Stunden im Krankenhaus und kehrt dann in den Schoß ihrer Familie zurück. Es kann eine zeitliche Depressionsphase folgen, die aber nur einen oder zwei Tage anhält. Doch innerhalb einer Woche ist sie wieder ganz in ihrem früheren Leben, zwar nicht unverändert, aber doch durch ihre etwas unangenehme, aber doch wertvolle Erfahrung reifer geworden.

„Eine Menge moralischer Bande sind weggefallen. Ich habe ein größeres Bewußtsein von mir als einem menschlichen Wesen, und das nicht allein vor den Augen der Kirche oder meines Mannes (was mich wenig interessiert). Die Abtreibung ist erfolgreich verlaufen. Nun weiß ich in der Tat, daß meine Gefühle richtig sind.“ [53]

In „Newsweek“ vom 13. April 1970 wird folgender Ausspruch eines amerikanischen Psychologen zitiert: „Dorene ist genau wie alle Mädchen, die hier zu mir kommen. Sie hat ein familiäres Problem, ein soziales Problem, ein religiöses und ein Rechtsproblem, während sie doch eigentlich nur ein medizinisches Problem haben müßte. Um das zu lösen, sind nur fünf Minuten nötig. Dann ist sie alles los.“ Auch diese Auffassung muß meines Erachtens gehört werden. Ob sie richtig ist, darüber kann der Leser selbst urteilen.

Andere gehen wieder etwas weiter: „Wenn man Schwangerschaft als ein Unglück betrachtet, dann stellt die Abtreibung den früheren Zustand der Integrität wieder her.“ [54]

Über solche Propagandisten und ihre geistige Einstellung kann man nur sagen, daß sie so gut und wahr sind wie ihre Quellen und Fachleute, die wissen, wie wahr sie eigentlich sind. Von den Abtreibern, die eine Abtreibung nach der anderen wie am laufenden Band ausführen und bei denen die Patientinnen innerhalb von 24 Stunden verschwinden, um sich nicht mehr sehen zu lassen, kann man nur einige Unterlagen über die unmittelbaren Komplikationen erwarten, vorausgesetzt natürlich, daß sie einigermaßen zuverlässig sind. Mit „einigermaßen“ muß man zufrieden sein. Denn von einem Berufsabtreiber kann man nun einmal nicht zuviel erwarten. Meine Erfahrung, wenigstens in Japan, ist in dieser Hinsicht, um es nur gelinde zu sagen, nicht ermutigend. Bei den später auftretenden Komplikationen stoßen

[53] R. A., . . ., ein Brief in „Woman's Own“, March 15, 1969.

[54] Natalie Shainess, "Abortion and Womankind," in "Abortion

wir wieder auf eine andere Schwierigkeit. Man stelle sich ein großes Krankenhaus vor, in dem in den verschiedenen Abteilungen die Abtreibungstechnik voneinander abweicht. Sagen wir: in Abteilung A kann die Erfahrung ausgezeichnet sein, und die Unterlagen können zuverlässig sein. Aber hier stehen wir vor der Tatsache, daß wir keinerlei Sicherheit haben, daß nicht spätere Komplikationen dann in der Abteilung B oder C gemeldet werden. Politiker, unerfahrene und einfache Menschen oder begeisterte NVSH-er können, falls sie die entsprechende Gehirnwäsche bekommen haben, den Leuten wohl erzählen, eine Schwangerschaftsunterbrechung sei eine ganz einfache Sache, aber ich vermute – oder hoffe wenigstens –, daß man anders darüber denkt, wenn man dieses Buch gelesen hat.[55]

Wenn man die Leute in dem Wahn läßt, eine Abtreibung sei sehr einfach und sicher, wird dem Arzt eine schwere Belastung auferlegt. Denn unvermeidbare Komplikationen können ihm als sein Versäumnis ausgelegt werden. Es wäre für verschiedene Instanzen, nicht zuletzt für die Ärzte selbst wünschenswert, daß die Allgemeinheit informiert würde über den großen Mangel an Interesse der Patientinnen selbst an der Frage, was alles geschehen kann, wenn eine Abtreibung vorgenommen wird. Es geht sogar so weit, daß sie es oft gar nicht wissen wollen. Das ist doch zum mindesten sehr auffallend. Wenn Sie oder ich oder jemand von den Verwandten sich einer Operation unterziehen muß, ist es doch ganz selbstverständlich, daß wir wissen wollen, was sich abspielt. In Japan braucht man kaum danach zu fragen. Bei drei Operationen, denen ich mich selbst unterziehen mußte, kam der Chirurg mit Feder und Papier zu mir und sagte: „Sehen Sie, wir machen das so und so."

---

in a Changing World": The Proceedings of an International Conference on Abortion Convened by the Association for the Study of abortion, at Hot Springs, Virginia. November 17–20, 1968. 1970, Columbia University.

[55] Man lese in „The Abortion Act", S. 42, über die gewaltige Kompliziertheit bei gewissen Abtreibungen: „To evacuate an anteverted uterus after one missed period should be a simple procedure, but to empty the retroverted gravid uterus of a nulliparous woman after

Ich erhielt eine ganze Menge Erklärungen mit sehr klaren Zeichnungen, worauf sich die Japaner äußerst gut verstehen. Später bekommt man die Zeichnungen mit nach Hause.

Doch eine Frau, die eine Abtreibung fordert, ist an solcher Information uninteressiert. „Ich will nichts hören, ich will nichts wissen, ich will nur die Entfernung meiner Leibesfrucht!" So klingt es stereotyp. Warum? Ist es vielleicht deshalb, weil sie fürchtet, keine Abtreibung mehr zu verlangen, wenn sie über das eine oder andere Detail informiert wird? Ein Arzt erzählte: „Diese Anomalie wird noch grotesker durch die Tatsache, daß es dieselben Frauen sind, die die Pille nicht genommen haben aus Angst vor deren schädlichen Folgen." Ich überlasse es dem Urteil der Ärzte, ob und inwieweit es keinen Unterschied zwischen den schädlichen physischen Folgen in England und in verschiedenen europäischen Ländern einerseits und denen in Japan andererseits gibt.

Das höchste Kollegium, das hier in Frage kommt – ich meine das Royal College –, vermerkte – ungefähr zwei Jahre, nachdem das Gesetz in England angenommen war – folgende schädlichen Folgen (nach ihrer Bedeutung geordnet): zurückgebliebene Schwangerschaftsreste, Beckenentzündungen, Fieber, Blutungen, Perforation der Gebärmutter, Thrombose und Embolie; verschiedene spätere Komplikationen wie Unfruchtbarkeit und Störungen der Monatsblutungen. Auf jeden Fall müssen wir (was der Bericht weniger tut) zwischen unmittelbaren und späteren Folgen unterscheiden. Der Bericht begnügt sich mit einer halben Seite bei der Behandlung dieses Gegenstandes. Man verweist auf die längere Erfahrung in anderen europäischen Ländern, in denen nur eine verhältnismäßig kleine Zahl schädliche physische Folgen erfahren hat. Aber die Bemerkung Sir Norman Jeffcoates dünkt mir sehr richtig, der sagt:

---

she has missed three periods can tax the skill of the most experienced surgeon even if he does use the suction technique. Complications are more likely to occur in such a case and this means anxiety for both the patient and the doctor." Man lese weiter den ausgezeichneten Artikel: „Zur Behandlung des septischen Seifenabortus", von G. Gerisch und A. Miske in „Zentralblatt für Gynäkologie", april 1972, Organ der Gesellschaft für Gynäkologie der DDR, Heft 16, S. 520–524.

„Die Statistiken, die wir von diesen Ländern erhalten, sind politisch frisiert. Wenn man mit Gynäkologen aus Ungarn oder der Tschechoslowakei spricht, wenn sie hier in England sind und frei die Wahrheit sagen können, dann lautet ihr Bericht ganz anders, und zwar so, daß er mit den wahren medizinischen Erfahrungen übereinstimmt. Sie geben zu, daß Sterbefälle vorkommen- daß die Gebärmutter mindestens einmal bei 250 Fällen reißt, daß in 15 % der Fälle schwere Krankheiten folgen, daß 1–2 % der Frauen unfruchtbar werden."[56]

Unterlagen aus jüngerer Zeit aus Ungarn verzeichnen bei 2,8 % aller Fälle unmittelbare schädliche Folgen (über die späteren Folgen, die quantitativ natürlich viel zahlreicher sind, wird nichts gesagt). Wohl wird vermerkt, daß die schädlichen Folgen Grund genug sind, das Gesetz zu ändern.[57] Der Schwedische Medical Research Council sagt, daß 3,6 % der Frauen, die auf gesetzmäßige Weise abgetrieben haben, ernste Komplikationen gehabt haben.[58] Die dänische Erfahrung spricht von 0,7 % Sterbefällen.[59] Ein früherer Bericht des Royal College gab als die Zahl ernster Komplikationen anfänglich 3 % an, wenigstens dann, wenn die Abtreibung von Fachleuten durchgeführt war. Aber diese Zahl könne bis 15 % steigen. Doch ich möchte nicht nur Fachleute aus anderen Ländern anführen, damit nicht gesagt wird, auch ich würde das Wort wahr machen, daß der Prophet in seinem Land nichts gilt. Prof. Dr. W. P. Plate, der doch nicht so unbekannt ist, schrieb jüngst in einem – nach dem Urteil von Fachleuten – ausgezeichneten Artikel: „Ist die kunstgerechte Abtreibung der Leibesfrucht ein unschuldiger Eingriff?" folgendes:

„Diese Frage scheint überflüssig zu sein, weil ja auf allerlei Weise in der Presse, im Rundfunk und Fernsehen eine bejahende

[56] T. N. A. Jeffcoate, "Abortion". In "Morals and Medicine", 1970, London.

[57] A. Klinger, "Demographic Consequences of the Legalization of Induced Abortion in Eastern Europe". International Journal of Gynaecology and Obstetrics, 1970, S. 680.

[58] L. Lindahl, "Somatic Complications Following Legal Abortion", Stockholm 1959.

[59] "Legalized Abortion", Report by the Council of the Royal College of Obstetricians and Gynaecologists, B.M.J., 1966, S. 850.

Antwort gegeben worden ist. Darum kann einem Gegner dieser Vernichtung menschlichen Lebens kaum eine Gelegenheit gegeben werden, seine Meinung zu äußern. Doch es zeigt sich, je länger, je mehr, daß die Abtreibung, wie sie jetzt durchgeführt wird, wohl sehr ernste Risiken mit sich bringt.

Die am meisten angewandte Methode, um eine Schwangerschaft von 10 Wochen oder weniger abzubrechen, ist die sog. Vacuumaspiration, der oft das Aufziehen des Gebärmutterhalses vorhergeht, der zuweilen eine Curretage folgen muß. Eine andere Methode besteht darin, daß unmittelbar die Curretage ausgeführt wird. Diese muß in jedem Fall geschehen, wenn die Schwangerschaft schon 10 oder 12 Wochen dauert. Das Gewebe, das aus der Gebärmutter entfernt wird, muß untersucht werden, möglichst mikroskopisch. Es sind Fälle bekannt, daß die Schwangerschaft trotz der Vacuumaspiration weitergeht. Ist das Schwangerschaftsprodukt nicht ganz entfernt, ist eine Curretage immer nötig. Hierbei müssen vor allem die Winkel der Gebärmutterhöhle geleert werden.

Oben genannte Eingriffe ergeben folgende Risiken:

1. Obwohl die Vacuumaspiration meistens ohne Narkose, aber unter örtlicher Betäubung geschieht, kann es doch nötig werden, daß eine Narkose durchgeführt wird. Bei einer Curretage ist sie auf jeden Fall notwendig. Schon darum besteht ein Risiko. In den meisten Abtreibungskliniken gibt es keine Möglichkeit, eine Narkose durchzuführen. Die Patientin muß darum dann in ein Krankenhaus gebracht werden.

2. Bei jeder Operation, wie sorgfältig auch immer sie geschieht, besteht die Gefahr einer Infektion mit der Folge einer Entzündung der Gebärmutter, des Eileiters und des Bauchfells, und die Möglichkeit einer Blutvergiftung.

3. Das Aufziehen des Gebärmutterhalses und das Loslösen der eingenisteten Frucht aus der Gebärmutterschleimhaut kann zuweilen heftige Blutungen verursachen. Diese erfordern ein schnelles Eingreifen und oft eine Blutübertragung. In den meisten Abtreibungskliniken kann man diese Hilfe nicht geben. So muß für die Patientin in diesem schwierigen Zustand ein Platz in einem Krankenhaus gesucht werden.

4. Die Tatsache, daß man Instrumente in die schwangere Gebärmutter einführt, wenn sie auch „stumpf" sind, kann eine Perforation der Gebärmutter verursachen. Dies kann auch bei einer Curretage geschehen. Dadurch entstehen Blutungen. Außerdem besteht die Gefahr einer Peritonitis.

5. Nach dem Eingriff kann auch eine Thrombose auftreten und als Komplikation eine Lungenembolie.

6. Es ist nötig, daß die Blutgruppe der Patientin bekannt ist. Bei einer rhesus-negativen Frau können durch den Eingriff Antistoffe erregt werden, durch die bei einer folgenden Schwangerschaft ein rhesuskrankes Kind geboren werden kann.[60]

7. Die Untersuchung eines entfernten Gewebes kann eine sog. „Traubenmole" ans Licht bringen. Falls diese festgestellt wird – die die Ursache einer bösartigen Neubildung werden kann – ist eine strenge und langandauernde Überwachung der Patientin erfordert.

Bei einer Schwangerschaft von mehr als 12 Wochen muß die Gebärmutter durch einen „kleinen Kaiserschnitt" geöffnet und dann geleert werden. Es handelt sich hier um eine große Operation, die nur in einem Krankenhaus vollzogen werden kann. Aus allen Berichten über Abtreibungen geht hervor, daß Abtreibung der Frucht bei solchen fortgeschrittenen Schwangerschaften nicht selten sind. Eine Frau kann dennoch auch nach 12 Wochen ihre Schwangerschaft als unerwünscht betrachten. Wenn der abtreibende Arzt in seiner Auffassung konsequent ist, daß Schwangerschaftsunterbrechung in einer Notsituation einer Frau notwendig ist, muß er auch der Frau helfen. Nach dieser Operation muß man mit Infektionen, Blutungen, Thrombose und schlechter Wundheilung, die zuweilen zu einem Bruch der Bauchwand führt, rechnen.

Bei der Beurteilung der Gefahren einer Abtreibung muß man sich auch mit dem „kleinen Kaiserschnitt" befassen, darum auch mit der Zahl der Sterbefälle infolge der Entfernung der Frucht. Die Sterbeziffer wird meistens bezogen auf eine Zahl von 100 000 Frauen. Bei der gesetzlich erlaubten Abtreibung betrug im Jahre 1969 für England und Wales die Zahl 46. Das Sterberisiko bei

---

[60] Lancet, 2. Mai 1970, S. 952.

der Niederkunft war im selben Jahr die Hälfte. In den Niederlanden betrug in jenem Jahr die gesamte Müttersterblichkeit (d. h. Tod in der Schwangerschaft, beim Gebären und im Kindbett) 48 auf 250 340 Geburten oder 19,2 auf 100 000 Geburten. Zu diesen Toten gehörte eine Anzahl kranker Frauen, während die Abtreibung meistens bei körperlich gesunden Schwangeren durchgeführt wird. In einem der Krankenhäuser in England wurde von 1967 bis 1970 1543 mal abgetrieben, darunter 480 mal durch Bauchoperation. In dieser Reihe gab es einen Todesfall, also 64 auf 100 000 Frauen.[61] *Seit der Legalisierung der Abtreibung in England verringerte sich die Gesamtsterblichkeit der illegalen und legalen Abtreibungen nicht.*[62] *Falls man mit den Verfechtern der Legalisierung annimmt, daß die Zahl der illegalen sich vermindert hat, dann würde die Tatsache der gleichbleibenden Gesamtsterblichkeit doch gewiß zu Lasten der legalen Abtreibung gehen. Wenn auch die Sterblichkeit bei der legalen Abtreibung ungefähr der einer normalen Niederkunft (was allerdings nicht der Fall ist. v. Str.), gleich wäre, dann muß dennoch der tödliche Ablauf mit größerem Ernst betrachtet werden als der bei einer Niederkunft.*

Die Möglichkeit vieler dieser Gefahren wird um so größer, je weiter die Schwangerschaft fortgeschritten und die erforderliche Hilfe weniger fachkundig ist. Es hat sich gezeigt, daß in den Abtreibungskliniken den entsprechenden Anforderungen nicht entsprochen wird. Auch die späteren Folgen, die nach der Abtreibung auftreten können, müssen bedacht werden.

Wenn die Abtreibung der Frucht wegen einer psychischen oder einer sozialen Notlage (fast immer der angebliche Grund! v. St.) ausgeübt wird, so steht keineswegs fest, daß sich diese nach der Entfernung der Frucht ändert. Dagegen bei einer Schwangerschaftsunterbrechung bei einer medizinischen Indikation (was kaum vorkommt, v. Str.) ist das meistens der Fall.“

Der belgische Arzt Dr. J. Daels bezeugt in einem Interview in „Het Volk“ vom 31. 1. 1973: „Abtreibung bleibt ein lebens-

[61] Brit. Med. Journal 30 oct. 1971, S. 270.

[62] Symposium “Abortion in England today”, Amsterdam, 14 nov. 1970.

gefährlicher Eingriff. Nicht selten treten ernste Komplikationen auf, und die Frau leidet Jahre hindurch an einem Trauma." In einem anderen Interview mit J. Nijs im Sonntagsblatt vom 4. Februar 1973 beschreibt er einige dieser Folgen und erklärt, daß er nicht selten Folgen nach falschen Eingriffen in niederländischen und englischen Abtreibungskliniken zu behandeln hat. In „De Gazet van Antwerpen" vom 18. Januar 1973 erklärt er: „Wir müssen wiedergutmachen, was man in den Abtreibungskliniken verdirbt."

Es ist natürlich nicht erstaunlich, daß die Zahlen von seiten der heftigen Verteidiger der Abtreibung von den rein wissenschaftlichen abweichen. Aber auch bei den letzteren muß man auch die persönliche Einstellung des Arztes berücksichtigen. Ich selbst habe eine große Objektivität wahren wollen, indem ich sowohl die Verteidiger wie die Gegner zu Wort kommen ließ. Hier kommt z. B. Mr. P. Diggory zu Wort, der „von ausgezeichneten Ergebnissen in 1000 Fällen spricht, in denen die Komplikationen gering an Zahl und sehr unbedeutend waren." Dieser Diggory muß ein sehr qualifizierter Jemand sein. Sein Urteil stammt aus dem Jahre 1969. Dann muß man sich aber wundern, daß zwei Jahre später ein anderer Gynäkologe – auch ein Verfechter der Abtreibung – von „der fast unannehmbar hohen Zahl der Krankheitsfälle nach der Abtreibung" schreibt. Dr. Gardner findet die richtige Antwort in den Statistiken der Krankenhäuser. Als Beispiel nimmt er das Samaritan Hospital in London.[63] Unter den 519 dort 1969 vorgenommenen Abtreibungen ergaben sich in 150 Fällen Komplikationen, deren bedeutendste Infektion, Blutung und Reste von Empfängnisprodukten sind, was eine weitere Operation notwendig machte. Was die Sterbefälle betrifft, so gibt die letzte Regierungsstatistik, nämlich die von 1969 (danach sind keine Statistiken von seiten der Regierung mehr erschienen) die Anzahl der Todesfälle als $1^1/_2$ mal so hoch an wie die der Müttersterblichkeit.[64] Als die größte Gefahr wird die Sepsis betrachtet. Im Samaritan Hospital trat sie nach Vacuumaspiration in 10 %

[63] "Abortion Statistics", 1969, The Samaritan Hospital, London.

[64] Registrar General's "Statistical Review for Engeland and Wales for 1969".

der Fälle auf, nach utus paste in 36 %, nach Hysterotomie in 45 % und nach Einspritzen einer Salzlösung in die Gebärmutterhöhle in 60 % der Fälle. Und das in einem Krankenhaus von Niveau. Man kann sich denken, was geschieht, wenn die Operationen unter weniger günstigen Umständen stattfinden.

Wenn man weiterhin die Vorlesung von Prof. Stallworthy: „Complications of Therapeutic Abortion“ (er gilt in England als eine Autorität) ruhig durchdacht hat, ist man auch als Nichtmediziner bestürzt darüber, wie man so leicht über eine Abtreibungsoperation urteilen kann. Noch Tage oder Wochen nach der Operation kommen die Frauen mit den verschiedensten und sehr ernsten Klagen.[65] Die „Medical News-Tribune“ vom 26. Juni 1972 berichtet über die enorme Zunahme von Komplikationen nach einer Abtreibung. Ich bin sehr gespannt, was die Ärzte, die für die Abtreibung sind (vielleicht auch die Politiker) hier zu sagen haben. Denn dies sind harte Tatsachen, vor denen kein Arzt seine Augen verschließen darf, auch nicht, wenn er Professor ist. Unter dem Titel: „Alarming rise in termination complications“ schreibt Dr. E. Trimmer das Folgende:

---

[65] Wenn eine Patientin nach einer Woche oder nach zehn Tagen wieder in die Klinik aufgenommen wird, weil sich in der Gebärmutter noch Überbleibsel aus der Schwangerschaft finden oder sich eine Gebärmutterinfektion eingestellt hat, dann erfordert die erneute Entleerung der Gebärmutter größte Vorsicht. Diese Patientin gehört in die Kategorie des größten Risikos. Aber oft übergeht man stillschweigend dieses bedenkliche Risiko. Die weiche Gebärmutter kann durch das geringste Trauma eingerissen werden. Außerdem kann in diesem Stadium die Schleimhaut der Gebärmutter bis zu bedenklicher Tiefe entfernt werden. So entsteht leicht ein Ansatz für Verwachsungen in der Gebärmutterhöhle, so daß die Menstruation aufhört und Unfruchtbarkeit eintritt. Bei einem kleineren Trauma entstehen Verletzungen und Infektionen des Gebärmutterhalses und dadurch kommt es zu weißem Schleim und großen Schmerzen im Unterleib und im Rükken. Ernste Spätkomplikationen entstehen, wenn die Gebärmutter, die Eileiter und das Bauchfell infiziert werden. Jeder Gynäkologe weiß von den Klagen nach so einer Abtreibung: Bauchschmerzen, Menstruationsstörungen, Beschwerden beim Geschlechtsverkehr, Unfruchtbarkeit usw. “ The Abortion Act 1967, S. 45.

Aber ja – er ist wie Prof. Plate nur eine europäische Berühmtheit. Dr. Wong in Amsterdam weiß es wohl besser – oder vielleicht doch

„In dem Institut ‚Geburtshilfe und Gynäkologie' des ‚Queen Charlotte's Maternity Hospital' hat man eine wirklich alarmierende Zunahme ums Zehnfache der spontanen Beendigung einer Schwangerschaft nach dem dritten Monat bei Frauen festgestellt, deren vorhergehende Schwangerschaft durch eine therapeutische Abtreibung unterbrochen wurde. Die Gynäkologen dieses Krankenhauses erklären, daß eine zeitliche oder dauernde Funktionsstörung des Gebärmutterhalses von dessen Aufziehen beim Verlauf der Abtreibung stammt. Da die Frauen in vielen Fällen nicht zugeben wollen, daß sie bereits eine Abtreibung hinter sich haben, können diese Ziffern wohl viel höher liegen. Das bedeutet, daß wir in England mit weiteren 10 000 spontanen Unterbrechungen der Schwangerschaft nach dem dritten Monat rechnen müssen. Das alles ist eine direkte Folge des liberalisierenden Abtreibungsgesetzes. Obwohl bei der Untersuchung im Queen Charlotte's Krankenhaus kein Unterschied festgestellt wurde, was die Zahl dieser spontanen Frühgeburten bei denen betraf, die die Abtreibung beim National Health Service, und denen, die sie in privaten Abtreibungskliniken hatten durchführen lassen, sind immerhin andere Geburtshelfer und Gynäkologen der Ansicht, daß es große Unterschiede gibt."

Elliot Philipp, der consultierende Geburtshelfer und Gynäkologe am Royal Northern Hospital, sagte, daß viel davon abhängt, wie der Chirurg vorgehe. Er habe ernstlich aufgerissene Gebärmutterhälse in den Abtreibungskliniken gesehen, ohne daß man auch nur versucht hätte, Abhilfe zu schaffen. „Ich glaube, daß bei einem ‚full time' Abtreiber, der die Patientin nur dann sieht, wenn die Abtreibung wirklich ausgeführt wird, große Gefahr besteht. Darum gibt es auch keine eigentliche Nachbehandlung. Diese Ärzte wissen sozusagen nicht, was später mit ihren Patientinnen geschieht."

Ein britischer Bericht, der im Februar 1973 erschien, spricht ganz besonders über die Gefahren, die nach einer Abtreibung für die folgenden Schwangerschaften eintreten. Auf Grund eines umfangreichen Tatsachenmaterials aus zwölf verschiedenen Ländern

---

nicht? Man lese: „Lügt Dr. Wong?" in der Monatsschrift „Levensrecht", Okt. 1972, S. 65–68.

hat die „Stiftung für Erziehung und Untersuchung auf dem Gebiete der Geburten", dessen Vorsitzender Sir John Peel, der Gynäkologe der englischen Königsfamilie ist, einen Bericht erscheinen lassen, der reinen Wein einschenkt. Er wurde von Arthur Wynn, dem ehemaligen wissenschaftlichen Mitarbeiter im britischen Regierungsdienst, und seiner Frau Margarete zusammengestellt. Nach einer Übersicht von ungefähr 75 Veröffentlichungen ziehen die Verfasser folgenden Schluß:

„Aus dem zusammengebrachten Beweismaterial ergibt sich, daß eine Abtreibung das Risiko für danach geborene Kinder vergrößert als Folge der Frühgeburt oder als Folge des Schadens an den Fortpflanzungsorganen. Dieser Schaden wurde oft erst bei einer folgenden Schwangerschaft entdeckt, in der das Wachstum der Frucht nachteilig beeinflußt werden oder Schwierigkeiten während der Geburt verursacht werden konnten."

Aus dem Beweismaterial all dieser Länder ergibt sich außerdem eine Verdoppelung der Fälle vorgeburtlicher Sterblichkeit nach der Liberalisierung der Abtreibung: eine Zunahme von 40 % Frühgeburten, eine Zunahme von 100 bis 150 % von extrauterinen Schwangerschaften (sehr gefährlich für die Mutter und gewöhnlich verhängnisvoll für das Kind); eine Zunahme von Beckenentzündungen ums Vierfache und von Schwierigkeiten bei der Menstruation sowie eine Zunahme der Sterilität.

Der Bericht weist ferner darauf hin, daß eine zunehmende Zahl lediger Frauen die empfängnisverhütenden Mittel und andere gleichgeartete Mittel zu scheuen scheint und an deren Stelle mit einer freien Abtreibungsgesetzgebung rechnet. (Merkwürdigerweise ist die Morning after pil wegen der schädlichen Folgen in Japan verboten). Man glaubt, daß mehr als die Hälfte der Frauen, die abtreiben ließen, keinerlei Methode zur Verhütung der Schwangerschaft angewandt hatte.

Noch einmal, auch das sind harte Tatsachen, die kein belgischer oder holländischer Frauenarzt, der die Abtreibung befürwortet, leugnen kann. Diese Ärzte werden wohl von tendenziöser und einseitiger Berichterstattung sprechen. Doch ich warte noch immer auf einen gediegenen Gegenbericht, der obige Schlußfolgerung eindeutig widerlegt.

Nach all den vorhergehenden Darlegungen – mit solchen könnte ich noch zwanzig Seiten füllen – habe ich noch gar nicht gesagt, was nun eigentlich bei einer Abtreibung geschieht, und wovon nach meinem Urteil 90 % derer, die eine Abtreibung verlangen, keine Ahnung haben. Man meint, daß ein Baby in den ersten Monaten der Schwangerschaft mehr oder weniger eine Breimasse, eine Handvoll Gelée ist. Nichts ist weniger wahr. Prof. Büchner, eine international anerkannte Autorität auf diesem Gebiet, erklärte am 26. Januar 1972 im Auditorium Maximum der Universität Freiburg, daß bereits bei der Empfängnis „die Entwicklung eines ganz neuen menschlichen Individuums, d. h. einer vor diesem Zeitpunkt noch nicht bestehenden Schöpfung beginnt." Er lehnte auf Grund seiner vielen tiefgehenden Untersuchungen mit großer Bestimmtheit die Auffassung anderer ab, als sei nach der Empfängnis nur „gespensterhaft anmutendes, strömendem Gewebe vergleichbares ‚Keimmaterial' vorhanden." Es besteht kein fließender Übergang zwischen Nicht-Leben und Leben, zwischen Nicht-Individuum und Individuum, zwischen nicht-menschlichem und menschlichem Leben." [66]

[66] F. Büchner, „Die Entwickelung des Embryo's bei normalen und gestörtem Stoffwechsel", Vorlesung am 26. Januar, 1972.

Dazu Fernsehen Paris 7. Juni 1972: Fernsehgespräch zwischen Prof. Lejeune und einer Frau:

„Une petite vie qui a deux centimètres de long, qui est gélatineuse . . . Non: vous me pardonnez! Moi, je ne marche pas là-dedans.

Professeur Lejeune (génétique fondamentale à la Faculté de médecine de Paris)

Non, Madame, ne dites pas qu'elle est gélatineuse. Elle a déjà, entièrement, sa constitution. Même le système nerveux central est fini à deux centimètres et demi, Madame.

Une Telespectatrice

Non sommes libres de penser que c'est un paquet gélatineux . . . Vous êtes libre de penser que la vie débute au moment de la conception et je suis libre de penser le contraire.

Professeur Lejeune

Vous n'ètes pas libre de penser que la vie commence à telle date ou à telle date Ce n'est pás notre faute s'il se trouve que la vie commence à la fécondation: c'est un fait.

Professeur Milliez (président de l'Union internationale de la presse médicale)

La vie commence à la fécondation. Il n'y a pas l'ombre d'un doute . . ."

Der Embryo enthält bereits alles. 24 Stunden nach der Empfängnis teilt sich das befruchtete Ei und nach sechs oder sieben Tagen, wenn es sich in der Gebärmutter einnistet, hat es schon eine solch komplizierte Struktur, daß es imstande ist, ein kräftiges Hormon hervorzubringen, das die Menstruation aufhören läßt. Dann wird unmittelbar die Grundlage für die verschiedenen Organe gelegt, und diese Grundlegung ist dann innerhalb von acht Wochen abgeschlossen, so daß das Baby, nachdem die Mutter zum zweiten Male keine Menstruation hat, schon ganz deutlich ein menschlicher Jemand geworden ist mit Armen, Beinen, Ohren, Augenlidern usw. Darum ist zu dem Zeitpunkt, wo die meisten Abtreibungen vorgenommen werden, in jeder Hinsicht bereits ein Miniatur-Mensch da, der nur noch wachsen und reifen muß. Genau so wie man mit frohem Staunen ein Baby in seine Arme nehmen kann und sich fragt, wie er oder sie geworden sein wird, wenn das Baby einmal erwachsen ist, so kann man sich dasselbe bei einem ungeborenen Kind fragen. Der einzige Unterschied besteht darin, daß man das Baby vor der Geburt nur schwieriger sehen kann.

Was geschieht mit dem Kind bei der Abtreibung? Geben wir das Wort an Dr. H. P. Dunn, F. R. C. O. G.:

„Erweitere die Öffnung der Gebärmutter, stecke eine große Zange hinein und zieht das Baby und das Übrige heraus. Das ist nicht so einfach, wie es scheint. Der Chirurg kann sich nur auf sein Tastgefühl verlassen. Er macht einen starken Ruck, und ein Ärmchen kommt heraus. Dann wird der Schädel zerschmettert und die Augen quellen hervor. Inzwischen bleibt alles heftig am bluten. Wenn die Abtreibung zu Ende ist, müssen die Pflegerinnen dafür sorgen, daß alle Überbleibsel weggeräumt werden. Gewöhnlich wird alles verbrannt.“ [67]

Nach der Operation erhält der Arzt noch eine Tasse Kaffee, steckt eine Zigarette an und bereitet sich auf den nächsten vorbedachten Mord vor. So ein paar mal am Tage. Das bringt ihm ein

---

[67] Life Publication in the "New Statesman", 11th Dec., 1970. Die Zange muß wohl sehr stark sein: "I find it important to have a very heavy pair of forceps to crush the skull". R. F. R. Gardner, Op. Cit. S. 215.

Millioneneinkommen. Das Ziel vieler Verteidiger des neuen Gesetzes, die Abtreiber aus den Hinterhäusern zu verjagen, ist in England bereits erreicht, aber auf eine Weise, die man schon vorhergesagt, aber nicht für möglich gehalten hat. Augenblicklich geht es dem „Hinterhausabtreiber“ besser als je zuvor (daher auch ihre Zunahme), und der Chauffeur bringt ihn in seinem Rolls Royce nach seinem Haus in einem vornehmeren Wohnviertel.[68] Aber eine Änderung der Adresse ändert nicht das Verbrechen. Und das nimmt in Großbritannien von Tag zu Tag zu. *„Aus allen Teilen der Welt sind Männer und Frauen in unser Land gekommen, um weiter trainiert zu werden. Denn sie haben große Achtung vor der englischen Medizin, besonders auf dem Gebiet der Gynäkologie.*

Nun findet eine ganz andere Art von Invasion statt, eine, die von der Sensationspresse anderer Länder angetrieben wird. Das Ergebnis ist eine ganze Prozession unglücklicher Frauen, die nach einem kurzen Besuch unsere Küsten wieder verlassen, nur um die Leibesfrucht, die unbemerkt unsere Einwanderungskontrolle passierte, und eine gehörige Summe D-Mark, Schweizer Franken oder Amerikanischer Dollars erleichtert.[69]

Man müßte einmal wissen, wie tief englische Ärzte, aber auch Millionen anderer Engländer diese Schande fühlen.

„Zugegeben, daß das Hinterhaus-Abtreibungsgeschäft abscheulich ist – aber warum soll dann die Antwort sein, daß man es in die Hauptstraßen verlegen soll? Wenn Menschen in ihrer Küche auf bestialische Weise von Banditen getötet werden, sollen wir dann moderne Kliniken bauen, in denen die Mörder schmerzlos auf ästhetische Weise ihre Opfer umbringen können?[70] Und will man nicht gerade das in Holland, Belgien und Frankreich

---

[68] "The Abortion Act, 1969", S. 42.

[69] Aldus Prof. Stallworthy, Gynäkologe an der Universität von Oxford. „The Abortion Act“, S. 48.

[70] "Agreed that the back-street trade ist ghastly; why should the answer be to bring it into the front street? If people are being battered to death in their in a peculiarly bestial way by thugs, should we set up modern clinics where their assassins can despatch them painlessly and aesthetically?“ (Scarisbrick, a. a. O.).

tun? „Ja, aber", sagen andere, „in Holland ist es doch schon so weit gekommen, daß etwas geschehen muß. Man kann doch nicht zulassen, daß die Abtreibung wiederum in die Illegalität gehen muß."

Hier würde ich am liebsten schweigen. Aber ich gebe lieber das Wort einem berühmten deutschen Gynäkologen, der in seiner klaren Darlegung „Zur Liberalisierung der Abtreibung in der Perspektive eines Gynäkologen" mit lapidaren Sätzen, aber doch in einem ruhigen Ton folgende Schlußfolgerungen zieht:

Unter dem Eindruck von allerlei deprimierenden Erfahrungen mit Patientinnen, die unerwünscht schwanger werden und die an den Folgen illegaler Eingriffe zugrunde gehen oder zum mindesten an ihrer Gesundheit schweren Schaden leiden, stellt sich jedesmal die Frage: Muß nicht das Strafrecht dort, wo es sich um Schwangerschaftsunterbrechung handelt, liberalisiert werden, um viele Frauen und ihre Familienangehörigen vor Schmerz, Krankheit und Tod zu bewahren? Nach einer genauen Untersuchung der ganzen Problematik in der Deutschen Bundesrepublik und bei Berücksichtigung der Erfahrungen der Länder, in denen die Abtreibung verhältnismäßig liberalisiert ist, kann man nach dem Urteil des Autors nur ein solches Gesetz anstreben, durch das nur dann die Schwangerschaftsunterbrechung ganz straffrei bleibt, wenn durch das Austragen der Leibesfrucht das Leben und die Gesundheit der Mutter in Gefahr gerät. Ein moderner Gesundheitsbegriff, ungefähr so, wie er von der Weltgesundheitsorganisation umschrieben wird, bietet genug Raum für Grenzfälle. Jede weitere „Relativierung des Verbotes zu töten" bis zu dessen tatsächlicher Aufhebung vor den ersten zwölf Wochen der Schwangerschaft bringt, ohne daß man einen wirklich bewiesenen Vorteil nachweisen kann, die große Gefahr mit sich, daß der Wert des menschlichen Lebens nach pragmatisch wechselnden Maßstäben bestimmt wird. Eine Entwicklung in dieser Richtung kann schließlich niemandem wünschenswert sein.

Soweit der Gedankengang dieses Gynäkologen.

Von juristischer Seite kommt man ungefähr zu derselben Schlußfolgerung:

„*Wenn man behauptet, daß der fachkundig durchgeführte*

Eingriff in den ersten Monaten für die schwangere Frau ein bedeutend kleineres Risiko ist als später, dann muß man hier erwähnen, daß die Fachleute, die die österreichische Strafgesetzkommission gehört hat, ganz anderer Meinung waren. Man muß vor allem daran denken, daß die Legislative gerade für die ersten Monate der Schwangerschaft eine ganz besondere Verantwortung hat, nicht allein für die Leibesfrucht, sondern auch für die Schwangere Frau selbst. Es geht darum, schnelle Entscheidungen zu verhüten. Die Schwangerschaft wird oft als eine Katastrophe betrachtet. Später stellt sich die Frau auf das ein, was anfänglich als eine Katastrophe erschien. Es wird eine Aufgabe, deren Erfüllung Freude bringt. Diese Entwicklung ist keineswegs eine Ausnahme, sondern kommt oft vor. Das scheint mir jedenfalls ein Gegenargument zu sein gegen die Absicht, die Unterbrechung so bequem wie möglich zu machen, so daß die Frau in der Panik dann diesen Ausweg nimmt. Ferner (wenn nach der Abtreibung keine Strafverfolgung zu erwarten ist) besteht dann die Gefahr, daß die schwangere Frau viel leichter sich der Bedrängung ihrer Eltern, ihres Mannes oder Dritter fügt, sich die Frucht abtreiben zu lassen (a. a. O. S. 46).

Weiter:

„Man darf davon ausgehen, daß die Strafandrohung auch gegenwärtig noch sowohl psychologisch wie auch soziologisch ihre Wirkung nicht verfehlen wird. Wenn man das Leben der Leibesfrucht für diese selbst wie für die Gesellschaft als schutzbedürftig betrachtet, dann würde es einen großen Verlust bedeuten, die Schutzwürdigkeit für die ersten Monate der Schwangerschaft fallen zu lassen“ (a. a. O. S. 59).

Manchmal hört man auch, daß man die Abtreibung mit der Prostitution vergleichen könne. Diese geschieht nun einmal. Darum muß der Staat dazwischentreten, um die nachteiligen Folgen (Geschlechtskrankheit, Ausbeutung durch Zuhälter usw.) auf ein Minimum zu beschränken. Daher gibt es in einigen Ländern kontrollierte, aber öffentlich zugelassene Bordelle. Das war jahrhundertelang in Japan der Fall, und zwar sehr massiv. Nun kommt die Frage: „Warum erhalten die Bordelle eine gesetzliche Zulassung und nicht die Abtreibungskliniken?“ Zwischen beiden besteht jedoch ein sehr wesentlicher Unterschied. Bei der Abtreibung spielt ein Dritter eine Rolle, einer, der a u c h volle Menschenrechte hat. Bei Bordellen geht es um zwei, die ihre volle Zustimmung geben. Wenn aber die Zustimmung bei einem der zwei nicht vorhanden ist, fährt – auch in Japan – der Staat mit strengen Strafen dazwischen. Was aber sollen wir sagen über die Pille, die die Abtreibung bewirkt? Sie ist im Vormarsch. Wenn diese auf dem Markt angeboten wird, werden viele Abtreibungsoperationen nicht mehr nötig sein: „Das kann man doch nicht als Abtreibung betrachten? Diese Pille kann man ohne Zweifel als eine verbesserte Ausgabe der empfängnisverhütenden Mittel ansehen." Die Antwort hierauf ist sehr deutlich und absolut: „Eine abtreibungbewirkende Pille ist sicher nicht empfängnisverhütend. Sie wird menschliches Leben vernichten, ein Leben, das bereits empfangen worden ist. Sie ist ebenso unmoralisch wie jede andere Abtreibungsmethode."

„Keine Pille und kein Präparat der Zukunft kann weniger unmoralisch sein als die heutigen Abtreibungsmethoden. Der Umstand, daß niemand absolut sicher sein kann, ob wirklich eine Abtreibung stattgefunden hat, macht diese Methode nicht annehmbarer. Wenn die Frau die Absicht hat, eine Abtreibung vornehmen zu lassen, ist sie objektiv der Abtreibung schuldig. Selbst Wenn sie tatsächlich noch nicht empfangen hat, wenn sie die Pille nimmt, so hat sie doch bereits in ihrem Herzen Abtreibung begangen." [71]

Wer denkt hier nicht an eine bestimmte Schriftstelle?

Trotzdem geben sich gewisse Mini- und Moraltheologen noch nicht geschlagen. Sie kommen mit allerlei Neuigkeiten und verschiedenen Unterscheidungen in scheinwissenschaftlicher Verpackung – Unterscheidungen, die nur gemacht werden, um die Abtreibung zu rechtfertigen.[72]

---

[71] Scarisbrick, a. a. O. Dieses Buch enthält keine Seitenzahlen.

[72] Vor ihren Augen breitet sich ein herrliches Jagdfeld aus, aber sie schießen meistens daneben. So lesen wir z. B. in den „Etudes", vom Januar 1973, wir hätten einen Unterschied zu machen zwischen einem „menschlichen" Leben und einem „humanisierten", d. h. einem Leben, das von den Eltern angenommen wird. Letzteres ist nach ihrer Mei-

Übrigens sind diese Unterscheidungen nicht neu. Wir haben sie bereits in den verschiedensten Variationen gehört. Die Leibesfrucht ist noch keine voll ausgewachsene Person, sie kann noch keine Beziehungen mit anderen Personen anknüpfen oder sich ihnen mitteilen, sie ist noch nicht selbständig, sie befindet sich noch in einem vormenschlichen Stadium (Rahner), hat noch kein

---

nung unantastbar, ersteres aber nicht. Dieser künstliche Begriffsunterschied, der völlig aus der Luft gegriffen ist, hat eine Flut von gediegenen und wissenschaftlich fundierten Veröffentlichungen herausgefordert. Mit Recht schreibt Msgr. van Peteghem, Bischof von Gent:

„Wenden wir diese Theorie auf zwei schwangere Frauen an, die beide in derselben Phase ihrer Schwangerschaft sind. Die eine erlebt, anerkennt und bejaht das neue Leben in ihrem Schoß. Sie müßte darum wirkliches menschliches Leben in sich tragen. Die andere dagegen erkennt das Leben nicht an und bejaht es nicht. Sie würde darum kein wirkliches menschliches Leben tragen. Jeder vernünftige Mensch erkennt sogleich die Ungereimtheit einer solchen Theorie." (Ehrfurcht vor dem ungeborenen Leben", S. 12).

Ein mir sehr gut bekannter Arzt von Format sagte mir einmal in seiner derben Art, er habe einen Ekel an all diesen Haarspaltereien und dem sog. wissenschaftlichen Geschwätz. Wenn doch jeder die befruchtete Eizelle in Ruhe und seine Hände davon ließe und die Mutter nicht belästigte, dann käme nach neun Monaten ein gesundes Baby zur Welt. Diese Art medizinischer Logik ist mir lieber als das, was wir in Japan „gakushaburu", scheinwissenschaftliches Gerede nennen. Man lese auch "The rights of the unborn", von T. W. Glenister, Tablet, 16. Juni 1963, S. 557–559. Ebenso: "Not wanted", von Lady Susan Glynn, im August 1973 bei der "Human Rights Society", London, erschienen.

Der Erzbischof von Paris, der Kardinal Marty hat den französischen Jesuiten ganz offen die Wahrheit gesagt. Wir lesen in „Le Monde" vom November 1973: *Le cardinal François Marty vient d'adresser un rappel à l'ordre à la revue jésuite Etudes. Le 16 octrobre il a écrit au directeur de la publication, le Père Bruno Ribes, en demandant que sa lettre soit publiée. Le numéro de novembre 1973 des Etudes, contient donc cette condamnation inhabituelle, exprimée sur un ton particulièrement ferme. Le président de la Conférence épiscopale de France y fait état de ses „graves réserves" sur des articles récents – dus pour la plupart au Père Ribes lui-même – à propos de l'avortement. Le directeur des Etudes avait, en effet, défendu un point de vue plus libéral que celui de la hiérarchie catholique, en considérant comme un moindre mal, dans certains cas, l'interruption volontaire de grossesse. S'il n'y a pas d'avortements qui puissent se justifier, écrivait en substance*

Bewußtsein, noch kein Denkvermögen, da das Gehirn noch nicht genügend entwickelt ist. Hierauf darf man vielleicht antworten: Wenn wir mit unseren Händen davon wegbleiben, erscheint bald nicht ein Elefant oder ein Orang-Utan, sondern nichts anderes als ein gesundes Menschenkind.

In einer Art von Verlangen, den Menschen aufs neue zu de-

---

le Père Ribes, on ne peut juger et condamner de manière abstraite tous les cas de grossesses interrompues.

Dans le numéro d'octobre 1973 le Père Ribes, était revenu sur le sujet „pour surmonter les tensions" et dissiper les malentendus qu' avaient pu provoquer ses précédentes prises de position. Sans attendre le deuxième article annoncé pour novembre, l'archevêque de Paris souligne que le précédent texte signé par le directeur des Etudes est „particulièrement regrettable", car il risque „une fois de plus de faire gravement illusion auprès de beaucoup sur la position de l'Eglise."

Fondées en 1856, les Etudes ont choqué plus d'une fois une partie des catholiques, par les thèses audacieuses qui y étaient exprimées. Le pape Pie XII avait fait écho à ces critiques, lors du centenaire de la revue, dans un discours qui, tout en vantant les mérites des Etudes, se montrait réticent sur leur contenu. Mais c'est la première fois que cette revue – la plus prestigieuse des publications mensuelles chrétiennes de langue française – se fait publiquement rappeler à l'ordre par l'épiscopat. Que celui-ci y ait été encourage par Rome n'est pas à exclure. Paul VI lui-même ne s'inquiétait-il pas, le 15 septembre dernier, dans une lettre au général des jésuites, d'une trop grande liberté prise par certains membres de la compagnie?

Considérée – à tort – comme la revue officielle de la Compagnie de Jésus, Etudes compte parmi ses quatorze mille abonnés des évêques, des théologiens, mais aussi d'autres lecteurs, chrétiens ou non, qui apprécient la grande qualité de ses articles. D'où une position équivoque: des évêques reprochent à la revue, sans vraiment le dire, de diffuser dans le grand public des idées qui appartiennent encore à la recherche.

La lettre de l'archevêque de Paris risque de faire perdre des abonnés à la revue. Elle pourrait aussi relancer le débat sur l'avortement, ce qui n'était apparemment pas dans les intentions du président de la Conférence épiscopale de France.

Le Père Ribes se déclare, pour sa part, „peiné" et „navré" de n'avoir pas été compris. Il refuse de se situer en opposition avec l'episcopat. „Nous avions, dit-il, précisément cherché à surmonter ce genre de conflit, et c'est d'ailleurs le sens du second article que nous publions dans le numéro de novembre."

finieren – ausgehend von einigen Thesen der modernen Philosophie –, kommt man doch zuweilen zu seltsamen Behauptungen. P. Roqueplo O. P. sagte auf einem Ärztekongreß 1971:

„Dann nur kann ein menschliches Wesen bestehen, wenn die feste Absicht vorhanden ist, ein Kind leben zu lassen. Das Leben des Embryos wird dann erst menschlich, wenn ein Beschluß und das Verlangen besteht, es (weiter) leben zu lassen."

P. Quelquejeu schrieb in „Lumière et Vie": „Ein Kind haben wollen ist gerade das, was das Kind zum Kinde macht, nicht die Befruchtung." Man stelle sich eine Frau vor, die nur ein Kind wünscht, keine anderen mehr. Dann kommt ein Zwilling? Wer von diesen beiden ist nun ein Kind? Oder ein anderer Fall. Beide Elternteile verlangen das Kind, das die Frau trägt. Es ist also gewollt, humanisiert. Sie haben ihm bereits einen Namen gegeben. Aber dann kommt plötzlich eine Krankheit der künftigen Mutter, oder der Vater ist arbeitslos geworden. Nun wollen sie das Kind nicht mehr. Das Kind ist nun plötzlich kein Mensch mehr, also kein Kind. Das sind einige der Absurditäten, zu denen diese Theorie hinführt.[73] Was übrigens bedeuten die Hirngespinste einiger Theologen gegenüber dem mächtigen Chor der Päpste und

---

[73] Man lese: „L'Avortement, crime ou libération" von Jean Toulat, S. 66–100, Paris, 1973. Ebenso: „Lettre à un embryon", von L. Weiss, Paris 1973. „De ooievaar ontmaskerd", die Doppelnummer, August 1973, von „Levensrecht". Auf Seite 421 schließt der Verfasser mit Recht: „Der Mensch wird ganz klein geboren" (nämlich im Augenblick der Befruchtung). In der Wochenausgabe der Yomiuri vom Febr. 1974 stehen die Antworten auf die Frage eines Korrespondenten: „Wann können wir von einem menschlichen Wesen sprechen?" Ein bekannter Kritiker Junichirō Sako antwortete: „Ganz sicher vom Augenblick der Empfängnis an, und deshalb bin ich der Meinung, daß Abtreibung immer Mord ist".

Seiko Tanabe, eine bekannte Schriftstellerin, sah das Problem anders: „Wenn eine Frau wirklich das Kind wünscht, erst dann ist menschliches Leben vorhanden". Sie hat also dieselbe Auffassung wie gewisse französische Dominikaner; aber man kann es einer nicht christlichen Japanerin nicht übel nehmen, daß ihre Antwort chemisch rein ist von jedem positiven Christentum.

tausender Bischöfe der orthodoxen und protestantischen Kirchen, und des ganzen Islams.[74]

Es will mir scheinen, daß immer, wenn ein Abtreibungsgesetz allgemein angenommen wird, es dabei nicht bleibt. Bald wird man sich fragen: „Ist ein Baby von zehn Wochen, das in der Wiege nur etwas strampelt und lauter unverständliche Laute von sich gibt, eine vollwertige Persönlichkeit? Das Kind ist viel hilfloser als ein junges Fohlen oder ein kleines Reh, die sich bald nach der Geburt schon gut helfen können. Dazu kommt, daß ein lästiges Baby dem körperlichen und vor allem dem seelischen Wohlbefinden der Mutter große Nachteile, sie selbst sogar in große Gefahr bringt. Die neugeborenen unselbständigen kleinen Wesen verursachen beiden Elternteilen eine gestörte Nachtruhe, und wenn das so weitergeht, leistet der junge Vater weniger an seinem Arbeitsplatz und wird vielleicht entlassen. Die so notwendigen Ferien für die junge Mutter, um ihr seelisches Gleichgewicht wiederherzustellen, wird durch das Baby – noch viel mehr bei Zwillingen – unmöglich gemacht. Die sind doch Gründe genug, um das Baby aus dem Wege zu räumen, das in den zwei ersten Monaten nicht mehr als eine ausgewachsene Leibesfrucht ist. Wollen wir darum nicht . . .?"

Es ist mir als Nichtmedicus (aber viele meiner medizinischen Freunde haben dieselbe Auffassung) vollkommen unerklärlich, daß unter den sogenannten Indikationen für Schwangerschaftsunterbrechung die psychischen weitaus in der Mehrheit sind, ja sogar eine erstrangige Rolle spielen, weil doch jedermann weiß, daß die n e g a t i v e n psychischen Folgen sehr groß sind. Ich kann mich nicht des Eindrucks erwehren, daß man einfach ein Etikett braucht, wenn anderes nicht vorliegt. Josef Krischek schreibt in seinem Beitrag „Psychische Aspekte der Schwangerschaftsunterbrechung" (aus „Schwangerschaftsunterbrechung", Suhrkamp 1974, S. 267/8):

„Die Zahl der psychiatrisch-medizinisch begründeten Schwangerschaftsunterbrechungen hat besonders in den letzten Jahren

---

[74] Die Theologen des Islams, die im Jahre 1972 in Rabat zusammenkamen, haben sich entschieden gegen die Abtreibung gewandt, gleich ob der Fötus jung oder alt ist.

eine erhebliche Steigerung erfahren und inzwischen sogar die Spitzenstellung unter den medizinischen Indikationen erreicht. Das hat seine Ursache sicherlich in erster Linie in den modernen psychiatrischen Erkenntnissen und Anschauungen, welche dazu geführt haben, daß in vermehrtem Maße auch Entwicklungstendenzen und Belastbarkeit von Persönlichkeit und Krankheit berücksichtigt werden. Fast zwangsläufig spielen dabei auch soziale und eugenische Faktoren häufig eine gewisse Rolle, doch ist man sich darüber klar, daß sie bei medizinischer Indikationsstellung zweitrangige Bedeutung haben, die nur dann zum Tragen kommen können, wenn durch sie medizinisch zu beurteilende Fakten voraussichtlich negativ beeinflußt werden.

Bei kritischer Einstellung muß man jedoch auch die Frage stellen, ob die psychiatrische Indikation nicht in manchen Fällen zur Ausweichindikation bei Vorliegen schwieriger sozialer Verhältnisse oder bei eugenischen Befürchtungen geworden ist.

Bei einer Anzahl von Fällen muß auch der Eindruck entstehen, daß es in Wahrheit lediglich die Unerwünschtheit der Schwangerschaft ist, die unter dem Mantel der Depression vorgetragen und mit dem Akzent der Suiciddrohung versehen den Gutachter unsicher werden läßt und ihn zu einer Beurteilung veranlaßt, die objektiven Begutachtungskriterien nicht standhält.

Was die Suicidgefahr anbelangt, so kann ich nicht nur auf Grund meiner eigenen Erfahrungen und Untersuchungen, sondern auch unter Bezug auf die Literatur feststellen, daß diese sehr geringfügig und unter statistischen Aspekten sogar unbedeutend ist.

Ich bin überzeugt, daß bei objektiver und repressionsfreier Beurteilung der Suicidgefährdung der psychiatrischen Indikation zur Schwangerschaftsunterbrechung eine weniger bedeutende Rolle zukommen würde, als es in den letzten Jahren tatsächlich der Fall gewesen ist."

PSYCHISCHE FOLGEN DER ABTREIBUNG

„Unplanned Pregnancy“ spricht über die psychischen Folgen mit einer Undeutlichkeit, die an Deutlichkeit nichts zu wünschen übrig läßt. Man hat den Eindruck, daß sie sich selbst gleichsam unsicher machen wollen – dafür haben sie annehmbare Gründe – weil sie doch nicht gerne zugeben (was sie meines Erachtens im stillen wohl doch tun), daß die emotionale und psychische Unordnung als eine Folge der Abtreibung sehr beträchtlich ist. Die Daten sind noch unzureichend, besonders die über die Folgen auf längere Zeit. Auch widersprechen die Berichte, die ihnen als Unterlage dienten, einander. So wird ein Report von Ekblad aus Schweden erwähnt, der 479 Frauen unter Kontrolle gehalten hat, die 1949 und 1950 eine Abtreibung machen ließen. 64 % waren verheiratet, 27 % waren ledig und die übrigen verwitwet oder geschieden. Von diesen 479 Fällen waren 42 % normal geblieben, 58 % abnormal geworden.

Daneben bekommen wir zu hören, daß Kummer – sich stützend auf amerikanische Erfahrungen – psychische Krankheiten im Zusammenhang mit der Schwangerschaft als einen Mythos betrachtet.[75] Kay und Schapira kamen zur Schlußfolgerung, daß in 85 % die Fälle gut lagen, in 15 % nicht.[76]

Aus diesen Statistiken ist meines Erachtens nichts Bestimmtes zu folgern. Ekblad schrieb seine Folgerungen vier Jahre nach der Behandlung. Zuverlässige Schlußfolgerungen erhält man eigentlich nur dann, wenn man Patienten mindestens zehn Jahre beobachtet hat. Ich denke, daß jeder weiß, daß psychische Verände-

---

[75] J. M. Kummer, “Post-Abortion Psychiatric Illness-a Myth?” American Journal of Psychiatry, 1963, S. 980.

[76] D. W. K. Kay en K. Schapira, in “Lancet”, 1967, S. 299.

rungen meist das ganze Leben hindurch anhalten und daß sie in vielen Fällen erst nach Jahren auftreten. So haben wir an den Befunden von Ekblad wenig oder nichts. Kummer ist zu apodiktisch, um wissenschaftliches Gewicht zu haben. Kay und Schapira sind zu unbestimmt, und ihre Untersuchungen machen keinen gediegenen Eindruck.

Im vorigen Abschnitt habe ich wiederholt viele ausländische Autoritäten zu Wort kommen lassen. Darum jetzt einige holländische Stimmen: Dr. A. Terruwe, sicher keine Unbekannte, erklärte, daß sie in den vielen Fällen, in denen sie mit abtreibenden Frauen als Patientinnen zu tun hatte, keiner Frau begegnete, die durch diese Tat nicht psychisch verletzt war. „Ich habe die unheilbaren Wunden bei ungläubigen und gläubigen Frauen aus allerlei Ständen gesehen, sogar bei Ehemännern, die die Abtreibung ihrer Frauen als eine schwere Frustration erlebten." Sie sah es so: „Abtreibung ist Verkennung des Wesens der Frau. Man nimmt ihr gerade das, wodurch sie eigentlich als Frau gefestigt wird. Die engste Verbindung, die es gibt, ist doch die zwischen der Mutter und dem Kind in ihrem Schoß. Wenn die Frau diese Verbindung zerreißt, kann sie auch mit der übrigen Welt keinen engen Kontakt mehr haben. Abtreibung ist eine Seinsfrustration. Sie fügt der Frau bösartige Wunden zu, die niemals mehr heilen und sich stets tiefer einfressen." Auch der Gynäkologe Prof. A. L. Schmidt (Rotterdam) sprach von der Abtreibung als von einem enormen emotionalen Schock, der von der Frau als eine Schuld gegenüber sich selbst gefühlt wird. (Zitiert aus A. Lindeboom, a. a. O., S. 47–48.)

Prof. Plate sagte im Fernsehen:

„Man sagt wohl zuweilen, die Frau, die Abtreibung begangen hat, habe später keine Schuldgefühle und werde darum auch kaum psychische Anomalien zeigen. Ich kann Ihnen die Versicherung geben, daß ich in meiner Praxis oft genug bemerkt habe, wie viele Gewissensbisse meine Patientinnen hatten, besonders erlebte ich das bei Frauen, die ich wegen Unfruchtbarkeit als Folge einer Abtreibung behandeln mußte."

In seinem oben erwähnten Artikel fügte er noch hinzu:

„Über psychische Störungen nach der Abtreibung wird von

den Propagandisten der künstlichen Fruchtabtreibung meistens leichtfertig geurteilt. Im Gegegensatz dazu wird von psychiatrischer Seite auf bösartige Depressionen hingewiesen, die nicht allein bei den betreffenden, sondern auch beim Erzeuger vorkommen. Diese psychischen Störungen sind oft nicht zu heilen, sondern nehmen an Umfang und Schwere zu.[77] *In England waren in einer Reihe von 27 000 Fällen von Abtreibung acht Tote, darunter zwei Frauen, die nach dem Eingriff Selbstmord verübten.*[78]

Daß Schuldgefühle vorhanden sind, kann jeder Gynäkologe bestätigen, besonders bei Frauen, die wegen Unfruchtbarkeit als Folge der Abtreibung behandelt werden. Diese Kinderlosigkeit muß oft der instrumentalen Fruchtabtreibung zugeschrieben werden. Die Curretage der Winkel der Gebärmutterhöhle kann eine Gewebereaktion hervorrufen, die die dort befindlichen Öffnungen der Eileiter abschließt. Eine Entzündung der Eileiter kann ebenfalls die Funktion dieser wichtigen Organe stören. Einige Zahlen können diese Gefahr der Abtreibung illustrieren. Prof. Watanabe aus Tokio stellte nach einer Abtreibung der ersten Schwangerschaft eine Verminderung der Fruchtbarkeit um 41 % fest, nach einer Abtreibung bei Frauen, die wenigstens eine Schwangerschaft ausgetragen hatten, um 33 %. Bei einer gemischten Gruppe Frauen betrug diese Zahl im Durchschnitt 10 %.[79] *Auch auf einem kürzlich stattgefundenen Ärztekongreß kam dieses Risiko der Abtreibung zur Sprache. Die Ärzte Manouelides und Comninos teilten mit, daß von 1000 Frauen mit einer sekundären Unfruchtbarkeit 530 eine künstliche Fruchtabtreibung hatten vornehmen lassen. Bei ihren Berechnungen stellten sie fest, daß eine direkte Beziehung zwischen der Unfruchtbarkeit und der Abtreibung bestand.*[80]

Schließlich können infolge des Aufziehens des Gebärmutterhalses wiederholt Fehl- oder Frühgeburten vorkommen. Wenn die Gebärmutter eine Narbe wegen eines „kleinen Kaiserschnit-

---

[77] De Nieuwe Limburger, 18 nov. 1970.

[78] Symposium "Abortion in England today", Amsterdam, 14 nov. 1970.

[79] Medical News Tribune, 12 juni 1970.

[80] Exc. Medica, Int. Congress Series no. 234a, 1971, S. 68.

tes" hat, sind allerlei Störungen bei darauffolgenden Schwangerschaften und Niederkünften möglich" (so Prof. Plate).

Über psychische und moralische Verletzungen, die japanische Frauen durch Abtreibungen erlitten haben, könnte ich auf Grund meiner Erfahrungen ein Buch schreiben, aber ich hoffe, Sie verstehen, warum ich nicht weiter darauf eingehe.

Auch wenn man mit Dr. Terruwe oder Prof. Plate nicht ganz übereinstimmt (es sind sicher darunter einige Fachleute, die ich bald zu Worte kommen lasse), dann kann man demgegenüber aber eine Menge Zitate von Gynäkologen, Psychiatern, evangelischen Pfarrern, Priestern, Sozialberuflichen und Pflegerinnen anführen, die wie in einem machtvollen Chor von Depressionen, Schuldgefühlen, Gewissensbissen, von Neurosen, die bis zum Lebensende dauern können, und dem Gefühl, ein anderer Mensch geworden zu sein, sprechen.

Als allgemeine Regel wird man wohl aufstellen können, daß, je reifer und mütterlicher eine Frau ist, desto deutlicher ihr Gewissen sprechen wird, und je unreifer und unmütterlicher sie ist, desto weniger ihre Schuldgefühle wach werden. Dr. Gardner ist der Auffassung, daß unsere Unwissenheit über die wirklichen Folgen der Abtreibung zum großen Teil daraus entsteht, daß wir keinen Unterschied zwischen Depression, Gewissensbissen und Schuld machen.

„Viele Fachleute sind der Auffassung, daß psychische Folgen allein dann nennenswert sind, wenn sie eine psychiatrische Behandlung erfordern. Nur die, die begreifen, was es heißt, ‚ein unbeflecktes Gewissen vor Gott und den Menschen zu haben' (Apg 24, 16) verstehen, was es für eine Frau bedeutet, eine Schuld mit sich herumzutragen."

Er verweist dann auf einen Fall, eine 40jährige Frau, die im 5. Monat ihrer 5. Schwangerschaft Atembeschwerden bekam. Man riet ihr (gegenwärtig tut man so etwas in Japan wie in England sofort) die Beendigung der Schwangerschaft. Sie war sich aber nicht so sicher, ob dies moralisch zulässig sei. Man wollte sie beruhigen mit dem Hinweis, daß ihre Beschwerden möglicherweise organisch bedingt seien. Nach der Abtreibung verfiel sie in eine schwere Depression, da sie überzeugt war, eine sehr schwere Sünde begangen zu haben, daß das Leben für sie keinen Wert mehr habe. Dieses Schuldbewußtsein hielt jahrelang an und drückte seinen Stempel auf die ganze Familie.[81] Der bereits genannte Prof. Dr. Mayer, Tübingen, schreibt:

„Es ist sicher nicht ausgeschlossen, daß eine Zahl von Frauen später ihre Abtreibungen bereut. Ich habe sehr viele Erfahrungen machen müssen mit Frauen, so, daß sie, wenn sie aus sozialen Gründen abtreiben ließen, es später sehr bereuten, ihren Seelenfrieden verloren und, wie einige mir sagten, Kinder, die ihnen auf der Straße begegneten, am liebsten gestohlen hätten, um an ihnen gutzumachen, was sie an ihrer eigenen Leibesfrucht gesündigt hatten. Ja, viele machten ihren Abtreibungsärzten heftige Vorwürfe. Aber als ich den Frauen darauf entgegenhielt, daß sie es selbst gewollt hätten, war ihre Antwort: „Sicher, das ist wahr. Aber der Arzt hätte doch wissen müssen, daß ich es später sehr bereuen würde.' "

Eine Gruppe von Ärzten, die nicht gegen die freie Abtreibung ist, hatte mit Sozialpflegern in Kalifornien eine große Anzahl Frauen nach der Abtreibung betreut. Sie kamen zur Schlußfolgerung, daß sicher die Hälfte der abtreibenden Frauen nach einigen Monaten psychiatrische Hilfe nötig hatte.

Unmittelbar nach dem Eingriff hatten diese Frauen zwar das Gefühl der Erleichterung und kehrten nach Hause zurück ohne weitere Hilfe nötig zu haben. Die Schwierigkeiten kamen aber nach einigen Wochen, manchmal nach Monaten.

Die meisten Frauen machten schwere depressive Perioden durch mit unterschiedlichen Folgen: die eine suchte einen neuen Freundeskreis und begann ein Verhältnis nach dem anderen; eine andere hatte die größte Mühe, sich auf ihr Studium zu konzentrieren, gab aber schließlich auf und suchte sich eine Stelle. Beinahe alle gingen schließlich zu ihren Eltern und suchten dort ihren Halt. Waren sie zur Abtreibung überredet worden, dann waren die Schwierigkeiten bedeutend größer. Aber zur Verwunderung der Studiengruppe waren diese Frauen nicht vorsichtiger geworden, und so blieb die Möglichkeit einer neuen Schwangerschaft." (Levensrecht, März 1973, S. 238.)

[81] R. F. R. Gardner, a. a. O., S. 203.

Das Unmoralische der Fruchtabtreibung kommt meines Erachtens auch deutlich zum Vorschein, wenn wir die Gefühlsreaktion bei Frauen vergleichen, die ein totes Kind gebären, mit der derjenigen, die es sich hatten abtreiben lassen. Im ersten Fall wird es als etwas äußerst Trauriges betrachtet, aber man findet keine Spur von Depression, noch weniger von Schuld. Gerade das letzte ist aber der Fall bei Frauen, die abtreiben ließen. Hierüber haben einige Ärzte eine Untersuchung bei Müttern von totgeborenen Kindern angestellt. Sie hatten 50 Frauen untersucht und während ein bis drei Jahren beobachtet. Von den 50 Frauen waren 42 verheiratet. Gegen alle Erwartung folgte dem Verlust des Babys keine Depression, wohl eine typische Schmerzreaktion.[82]

Dr. Th. Lidz ist der Auffassung, daß die Schuldgefühle nicht allein oder nicht zuerst ein Ergebnis eines religiösen Hintergrundes sind, sondern von etwas, was tief in der menschlichen Natur verwurzelt ist.

„Die Gefühle haben auch ihre Ursache in der Überzeugung vieler Frauen, daß sie etwas vernichten, was eigentlich ihr Lebensziel ist. Dann verliert die Frau auch ihren Eigenwert, da sie das ungeborene Kind ihrem selbstsüchtigen Interesse geopfert hat, ihrem Job, ihrem Verhältnis zu ihrem Mann oder was es auch sein möge.“ [83]

Dieses Gefühl haben auch japanische, chinesische oder afrikanische Frauen. Ist das nicht dies, worüber Paulus schreibt: „Wenn nämlich die Heiden, die das Gesetz nicht haben, von Natur aus die Vorschriften des Gesetzes erfüllen, so sind sie, die das Gesetz nicht haben, sich selbst Gesetz. Sie zeigen damit, daß der Inhalt des Gesetzes in ihre Herzen geschrieben ist, indem ihnen ihr Gewissen Zeugnis gibt“ (Rom 2, 14–15). Das ist das Naturgesetz, das sie mit ihrem natürlichen Verstand erkennen und dem zu folgen sie in ihrem Gewissen verpflichtet sind, was sie auch meistens

---

[82] „Affective Reaktion nach einer Totgeburt“, von J. R. Wolff, P. E. Nielson und P. Schiller in „Gynäkologische Rundschau“, Nr. 1, 1971, S. 48–50.

[83] M. Sim, “Psychiatric Indications for Abortion, address to the British Medical Advisers Conference, May 1966.

tun. Sprechen Sie einmal mit afrikanischen Frauen über Abtreibung, sie spucken Ihnen ins Gesicht.[84]

Es ist darum auch verständlich, daß das alles seinen Stempel auf das Verhältnis der Frau zu ihrem Mann drückt. Die Resultate V. C. Hamilton, der 100 Frauen interviewt hatte, die im Bellevue-Krankenhaus abgetrieben hatten und von Chek-ups zurückgekommen waren, sind wie folgt: „Von den 70 Frauen, die früher gesagt hatten, sie liebten ihren Mann und schätzten ihn hoch, begannen 15 eine Abneigung gegen ihren Ehepartner zu spüren, in 13 Fällen brachen sie das Verhältnis ab, das zur Schwangerschaft geführt hatte.“ [85]

Ich glaube, daß jeder eine solche Entwicklung verstehen kann. Dr. Lidz meint, daß Ekel-, ja Haßgefühle gegen den Vater vor allem daher kommen, „weil er bekam, was er wollte, aber sie mußte eine erniedrigende Abtreibung erleiden, er hätte es ihr möglich machen müssen, das Kind auszutragen, aber seine Karriere war ihm wichtiger.“ [86]

Man fragt sich, ob nicht die Abtreibung den größten Schaden psychischer Art jenen Frauen zufügt, die bereits an einer anderen emotionalen Verwirrung leiden. Dr. Sims Schlußfolgerung ist wohl zutreffend:

„Die Person, die sich in der größten Gefahr befindet, ist gerade die, der man eine Abtreibung anrät. Das ist gerade das Widersinnige der Empfehlung einer Abtreibung. Ein leichtsinniges Mädchen wird uns nicht um Rat fragen. Das weiß schon, was es will. Es hat keinen ärztlichen Rat nötig. Nein, gerade das Mädchen, das die Billigung eines Arztes nötig hat, will eine Art Sank-

---

[84] Januar 1970 wurde in Sansibar die Todesstrafe eingeführt für jeden, der eine Abtreibung vornimmt, this being deemed as child-destruction and thus murder. Abortions are allowed, however only at the Government hospital if necessary to save the life of the mother. (Times, Jan. 20, 1970).

[85] V. C. Hamilton, “Medical Status and Psychologic Attitudes of Patients Following Abortion”, American Journal of Obstetrics and Gynaecology, Vol., 285–287 Jan.-June 1961.

[86] M. Steichen Calderone, “Abortion in the United States”, S. 125–127.

tion, eine Rechtfertigung ihrer Abtreibung. Das zeigt uns, daß gerade sie schuldbewußt ist. Diese darf man nicht abtreiben lassen. Denn sie läuft Gefahr, nach der Abtreibung eine Psychose zu bekommen.“ [87]

Es ist sehr schwierig zu erfahren, ob die Schuldgefühle manchmal zum Selbstmord führen. Es gibt sicher keinen zwingenden Beweis. Aber es stimmt doch zum Nachdenken, daß der höchste Prozentsatz von Selbstmorden bei Frauen zwischen 20–24 ist, gerade in Japan (34,1 auf 100 000) und Ungarn (17,1 auf 100 000) – also in zwei Ländern, in denen die Zahl der Abtreibungen am höchsten ist. Mein Kollege an der Nanzan Universität, Prof. Shiden Inoue, glaubte doch, einen ursächlichen Zusammenhang zwischen Selbstmord und Abtreibung in den beiden Ländern zu sehen.[88]

Ich weiß nicht, ob es in Europa je so weit kommen wird, daß man wie in Japan von einer „datai no moedo“, einer Abtreibungsstimmung sprechen wird. Es ist aber doch beängstigend – nicht allein für mich, sondern auch für viele tüchtige Ärzte –, wenn man die Art und Weise sieht, wie im holländischen Fernsehen die Abtreibung und die verschiedenen empfängnisverhütenden Mittel angepriesen werden. Man tut dies in der Form eines leichtsinnigen Quiz, einer lustigen und heiteren Unterhaltung. Man teilt die Teilnehmer in Ältere und Jüngere. Wer gibt die beste Antwort? Um es nicht zu toll werden zu lassen, hat man auch Ärzte dabei. Oder ein anderes Mal wird ein Professor als Fachmann vorgeführt, der Gegenargumente gegen die Pille, die von einem gesunden Menschenverstand zeugen, nur mit einem eiskalten und zynischen Haspeln über Erfahrung mit 80 Ratten beantworten kann. Natürlich geht diese einzige Antwort völlig daneben, weil bei Tieren kein humanpsychologischer Faktor mitspielen kann.

Dann halte ich mich lieber an das sehr vorsichtige Urteil, das Ergebnis einer tiefgehenden gynäkologischen Untersuchung: „Der

---

[87] M. Sim, Op. Cit.

[88] Shiden Inoue, “Japan Must Stop the Practice of Abortion”, manuscript.

Gebrauch von Steroiden als empfängnisverhütenden Mitteln hat für Apotheker wie für Ärzte ein Problem von enormer Größe gezeitigt. Die berühmten Worte von Churchill paraphrasierend möchte man sagen: „Niemals haben so viele Frauen so starke Mittel, über die so wenig bekannt ist, eingenommen.“ [89] Dann geht der Autor auf eine große Zahl von Nebenwirkungen ein, besonders die so oft auftretenden Depressionen. Ich hoffe nicht, daß man in den Niederlanden jemals von einer Abtreibungsmode sprechen wird. Doch die gesellschaftlichen Pressionen sind bereits so, daß die Frauen nur schwer ihre eigenen Schuldgefühle zugeben wollen: „die Frauen haben das Gefühl, daß man von ihnen die Hinnahme einer Schwangerschaft nicht erwartet, sondern daß sie den Fall mit einer Abtreibung erledigen.“ [90] Wenn ein Dr. Kummer glaubt, daß es doch mit den psychischen Folgen nicht so schlimm sei, daß man sie mit einer Enttäuschung in der Liebe, mit einem Unfall, mit dem Verlust seiner Stellung vergleichen könne, ja, daß sie selten vorkommen [91], dann sind aber wieder andere nicht dieser Auffassung, wie Dr. Bolter, der erklärt, „er habe noch keine Patientin gesehen, die nach der Abtreibung keine Schuldgefühle gehabt hätte.“ [92] Oder Flanders Dunbar: „Wie verschieden auch der Unterschied in der bewußten oder unbewußten Begründung der Abtreibung sein möge, so erweckt doch das Abtreibungserlebnis ein unbewußtes Schuldgefühl.“ [93]

---

[89] "The use of steroids as contraceptives has posed to the pharmacologist and, in general terms, to all physicians a problem of unprecedented magnitude. Paraphrasing Churchill's famous saying, one might say: never have so many women taken such powerful pharmacologic agents about which so little is known“, "Steroid Contraceptives“, von R. L. Van de Wiele, in "Gynecologic Investigation", Vol. 1, Supplement, 1970, S .55–67.

[90] Eva Learner, "The Abortion Act, 1967", in "Social Work Today", 1970, no. 4.

[91] J. M. Kummer, "Post-Abortion Psychiatric Illness, a Myth?", American Journal of Psychiatry, 1963, S. 980.

[92] S. Bolter, "The Psychiatric's Role in Therapeutic Abortion", American Journal of Psychiatry, 1962, S. 312.

[93] Flanders Dunbar, „A Psychomatic Approach to Abortion and the Abortion Habit“, In „Therapeutic Abortion“.

H. Stamm schreibt in seinem Artikel: „Die legale und illegale Abortsituation in der Schweiz[94], daß die Schuldgefühle immer mehr abnehmen, vor allem, wenn die Abtreibung legal geschieht. Ich möchte hier noch eine kleine Korrektur anbringen, indem ich sage, daß die Schuldgefühle stets um so mehr abnehmen, je häufiger die Handlung wiederholt wird.[94a] Jeder Seelsorger und jeder Sozialpfleger weiß davon. Wenn man regelmäßig von Jugend an stiehlt, wird das Gewissen langsam, aber sicher schweigen, bis es ganz tot ist. So geschieht es, daß Berufsabtreiber und wiederholt abtreibende Frauen umhergehen wie lebende Leichen. Im Innern ist etwas gestorben. Ja, man kann es bestimmten Ärzten an ihrem geistigen make-up auch schon äußerlich ansehen, daß auch bei ihnen etwas eingeschlafen ist. Ich habe wirklich auch einige Erfahrung mit japanischen, englischen, österreichischen und holländischen Gynäkologen. Selbst an der Art des Auftretens im Fernsehen kann man es sehen. Einerseits der eiskalte Zyniker, der nur etwas daherredet, anderseits die warme Stimme des Gynäkologen, der sich abmüht, um das Leben zu retten.

Einerseits Simone de Beauvoir, die mit 342 anderen französischen Frauen erklärt: „Ich habe abtreiben lassen". Durch diese

---

[94] In „Schwangerschaftsunterbrechung, Schwangerschaftsfürsorge und Schwangerschaftsverhütung", Vol. 42, S. 1–43.

[94a] *I wrote before, and I repeat it now, that all persons, whatever their religious beliefs, who subscribe to the tenet that „everyone has the right to life" (Art. 3, UN Declaration of Human Rights) must believe that abortion, which is a deprivation of that right, is totally unacceptable whether it is performed in the most sophisticated surroundings by expert practitioners or by incompetent people in the rudest conditions.*

„I believe that abortions will continue to be performed and that it should not be a matter of indifference where and how they are done.

To my mind, it is of great concern if the law allows abortions to be carried out under „optimum conditions by registered doctors." For, cloaked with the air of respectability that an act of Parliament tends to give, the repeated performance of these operations under such conditions will gradually deaden consciences until there is widespread belief that because abortion is legally permissible it is also morally right. The inevitable result of that will be an intolerable increase in the number of abortions." In „Tablet", 24. August 1974.

Erklärung wollten[95] die Frauen der Abtreibung die Schuld nehmen, sich ganz davon lösen. Anderseits der berühmte amerikanische Psychologe Vogel, der behauptet:

„Eine Frau, die ihre Schwangerschaft vernichtet, vernichtet in etwa sich selbst. Von diesem Trauma wird sie nicht loskommen. Vielleicht liegt das im Unbewußten verankert, ohne daß es jemals an die Oberfläche kommt, aber ein innerer Konflikt bleibt.“

Die Erfahrung lehrt, daß es als ein Beispiel für die meisten abtreibenden Frauen dienen kann, was der Franzose erzählte, der seine Frau in die Schweiz zur Abtreibung gebracht hatte. Vor der Abtreibung hatte sie ihm gesagt: „Ich bin schwanger. Das ist grausam. Nein, ich will das Kind nicht. Denke einmal: wieder ein Baby versorgen, Windeln wechseln, das Baby an- und auskleiden. Nein, ich darf nicht daran denken. Für dich ist es leicht. Du hast damit nichts zu tun.“ Aber nach der Abtreibung: „Hätte ich doch den Kleinen gehabt, wie glücklich wäre ich. Das kannst du nicht verstehen. Du weißt nicht, wie herrlich es ist, ein Baby einzupacken. Dafür mußt du Mutter sein. Wenn du das begriffen hättest, würdest du mich nie in die Schweiz mitgenommen haben. Jede Nacht träume ich von Milchflaschen.“

So kann ich noch eine Menge erzählen, von allerlei Fällen, allerlei Meinungen und allerlei Statistiken, die ich speziell zur

---

[95] Und doch schreibt sie in „Le deuxième Sexe“ (einem Buch, über das meine Studenten in Japan meine Meinung wissen wollten):

„S'il n'est pas vrai que l'avortement soit un assassinat, il ne saurait non plus être assimilé à une simple pratique anticonceptionelle. Un événement a eu lieu qui est un commencement, absolue et dont on arrête le développement. Certaines femmes seront hantées par la mémoire de cet enfant qui n'a pas été.“

Zehn Jahre später schreibt sie in „La Force de l'âge“, warum sie niemals ein Kind haben wolle. Es scheint, als ob sie sich rechtfertigen wolle:

„Ich gleiche ein wenig den Karmelitinnen, die auch kein Kind haben, weil sie eine Berufung für das kontemplative Leben haben. Ich habe aber eine Berufung für das Schriftstellern.“

Gleichwohl zeigt die Tätigkeit, die sie jetzt entfaltet, wie Jean Toulat schrieb, sehr deutlich: „Es ist, als ob sie von dem Kind verfolgt wird, das sie nicht hat geboren werden lassen wollte“ (a. a. O., S. 28).

Verfügung habe über Japan, Irak, England und Skandinavien. Ich könnte meine Leser unter einer Flut von Literatur begraben[96]. Aber hat das wirklich Sinn?

Ich stimme Dr. Gardner zu, der sagt, daß alle Statistiken und Untersuchungen wertlos sind, wenn wir nicht an erster Stelle die Haltung mit einbeziehen, die die Frau zu ihrem Schöpfer, Erlöser und Richter hat. Und das ist bei so vielen Untersuchungen nicht beachtet worden.

---

[96] Vielleicht darf ich hier eine kleine Ausnahme machen und meine Leser, noch mehr meine Leserinnen auf das Buch von Marcelle Auclair: „Le livre noir de l'avortement" hinweisen, das man auch in deutscher Übersetzung lesen kann unter dem Titel: „Das tödliche Schweigen".

Nebenbei gesagt, das letzte Buch Simone de Beauvoir's „Alles in allem", (deutsch von Eva Rechel-Mertens, Rowohlt Verlag, 1974), ist m. E. wertlos. Was nach der Lektüre haften bleibt, sind sehr oberflächliche Reisebeschreibungen in Gesellschaft ihres Gefährten Jean Paul Sartre. Langeweile und fast Überdruß am Leben spricht aus ihren Zeilen. Vor einigen Jahren war sie mit Sartre einige Wochen in Japan, aber die japanischen Intellektuellen und auch die Studenten waren überhaupt nicht beeindruckt. Ganz anders war der zweimalige Besuch Gabriel Marcels, der monatelang in Japan Vorlesungen hielt. (Ich durfte sein Dolmetscher sein.) Er hatte Riesenerfolg. Sein „Homo Viator" wurde in Japan sehr positiv bewertet und wird auch jetzt noch viel gelesen.

SCHLUSS

Anfänglich habe ich noch etwas warten wollen, bevor ich diese Zeilen zu Ende führte. Ich wollte mir etwas Zeit nehmen, um über das eine oder andere in aller Ruhe nachzudenken. Von verschiedenen Seiten, nicht zum mindesten vom Verleger hat man mir geraten, sie sofort zu veröffentlichen, da der Entwurf des Abtreibungsgesetzes vom Kabinett bereits der Kammer zugeleitet worden sei. So sei es denn. So will ich diese Publikation, die in Japan begonnen, in Karachi fortgesetzt und in London beendet wurde, erscheinen lassen, bevor die Debatten in der Kammer in Belgien, den Niederlanden und Frankreich beginnen.

Völker dieser Länder besinnt euch, bevor ihr beginnt! Das Abtreibungsproblem stellt an das soziale Gewissen unserer Völker Fragen höchster Ordnung. Ob das Gesetz angenommen wird, und, wenn ja, wie, das alles wird seinen Niederschlag finden im Leben hunderttausender Mädchen, Eheleute und Familien, es berührt die Fundamente der Rechtsordnung, ja die der ganzen westlichen Kultur. Politiker können hier nicht mit vorhergehenden Absprachen oder Regierungsübereinkünften beginnen, um schon von vornherein der Mehrheit in den Parlamenten sicher zu sein. Das würde unsere so hochgerühmte Demokratie zu einem Spottbild machen. Denn dann können die Herren Politiker nicht mehr individuell nach ihrer Gewissensüberzeugung stimmen. In dieser Sache darf es keinen Fraktionszwang geben! Es ist sehr merkwürdig und sicher nicht gut, daß man lieber von Schwangerschafts*unterbrechung* spricht, – ein sehr euphemistischer Ausdruck, der unsere ganze Aufmerksamkeit auf die Frau richtet, und wodurch wir um das ungeborene Kind gleichsam einen graziösen Bogen machen, um auf diese Weise komplizierten inneren Schwierigkeiten auszuweichen. Ob diese Vogel-Strauß-Politik ein Segen oder ein Fluch sein wird, wird die nahe Zukunft uns lehren. Zwei Ärzte und ein Spezialist werden dann bald entscheiden können, daß eine Abtreibung geschehen darf. Trotzdem hat das so gebildete Team nicht soviel mehr an Einsicht, daß der in Frage kommende Arzt nicht auch selbst entscheiden könnte.

Ist es nicht für den Niedergang, in dem sich der holländische Katholizismus befindet, symptomatisch, daß ausgerechnet zwei katholische Minister diesen Gesetzesentwurf bald verteidigen müssen? In Gesprächen mit verschiedenen Juristen, die den Gesetzesentwurf juridisch sehr schwach und ziemlich mittelmäßig fanden, fielen dann und wann die Worte: ein verändertes Klima, eine durch Entwicklung bestimmte Auffassung, eine gewisse Wende in unserem Rechtsempfinden. Dabei wurde ich an eine Zusammenkunft erinnert, die ich 1935 in Berlin mit deutschen Juristen hatte, wo stets nur „vom Rechtsempfinden des heutigen deutschen Volkes" gesprochen wurde. Auf meine Frage nach absoluten Rechtswerten, die doch für alle Zeiten gelten, wurden mir nur ausweichende Antworten gegeben. Wir wissen, wohin das „Rechtsempfinden des deutschen Volkes" der Jahre 1933 bis 1945 geführt hat. Nun scheint das Rechtsempfinden des niederländischen Volkes uns in ein Endstadium zu führen, dessen ganze Tragik erst von den folgenden Generationen genügend erkannt und überblickt werden kann. Holländische Gynäkologen, die ich in diesen Tagen sprach, waren weit entfernt von Optimismus.

„Babys", sagte Mrs. Jill Knight im englischen Unterhaus 1966, „sind nicht wie schlechte Zähne, die man auszieht, weil sie Schmerzen verursachen. Ein ungeborenes Baby bleibt doch noch immer ein Baby." Wenn man darüber nachdenkt – was jeder weiß –, was die Folgen des Abtreibungsgesetzes sein werden, dann klingt es reichlich paradox, wenn wir hören, der Leitgedanke des ganzen Gesetzesentwurfes sei die Überzeugung, daß das ungeborene Leben vom ersten Augenblick der Schwangerschaft an schutzwürdig ist und daß diese Schutzwürdigkeit bei fortschreitender Schwangerschaft zunimmt. Babys bleiben Babys, ob ihre Fingerchen drei oder sechs Millimeter lang sind. Man kann nur schwerlich einsehen, wieso die Größe der Gliedmaßen und anderer Organe etwas mit dem Grad der Schutzwürdigkeit zu tun hat, es sei denn, daß diese um so größer sein muß, je kleiner das wehrlose Baby ist.

„Eine veränderte Sicht", ein viel gebrauchter Ausdruck! Der Druck der Massenmedien hat wohl dafür gesorgt, daß diese veränderte Sicht in unseren Niederlanden sich mehr auf einer schiefen Ebene bewegt. Eine Abtreibung darf nun geschehen, wenn die Fortsetzung der Schwangerschaft eine ernste Bedrohung für das körperliche und geistige Wohlbefinden der Frau bedeutet. Die Leser der vorgehenden Seiten wissen, daß in 95 % der Fälle weder das eine noch das andere der Fall ist und daß darum in Zukunft wie in so vielen anderen Ländern die Abtreibung in den weitaus meisten Fällen wegen lauter ‚angeblich sozial-ökonomischer Gründe' vorgenommen wird. „Ein anderes Kind können wir nicht mehr großziehen, es wird eine zu große finanzielle Last und würde außerdem das Gleichgewicht in der Familie stören; zudem ist unser Haus zu klein." Das ist praktisch wohl der Hauptgrund der Abtreibung. Man will es bequemer haben. Ein Baby oder ein neuer Peugeot, noch ein Junge oder ein Farbfernsehgerät, ein Mädchen oder ein längerer Ferienaufenthalt mit einem zweiten Familienwagen oder einem zweiten Häuschen usw. Dr. Donelly warnte darum auch seine Kollegen, sich nicht beeinflussen zu lassen von nicht medizinischen Gründen. „We should be doctors of medicine, not socio-economic prophets." [97]

---

[97] *„Elend und Verbrechen gibt es nun einmal. Es wäre vielleicht bequemer, sich ruhig hinzusetzen und zu sagen, daß man in bestimmten Fällen abtreiben müsse. Aber um diese Probleme vernünftig zu lösen, wäre noch so manches nötig: bessere Unterbringungsmöglichkeiten, angemessene Gesundheitsfürsorge, höhere Löhne als Existenzminimum, Kindergeld und die Hebung des Lebensstandards des Amerikanischen Volkes. Es ist wirklich leicht, mit der Curette unwürdige Zustände und die eventuellen sozial-wirtschaftlichen Risikofälle zu entfernen und so eine bessere Gesellschaft zu schaffen, aber nach meiner Ansicht unterscheidet sich eine solche Handlungsweise nicht von der eines Mannes, an den wir lieber nicht erinnert werden mögen, der die Ansicht vertrat, den Lebensstandard dadurch zu heben, daß er die Lebensunwer-*

Nach dem Urteil der Fachleute kann die Fortsetzung der Schwangerschaft bei dem heutigen Stand der medizinischen Wissenschaft keine ernste Bedrohung mehr für das körperliche Wohlbefinden der Frau sein. Früher stand die therapeutische Abtreibung im Mittelpunkt des Interesses. Viele physische Umstände zwangen mehr oder minder zu einer Unterbrechung. Sogar 1940 noch gab es im New York Lying In Hospital eine Liste von 44 verschiedenen Krankheiten und Umständen, die die medizinischen Gründe für eine therapeutische Unterbrechung bildeten.[98]

Zuerst ist hierzu zu bemerken, daß dies wohl eine sehr einseitige Therapie darstellte ganz im Hinblick auf den Vorteil der Mutter. Schließlich ist die Kindersterblichkeit bei den Abtreibungen doch noch immer 100 %. Ferner ist die therapeutische Abtreibung – die meint man doch, wenn man von der Bedrohung des körperlichen Wohlbefindens der Frau spricht – ein sehr dehnbarer Begriff. Was in Amerika und in England oft geschah und noch geschieht, bestätigt die Tatsache, daß in Grenzfällen – und nicht nur dann – finanzielle Erwägungen eine bedeutende Rolle spielen.[99]

Gegenwärtig braucht man nicht mehr von einer therapeutischen Abtreibung sprechen, da diese nach dem Urteil der Fachleute niemals vorzukommen braucht. Auf einer Konferenz über Abtreibung, veranstaltet von der „Planned Parenthood Federation of America“, sagte einer der Redner: „Während der

---

ten in die Gaskammer von Buchenwald bringen ließ.“ (Zitiert nach Russel Shaw: „Abortion on Trial“, London 1969, S. 89).

98 Eugene Quay, “Justifiable Abortion”, the Georgetown Law Journal, Vol. 49, No. 2 (Winter 1960), 173–256; Vol. 49, No. 3 (Spring 1961), S. 183.

99 „Eine der Schwierigkeiten der therapeutischen Abtreibung ist wohl die sehr unterschiedliche Prozedur, die man anwendet. In Grenzfällen und bedauerlicherweise auch dann, wenn solche nicht vorliegen, spielen das Prestige und die finanzielle Lage der Patientin eine bedeutende Rolle, wenn es gilt, eine unerwünschte Schwangerschaft zu unterbrechen. Ich finde es verabscheuungswert, dann nachzugeben. Oft genug wissen Leute, die sich finanziell ausgezeichnet stehen, eine Kleinigkeit zu einer Abnormalität aufzublähen.“ (Zitiert in einem Manuskript von John R. Cavanagh, M. D. “Abortion, Another Look”, S. 26).

letzten zehn Jahre ist die medizinische Wissenschaft so weit fortgeschritten, daß eine medizinische Indikation für eine Schwangerschaftsunterbrechung praktisch nicht mehr besteht.“ Ein anderer Teilnehmer war noch apodiktischer: „Wenn wir unser ganzes therapeutisches Arsenal mobilisieren, können wir praktisch jede körperliche Unordnung auf diesem Gebiet gut beheben.“ [100]

Heffermann sagte bereits 1951: „Jeder Arzt, der eine therapeutische Abtreibung vornimmt, kennt entweder die modernen medizinischen Methoden nicht, wie man Schwangerschaftskomplikationen behandeln muß, oder er ist nicht bereit, sich die Zeit zu nehmen, um diese Methoden anzuwenden.“ [101] Darum könnte der Satz über das körperliche Wohlbefinden der Frau in dem Gesetzesentwurf füglich weggelassen werden. Wie bereits ausführlich dargelegt wurde, bringen die Abtreibungen vielmehr der Mutter oft viele schädliche Folgen.

Ich darf noch einmal auf meine japanischen Erfahrungen zurückkommen, noch mehr auf das, was informierte japanische Ärzte veröffentlicht haben. Einer meiner Kollegen in Nagoya, Dr. A. Zimmermann, der sich jahrelang mit dieser Frage beschäftigt hat, erwähnt in seinem Buch „Catholic Viewpoint on Overpopulation“, daß, je später die Komplikationen zunehmen, desto mehr Tumore und Krebsgeschwüre auftreten können. [102]

---

[100] Calderone, a. a. O. S. 108.

[101] Zitiert in E. Quay, a. a. O. S. 184.

[102] *„Bereits in jungen Jahren, nachdem die Frauen zwei Kinder geboren haben, beginnen sie mit der Abtreibung. Viele werden es schließlich leid, jedes Jahr abzutreiben, so daß sie es vorziehen, sich sterilisieren zu lassen, und das in einem Alter von dreißig Jahren. Das geschieht bei 60 % dieser Frauen. Zu Anfang der Dreißiger Jahre nehmen die Komplikationen zu. Viele klagen dann über chronische Kopfschmerzen und Schwindelanfälle. Ihr Blutdruck ist zu tief, ihr Gesicht wird fahlgelb. Dann beginnen die Frauen sich zu sorgen, ob auch ihre zwei Kinder krank werden und sterben könnten und sie selbst dann ohne Stütze im Alter bleiben. Sie hofften, ihren Kindern die beste Erziehung geben zu können – was sie auch in der Tat versuchen – aber dann sind sie doch nachher sehr enttäuscht, daß sie doch nicht so begabt sind, wie sie glaubten. Die psychosomatischen Beschwerden nehmen zu: es treten Tumore und Krebsgeschwüre auf. Ältere Frauen fangen jetzt*

Jeder, der die Vernichtung menschlichen Lebens ernst nimmt, muß doch gut überlegen, ob die Schwierigkeiten der Frau nicht auf andere Weise zu lösen sind. Kinderversorgung, mehr und geräumigere Wohnungen, soziale und finanzielle Unterstützungen würden den Frauen viel mehr helfen als eine Abtreibung. Aber solche Lösungen verlangen Mitgefühl und größere Staatsausgaben. Die Curette gibt offenbar eine billigere und einfachere Antwort, wenigstens für den Augenblick, auf die Dauer sicher nicht. Wie viele Psychiater bezweifeln, daß die Abtreibung mehr Vorteil als Schaden bringt. Ein Arzt, der an einem „Planned Parenthood Symposion“ teilnahm, machte die Bemerkung, er möchte gerne Frauenarzt an einem katholischen Krankenhaus sein, „denn dann brauche ich nicht eine einzige der furchtbaren Entscheidungen zu treffen. Der einzige Standpunkt, den ich einnehmen kann, ist der, daß ich keine Schwangerschaftsunterbrechung ausführe. All die sog. Indikationen haben an sich nur einen sehr relativen Wert.“ [103]

Wie dem auch sei, Völker, besinnt euch, ehe ihr beginnt! Möchten doch die Politiker der Niederlande und Belgiens einsehen, daß sie das Urteil von ungefähr 2500 Ärzten nicht unbeachtet lassen dürfen: „Ein jeder muß die Gewißheit haben, daß kein einziger Arzt in den Niederlanden das Recht hat, menschliches Leben zu beenden.“

Kein einziger christlicher Politiker kann in so wesentlichen Angelegenheiten seine politische Stellungnahme von seinem christlichen Gewissen lösen. Was die katholischen Politiker betrifft, so können sie nie übersehen, was ihre Kirche in großer Einhelligkeit die Jahrhunderte hindurch gelehrt hat. Die Politiker haben wahrscheinlich noch niemals in ihrem Leben vor einer so entsetzlichen Verantwortung gestanden, von der – wenn

---

an, sich gegen Abtreibung wie auch gegen Sterilisation zu sträuben, jüngere dagegen nehmen dies noch auf sich, da sie mehr unter dem Druck der öffentlichen Meinung stehen.“ A. Zimmermann, a. a. O., S. 90, 91.

[103] M. Steichen Calderone, M. D. Ausgabe: „Abortion in the United States“, S. 123.

wir weiter sehen – die ganze Zukunft ihres Landes abhängt. Sie haben es großenteils in ihren Händen, ob durch die anstürmende Flut von Fruchtabtreibungen nicht Werte verschwinden, die der Menschheit Jahrhunderte hindurch teuer und heilig waren. Mögen sie über die moralische Kraft verfügen, sich nicht durch eine liberalisierte Praxis überrumpeln zu lassen, sondern im Geiste der Erklärung der World Medical Association von Genf handeln, die besagt: „Ich werde absolute Ehrfurcht vor dem Leben von der Befruchtung an bewahren." Wenn man das Gesetz, das bald in der Kammer behandelt wird, annimmt, dann bin ich der Überzeugung, daß die Abtreibungen bis zu 100 000 im Jahr sich steigern werden, bevor wir die achtziger Jahre erreicht haben. Das ist keine übereilte Vermutung, womit ich allein stünde. Gynäkologen von Ruf sind derselben Auffassung. Es gibt in den Niederlanden auch ernstzunehmende Menschen, die glauben, daß die Situation in Holland sich nie zu solch problematischen Zuständen entwickeln werde wie in Japan, England und anderswo. Denn in den Niederlanden seien bereits jetzt in das Paket der sozial-medizinischen Vorsorgungsmaßregeln effektive Verhütungsmittel zur Massenverbreitung aufgenommen. Ich möchte hier zum mindesten meinen Zweifel aussprechen, da nicht genügend Gründe vorliegen, warum die Niederlande hier ganz anders handeln sollten als z. B. die Engländer. Es ist sehr verwunderlich, daß man sich zwar hier so stark einsetzt für Vietnam, Burundi oder Angola, während man gar nichts sagt über die Tausende intakter Babys, die in jedem Jahre in unserem Lande getötet werden.

Wenn man in den Niederlanden, wie noch im Juli und August 1973 einer meiner englischen Confratres ohne Zweifel in guter Absicht, sich im Rundfunk und auch im holländischen Fernsehen bemüht, die ganze Welt gegen die noch nicht geklärten Folterungen in Mozambique zu mobilisieren, dann wird es mir doch etwas schwer, nicht an den Splitter und den Balken zu denken. Während der letzten Jahre sind in England eine halbe Million urgesunde Babys im Mutterschoß getötet worden, aber darüber habe ich von diesem englischen Priester noch nichts gehört. Auch in den Niederlanden ist man leicht geneigt, gegen alles zu protestieren, was in anderen Ländern geschieht (auch kirchliche Instanzen tun dabei mit), ohne viel an das Chaos, die Kriminalität und den tiefen Sittenverfall im eigenen Lande zu denken.

Es ist auch schwer verständlich, wie man von einem äußersten Rettungsmittel, von einer Notlösung in einer äußersten Notlage sprechen kann. Vielleicht habe ich durch meinen langen Aufenthalt im Ausland die Feinheiten der niederländischen Sprache verlernt, aber ich dachte, daß eine Notsituation etwas Außergewöhnliches betrifft, so, wenn z. B. ein feindliches Heer an den Grenzen steht, oder wenn ein Erdbeben erfolgt oder eine Überschwemmung eintritt, wenn jemand überfallen und sein Leben bedroht wird. Und nun spricht ein Minister ganz ruhig so, als ob bei 25 000 Menschen im Jahr eine Notsituation bestünde, wo nun fast jeder im Wohlstand lebt und sich alles erlauben kann. Man wollte auch die Rechtsunsicherheit beheben. Aber diese ist nur noch größer geworden. Die Rechtsunsicherheit hätte man behoben, wenn man das bestehende Gesetz angewandt hätte. Ein Justizminister muß sich zuallererst betrachten als den Handhaber von Recht und Gesetz. Man sagt einfach, daß eine neue Situation entstanden sei. Man könne seine eigene Meinung den anderen nicht aufdrängen, und nicht jeder sehe in der Schwangerschaftsunterbrechung die Tötung eines kleinen Menschen usw. – die üblichen Scheingründe, die die Massenmedien den Leuten regelmäßig vorsetzen. Nicht jeder sieht im Diebstahl ein Verbrechen. Ich kenne in anderen Ländern ganze Volksgruppen, die den Diebstahl als etwas ganz Normales betrachten. In Japan habe ich verschiedentlich buddhistische Mönche angetroffen, die armen Leuten erlaubten, reichen Menschen etwas wegzunehmen. Unter der Jugend mancher Länder ist massives Stehlen ein allgemeines Spiel geworden, und das besonders bei Kindern gutsituierter Familien. Eine Leserstimme in „De Tijd“ vom 5. Juli 1973 traf meines Erachtens den Kern, wenn sie bemerkte:

„Abtreibung ist nicht etwas, was nur gläubige Menschen angeht. Sie betrifft allgemein Menschliches. Denn niemand darf töten oder töten lassen. Die Obrigkeit kann es niemandem gestatten. Minister van Agt kann doch nicht sagen: ‚Nicht jeder

sieht in einem Einbruch-Diebstahl oder in einem Banküberfall ein Verbrechen. Wir müssen das Eigentum der Bürger schützen, aber auch die Belange der Einbrecher und Bankräuber beherzigen. Wir werden es genau gegeneinander abwägen."

In einigen Artikeln des „Telegraaf" schrieb einerseits Prof. F. D. Duynstee ganz zu Recht, daß wir dem Beispiel Japans nicht folgen dürfen, aber anderseits meint er, was mir weniger recht scheint, daß es bei der Abtreibung nicht darum geht, ob sie erlaubt ist oder nicht, sondern um die Frage: „Auf welche Weise kann die Praxis der Abtreibung am besten unter Kontrolle gebracht werden?" Abtreibung ist eine Tatsache, und sie geschieht in weitem Umfange im Konflikt mit den geltenden Gesetzen. Darum versucht der Regierungsentwurf, die überall aufkommende Abtreibung zu regulieren, und will die Abtreibung, die nicht nach dem Gesetz geschieht, mit den Mitteln des strafrechtlichen Drucks unter Kontrolle halten. Es scheint mir, daß damit mindestens einschlußweise gesagt wird, daß nach dem Gesetzentwurf Abtreibung unerlaubt ist, wenn man die legalen Regeln nicht beachtet. Was übrigens die Regierung betrifft, so ist sie sehr deutlich von W. Schuurmans Stekhoven, Arzt und Jurist, in „Medisch Contact" 1972, Nr. 16, 21. April gekennzeichnet. Seiner Meinung nach ist mit diesem Gesetz der Damm gebrochen für jeden Arzt, der abtreiben will. Man kann seinen Weg gehen, wenn man nur die Formalitäten – nur etwas Papierkram – berücksichtigt. Prof. Mag. Dr. J. P. M. van der Ploeg, auch Hochschulprofessor in Nymwegen, antwortete seinem Kollegen Duynstee, Professor an derselben Universität, in einem Brief an den „Telegraaf" (den man nicht aufgenommen hat) u. a.:

„Direkte Abtreibung ist nach der Lehre der Kirche in sich schlecht und Mord. Dasselbe ist vom II. Vatikanischen Konzil erklärt worden, das in ‚Gaudium et spes' no. 51,3 ohne irgendeine Abschwächung sagt: ‚Fruchtabtreibung und Kindesmord sind abscheuliche Verbrechen.' Wenn Kollege Duynstee nun sagt, daß es den Regierungsparteien im Augenblick nicht darum geht, auf Grundsatzfragen eine Antwort zu geben hinsichtlich der Moralität der Abtreibung, sondern darum die Praxis der Schwangerschaftsunterbrechung unter Kontrolle zu bringen, dann will das

entsprechend dem oben erwähnten Standpunkt der Kirche nichts anderes sagen, als daß es darum geht, Mord unter Kontrolle zu bringen. So könnte man auch Diebstahl unter Kontrolle bringen, indem man ihn im beschränktem Maße und in bestimmten Fällen zuläßt, weil so viele Diebe herumlaufen. Es geschieht doch, laßt es dann wenigstens nach Ordnung geschehen.“

In einem späteren Schreiben (in Confrontatie) fügt Prof. Dr. van der Ploeg noch hinzu:

„Die Anzahl der Raubüberfälle, bei denen Menschenleben zu betrauern sind, nimmt in unserer Zeit erschreckend zu. Wird man diese auch bald unter Kontrolle bringen, indem man sie in einer gewissen Anzahl von Fällen zuläßt, wenn sie nur auf vorgeschriebene Weise ausgeführt werden? Wir schlagen vor, daß bestimmt wird, daß man einem Millionär nicht mehr als 1000 Gulden stehlen darf, und das nur höchstens einmal im Jahr. Für einen Bankraub kann man eine höhere Summe festsetzen, wenn die Bank sehr kapitalkräftig ist. Wir verlangen, daß gesetzlich gefordert wird, daß der Diebstahl oder der Raub sachgemäß geschieht, und zwar von diplomierten Dieben, die im Diebe-Register eingeschrieben sein müssen. Es wird nicht genügen, daß sie im allgemeinen Strafregister vorkommen, weil darin viele Namen von Gelegenheitsdieben stehen. Es ist selbstverständlich, daß bei einem Diebstahl oder einem Raub kein körperlicher Schaden zugefügt werden darf, wenn schon, dann aber nur so viel, wie nötig ist, um das Verbrechen auszuführen. So kommen diese dann endlich „unter Kontrolle“ und es ist der Menschheit eine neue Wohltat erwiesen.

Keine einzige Obrigkeit darf jemals Mord erlauben, regeln oder „unter Kontrolle“ bringen, wenn auch ganze Volksgruppen glauben, daß das gestattet ist. Darum hat die (frühere) niederländisch-indische Regierung die Kopfjägerei verboten und bestraft, trotz der Tatsache, daß Papuas und Dajaks darin eine lobenswerte Tat sahen. In Britisch-Indien hatten die Briten die Witwenverbrennung abgeschafft, die von einem großen Teil der Bevölkerung als Pflicht gegenüber dem toten Ehemann betrachtet wurde. In den Wüsten Arabiens ist von den modernen Fürsten und Regierungen den Razzien der Beduinen ein Ende berei-

tet worden, wenn diese sie auch als ein ganz erlaubtes Mittel betrachteten, um ihren Besitz zu vergrößern.

So ist es auch mit der Abtreibung. Direkt bewirkt und beabsichtigt ist sie Mord am menschlichen Leben im Widerspruch zum göttlichen Gebot: Du sollst nicht töten! Darum ist es verboten, sie zuzulassen, sie „unter Kontrolle" zu bringen (indem man vorschreibt, wie, wann und von wem der Mord geschehen darf, sie zu regeln. Grundsätzlich besteht kein Unterschied zwischen dem Mord an einem ungeborenen Kind, dem an einem geborenen oder an einem Erwachsenen. Kindsmord (d. h. das Kind direkt nach der Geburt töten) ist eine abscheuliche Praxis, die bei vielen Völkern im Schwang gewesen ist. Das Christentum hat sich dagegen überall zur Wehr gesetzt. So geht es auch gegen die Abtreibung vor, und es kann für keinen Katholiken ein gültiges Motiv geben, wie Kardinal Höffner dargelegt hat (was auch ohne diesen Beweis wahr ist und war), für das Abtreibungsgesetz zu stimmen.

Man hört auch die Behauptung, daß es intolerant sei, wenn die Katholiken in dieser Angelegenheit ihren Willen aufzwingen wollen. In Holland sind die Katholiken in der Minderheit, so daß von einem Aufzwingen gar nicht die Rede sein kann. Es scheint darum, daß die, welche diesen Vorwurf erheben, der Auffassung sind, daß die Katholiken das Zustandekommen einer parlamentarischen Mehrheit für ein Gesetz, das man wünscht, nicht verhindern dürfen und darum mittun müssen. Wer so argumentiert, spricht einem Parlamentarier (und auch einem Wähler) das Recht ab, frei seine Stimme abzugeben gemäß dem, was sein Gewissen ihm vorschreibt."

Als eine Art Paradepferd wird von den Verfechtern des Abtreibungsgesetzes immer wieder ein ganz außergewöhnlicher Fall erwähnt: a) Das 14jährige Mädchen und der Psychopath. Was ist zu diesem unglücklichen Fall zu sagen? Zuerst sei gerne zugegeben, daß der Autor dieses Büchleins sich nicht einbildet, für alle Fälle eine Lösung zu finden. Es können sich in der Tat sehr, sehr tragische Fälle ergeben. Trotzdem seien auch hier einige Bemerkungen gestattet! Zuerst will ich die Meinung erfahrener Ärzte erwähnen, die sehr viel von den sog. Vergewaltigungsgeschichten zu erzählen wissen, wo überhaupt keine Gewalt angewandt wurde. Gynäkologen sprechen von dem wohlbekannten Syndrom der Frau, die sich so leicht vergewaltigen läßt und dann später eine Abtreibung verlangt, oft zwei oder drei Monate nachher. Um solche Fälschungen zu verhüten, um auch den Täter leichter verhaften zu können und die Aufgabe des Arztes zu erleichtern, hat man den Vorschlag gemacht, in das Gesetz eine Klausel aufzunehmen, daß Abtreibung in solchen Fällen nur dann vorgenommen werden darf, wenn ein Arzt innerhalb von fünf Tagen nach der Tat konsultiert wurde.[104] In verschiedenen Gesetzen, wie z. B. in Dänemark, wird bei Vergewaltigung eine Schwangerschaftsunterbrechung nur dann erlaubt, wenn das Verbrechen unmittelbar bei der Polizei gemeldet ist, und dann nur, wenn die Polizei die Überzeugung gewonnen hat, daß diese Tat auch wirklich geschehen ist. In dem District Columbia, wo Public Health nurses 668 Fälle untersucht hatten, kamen sie zu dem Ergebnis, daß die Vergewaltigung in 322 Fällen wahrscheinlich geschehen ist. Kein einziger völlig sicherer Fall wird erwähnt. Dr. Gardner schreibt: „Vergewaltigung kommt selten vor. Von den 54 000 Abtreibungen, die 1969 in England vorgenommen wurden, erfolgten nur 80 nach Vergewaltigung. „Ich frage mich, wieviele von den 80 Fällen nun echte Fälle waren.[105] Prof. Plate meint, daß sehr wenige Schwan-

---

[104] *"I suggest that the minimum evidence of maternal strain could be a willingness to consult a physician within five days of the occurrence of rape. This would permit the performance of a uterine curettage before implantation has occurred, which is already legal and would have several advantages. It would be psychologically better not to know for certain that one had been impregnated by a rapist; it is less dangerous to curette a nonpregnant uterus; it would eliminate the well-known syndrome of the woman who 'rapes awful easy', and would then like an abortion; it would also be easier to prosecute the rapist, if known, if early charges were pressed against him."* (A. E. Hellegers, M. D., "Law and the Common Good", Commonweal, June 30, 1967). Ich möchte beifügen, daß dies kein Argument ist für Abtreibung nach Vergewaltigung.

[105] R. F. R. Gardner, a. a. O. S. 169. Als ein Mann von großer Erfahrung fügt er mit Recht Folgendes hinzu:

gerschaften nach Vergewaltigungen entstehen. („Koers“, 8. April 1972, S. 22)

Aber jetzt zurück zu dem unglücklichen Fall des 14jährigen Mädchens. Es muß ein Zweites gesagt werden: wenn die Frucht ausgetragen wird, kann das Baby nach dem Urteil von Fachleuten ganz normal sein. (Docteur Pierre Cordier in „Etudes“, Nov. 1970, S. 529: „Was das Kind betrifft, so kann man auf Grund der Tatsache, daß es von schizophrenen Eltern stammt, auf eine spätere Geisteskrankheit nicht mit Sicherheit schließen.“ Natürlich darf das 14jährige Mädchen nach der Vergewaltigung nicht bestraft werden, sondern es muß mit größtmöglicher Liebe umsorgt werden, und wenn sie niederkommt, muß das Kind so schnell wie möglich in ein Pflegehaus gebracht werden. Auch einem solch 14jährigen Mädchen soll man nicht raten, abzutreiben. „Man muß schon stark heucheln, wenn man rät, seine Zuflucht zu einem Verbrechen zu nehmen, um die Folgen eines anderen Verbrechens zu beseitigen.“[106] Bei solchen Fällen speziell,

---

„Es kommt zuweilen vor, daß ein Mädchen von ihrer Mutter in die gynäkologische Klinik gebracht wird, die dann ihre Geschichte erzählt, ihre Tochter sei vor zwei oder drei Monaten vergewaltigt worden, habe es aber jetzt erst ihr gesagt. Wir wissen, was wir davon zu halten haben. Ich erinnere mich an einen Fall meiner Praxis, wo ein Mädchen den Krankenschwestern offen gestand, sie habe ganz frei zugestimmt.“

[106] Was die Schwangerschaftsunterbrechung betrifft, die vom Richter wegen Vergewaltigung gestattet wird, so bleibt diese richterliche Entscheidung ein Verstoß gegen die Prinzipien der „Nationalen Ordnung der französischen Ärzte“. Wenn auch die gesetzgebenden und die richterlichen Organe dafür die Verantwortung tragen, bekundet dennoch „l'Ordre national“ die Verpflichtung des absoluten Widerstandes, wie sie das bereits gezeigt hat, als sie sich weigerte, Ärzte anzuweisen, den richterlichen Urteilsspruch auszuführen. In einem solchen Fall hat nämlich die richterliche Gewalt nach dem Gesetz das Recht, Ärzte anzuweisen.“ Communiqué de l'Ordre national des Médecins du 27–10–1970. Wenn wirklich eine Vergewaltigung stattgefunden hat, kann dennoch etwas unternommen werden, wenn man schnell dazukommt. „Of course it is permissible – and more than permissible – to wash out the victim's womb immediately after assault. The presumption will be that conception has not taken place and that the girl is simply protecting herself from the possibility of an entirely

aber auch im allgemeinen muß der Staat viel zugänglicher für die Adoption werden. „Abgeben anstatt abtreiben", das soll eine schwangere Frau tun, die ihr Kind nicht aufziehen kann. In Deutschland ist eine ganze Bewegung entstanden, um dies in der Praxis durchzuführen. Dort hat sich eine Arbeitsgruppe „Adoption" gebildet (auch in England und Kanada arbeitet man in derselben Richtung). Hoffen wir, daß auch in den Niederlanden bald in einem noch größeren Umfang und mit großzügiger gewährten Staatsmitteln solche Aktionen sich entwickeln.

Ein Anfang ist bereits gemacht, in Den Bosch und Utrecht. Frau Mélotte Athmer, selbst Ärztin, setzt laufend Inserate in die Zeitungen, um schwangere Frauen zu bewegen, unter keinen Umständen abtreiben zu lassen: „Wenn du eine Woche über Zeit bist, klopft bereits das Herzchen deines Kindes. Lass' das Kind doch leben, wenn auch die Umstände schwierig sind. Ob du verheiratet bist oder nicht, immer kannst du auf unsere Hilfe rechnen." Dann folgt die Adresse mit Telefonnummer. Denen, die sich melden, wird in der Tat wirklich geholfen.[106a]

---

involuntary pregnancy, as well as cleaning away 'intruded' matter from her body. But if she does not, and if she conceives, why should the one who is perhaps the only completely innocent party in the story suffer death? Why should the baby carry the absolute penalty when he is absolutely innocent?" J. J. Scarisbrick a. a. O.

[106a] Frankfurter Allgemeine Zeitung, 20. März 1974. Wie Schwangeren wirklich geholfen werden kann. Erfahrungen mit einer Beratungsstelle in Würzburg / Von Dr. med. Wolfgang Cyran.

Bei der Diskussion um die Neufassung des Abtreibungsparagraphen wird häufig angenommen, daß eine Schwangerschaft, die bei ihrer Entstehung unerwünscht ist, unerwünscht bleibt und daß auch das Kind dauernd ein unerwünschtes Kind sein wird. Es widerspricht aber der Erfahrung, einem Kind nur deswegen eine schlechte soziale Zukunft vorauszusagen, weil es bei seiner Empfängnis nicht erwünscht war. Über die sozialen Fähigkeiten und Möglichkeiten eines Menschen entscheiden ganz andere Faktoren als die Frage, ob seine Empfängnis geplant war. Mann und Frau können ganz unterschiedlicher Auffassung darüber sein, ob die Schwangerschaft erwünscht ist oder nicht. Probleme, die schwer lösbar erscheinen, können eine Frau bei ungewollter Schwangerschaft zur Verzweiflung bringen. Solche Probleme können unlösbar sein, aber es bleiben eine Menge von Schwierigkeiten übrig,

Ein anderes Paradepferd (entschuldigen Sie diesen Ausdruck) ist das Kind, das behindert zur Welt kommt. Wenn dies auch ganz sicher ist (aber so etwas wagt kaum ein moderner Gynäko-

---

die sich durchaus durch sachkundigen Rat überwinden lassen. Dafür sind entsprechend ausgestattete Beratungsstellen unerläßlich.

Die Wirkungsmöglichkeiten solcher Beratungsstellen hängen davon ab, wo sie eingerichtet werden, welches Personal sie haben und welche Hilfsmöglichkeiten ihnen zur Verfügung stehen. Als Träger kommen die Kommunen und die karitativen Vereinigungen in Betracht. Daß die Kirchen direkt Träger von Beratungsstellen werden, scheint wenig sinnvoll, weil der Eindruck in der Öffentlichkeit entstehen würde, daß die Frauen von vornherein zum Austragen der Schwangerschaft überredet werden sollten; dadurch aber würden viele abtreibungswillige Frauen davon abgehalten, diese Stellen in Anspruch zu nehmen. Wenn die Kommunen Träger von Beratungsstellen sind, sollte der Eindruck vermieden werden, daß es sich um eine Behörde handelt. Daher wäre die Einrichtung beim Sozial- oder Gesundheitsamt abzulehnen. Am günstigsten erscheint die Einrichtung bei der Frauenklinik als einer neutralen Stelle, die Vertrauen genießt. Das wird an der Universitäts-Frauenklinik Würzburg seit fast drei Jahren bereits praktiziert.

Die Erfahrungen dieser von einer Diplom-Psychologin geleiteten Beratungsstelle sollten bei der schon jetzt dringend nötigen Schaffung weiterer derartiger Beratungsstellen ausgewertet werden. Da in der weit überwiegenden Zahl der Fälle psycho-soziale Probleme den abtreibungswilligen Frauen ihre Schwangerschaft unerwünscht erscheinen lassen, ist es von größter Bedeutung, daß die Stelle von einem Psychologen, besser wohl von einer Psychologin geleitet wird, der eine Fürsorgerin zur Seite steht. Zunächst können einer solchen Beratungsstelle Frauen der eigenen Klinik und aus anderen ärztlichen Praxen überwiesen werden, bei denen eine Schwangerschaft festgestellt wurde und Schwierigkeiten für die Austragung der Schwangerschaft erkennbar sind. Vor allem aber müssen solche Schwangere beraten werden, die entweder selbst entschlossen sind, ihre Schwangerschaft abzubrechen oder hierzu von dem Erzeuger des Kindes genötigt werden. Dazu ist es notwendig, durch Aushang in Apotheken, Sanitäts-Dienststellen, in den ärztlichen Praxen und immer wieder durch Anzeigen in den örtlichen Tageszeitungen auf diese Stelle hinzuweisen, damit Frauen, die es angeht, im gegebenen Falle sofort wissen, wohin sie sich zu wenden haben.

Nach den Erfahrungen von Frau Dr. Simon, der Leiterin der Würzburger Beratungsstelle, kommt es sehr darauf an, daß die Beratung schon dann möglich wird, wenn die Frau sich noch in dem ersten Schrecken über die Mitteilung der ihr unwillkommenen Schwanger-

loge zu behaupten), sehe ich doch nicht die Notwendigkeit einer Abtreibung ein. Hier kann ich mit einer beinahe vierzigjährigen Erfahrung in drei verschiedenen Weltteilen aufwarten, wo ich gesehen habe, wie tapfer getragenes Leid ein Quell von Segen in unzähligen Familien wurde, ja, wie diese mit einem solchen

---

schaft befindet. Zu diesem Zeitpunkt ist sie besonders hilfsbedürftig. Denn sie ist aus Ratlosigkeit und wegen Verständnislosigkeit in ihrer Umgebung zu Kurzschlußhandlungen fähig, die sie später bereuen könnte. Ebenso muß die Hilfe sofort einsetzen; eine Vertröstung genügt nicht. Die Hilfe kann finanzieller Art sein, sie kann in der Vermittlung einer besseren Wohnung, eines günstigeren Arbeitsplatzes, einer Haushaltshilfe, einer Verschickung in ein Müttergenesungsheim oder auch in der Vermittlung von Adoptiveltern für das zu erwartende Kind bestehen. Hierfür ist allerdings eine elastischere Handhabung des Adoptivverfahrens ebenso notwendig wie der Abbau von Vorurteilen gegen eine Mutter, die ihr Kind zur Adoption freigibt, um ihm dadurch Geborgenheit und ein liebevolles Elternhaus zu vermitteln, was sie selbst ihm nicht zu geben vermag.

Schließlich können Gespräche mit Vorgesetzten, Schulleitern, Lehrherren und Eltern eine große Hilfe bedeuten. Für alle diese Hilfen ist eine psychologisch geschulte Persönlichkeit erforderlich. Sie muß über das nötige Geld verfügen können und in der Lage sein, Kontakte zu Menschen herzustellen, die als Familien- und Haushaltshilfe in Betracht kommen. Man kann den Frauen in ihrer Not wirkliche und oft über die momentane Situation hinausreichende Hilfe leisten. Die meisten psycho-sozialen Schwierigkeiten bestehen fort, auch wenn die Schwangerschaft abgebrochen wird; sie wären zur Sprache gekommen, wenn die Frauen nicht durch die unerwünschte Schwangerschaft über das Maß ihrer Kräfte hinaus belastet und zur Beratungsstelle geführt worden wären.

Nach den Erfahrungen der Würzburger Beratungsstelle brach rund die Hälfte der Anrufer den Kontakt schon beim ersten Anruf ab, als sie erfuhren, daß keine Abtreibung vermittelt wird. Von denen, die zur Beratung kamen, entschlossen sich immerhin Dreiviertel, die Schwangerschaft auszutragen – ein Beweis, wie hilfreich das vertrauensvolle Gespräch und die angebotenen Maßnahmen waren. Mit der Einrichtung solcher Beratungsstellen, wie sie in Würzburg der Initiative des damaligen Klinikleiters, Professor Schwalm, zu verdanken ist, sollte daher nicht bis zur Reform des Abtreibungsparagraphen gewartet werden; ihre Schaffung ist aktive Sozialpolitik.

Fall sehr glücklich werden können.[107] Auch das verkrüppelte Kind, auch das blinde Mädchen, auch der taubstumme Junge sind nicht umsonst in unsere Mitte gestellt worden. In einer zivilisierten Gesellschaft tötet man nicht die schwächeren oder behinderten Glieder. Ohne Zweifel gibt es viele Fälle, in denen eine Familie nicht allein die Last eines nicht normalen Kindes tragen kann. Eine humane Antwort ist in solchen Fällen nicht das Töten des Kindes, sondern das Angebot einer großzügigen Hilfe an die Familie. In diesem Sinne sind die Worte des Rabbiners Immanuel Jakobovits nur zu richtig: „Da die Gesellschaft selbst die größten Vorteile aus den Gesetzen zieht, die die Abtreibung be-

---

[107] Treffend sind die Ausführungen von J. J. Scarisbrick, M. A. Ph. D. in seinem ausgezeichneten Buch: "What's wrong with abortion?"

„Wir dürfen nicht die Enttäuschung und den Schmerz der Eltern vergessen, deren Kind nach der Geburt als abnormal bezeichnet werden muß. Aber welchen Grund soll es geben, einem solchen Kind die Liebe vorzuenthalten? Es kann oft genug geschehen, daß ein verkrüppeltes Kind den Mittelpunkt des Familienlebens bildet und daß die anderen Familienmitglieder ihm selbstlose, zärtliche und innige Liebe entgegenbringen und so sie alle reifen läßt. Wie selten hören wir von einem Selbstmord der Verkrüppelten! Warum auch nicht, wagen wir doch zu behaupten, daß das behinderte Kind viel zum Leben beiträgt und selbst auch viel aus dem Leben für sich herausholt! Was ist das für eine schreckliche Gesellschaft, die sich mitten in ihrem Überfluß weigert, Zeit, Mühe und Geld den Verkrüppelten zu geben und zu Methoden greift, die urprimitiv und brutal eugenisch sind.

Zuweilen hört man: „Es wäre doch besser, ein solches Kind abzutreiben, da es kein „vollwertiges Leben führen kann". Aber hier gibt es eine Schwierigkeit. Wer von uns kann denn behaupten, daß sein Leben ein „vollwertiges" sei? Das einzige, was wir tun können, ist, alles zu tun, um unser Leben so „vollwertig" wie möglich zu machen ... Und das ist alles was wir auch von dem ungeborenen Kind erwarten können."

So weit Prof. Scarisbrick.

Aus meiner eigenen Erfahrung kann ich eine Menge Beispiele anführen, wie ich Familien angetroffen habe – in Holland, England, Irland, Amerika, Frankreich, Japan und anderen Ländern, in denen ein nicht vollgesundes Kind eine Quelle des Segens für die ganze Familie geworden ist.

schränken, muß der Staat selbst den Preis bezahlen, der in bestimmten Fällen durch diese Gesetze gefordert wird.[108]

Was das bedeutet, wird jeder begreifen, nämlich finanzielle Unterstützung, spezielle Dienste für solche Familien, staatliche Unterstützung von Schulen für Behinderte usw.

Menschen, die sonst nicht soviel Mitleid zeigen, sprechen manchmal etwas pathetisch über das arme Kind, das so mißgestaltet durch das Leben gehen muß. Dr. Kenneth J. Ryan, Professor of Obstetrics and Gynaecology, ist der Auffassung, daß auch nach Röntgen-Strahlen-Untersuchung, bei der mögliche Defekte der Leibesfrucht ans Licht kommen, mit Abtreibung in solchen Fällen weniger dem Kinde ein Dienst erwiesen wird, daß vielmehr an die Bequemlichkeit oder die ästhetischen Gefühle der Eltern oder der Gemeinschaft gedacht wird.[109]

---

[108] Rabbi Dr. Immanuel Jakobovits: "Jewish Views on Abortion", in David T. Smith, Ausgabe: „Abortion and the Law", 1967, S. 139.

[109] Kenneth, J. Ryan, M. D. „Human Abortion Laws and the Health Needs of Society", S. 65. Mit Recht schreibt auch J. J. Scarisbrick:

„Zunächst ist es gar nicht sicher, daß wir um die Belange des Kindes besorgt sind. Worum es meistens geht, ist die Tatsache, daß die Eltern mit der Enttäuschung, mit der Schande, wie sie irrtümlich meinen, oder der Last, ein nicht ganz normales Kind zu haben, nicht fertig werden können. Aber sie wollen das nicht zugeben.

Dann müssen wir bedenken, daß wir in den ersten vier oder fünf Monaten nur wenig Mißbildungen erkennen können. Das ist noch mehr zu bedenken, wenn wir uns vor Augen halten, wie schwierig es ist, von vornherein zu sagen, wie viele Kinder – und in welchem Grad – einen Schaden erleiden werden, z. B. durch die Röteln während der Schwangerschaft. Wir müssen erst die Geburt abwarten. Es ist doch beinahe tierisch, Dutzende kerngesunder Kinder zu töten, um sicher zu sein, einem vielleicht verkrüppelten Kind auszuweichen. (Es ist wahrscheinlich eines von siebzig.)

Was die Röteln betrifft, so schreibt Dr. Rendu: „Ist es nötig, alle Kinder von Müttern, die während der Schwangerschaft die Röteln bekommen, zu töten, während eine große Zahl Kinder ganz normal sind. Eine prospektive Untersuchung, die seit 1955 im Laboratorium für Serumprophylaxe des „Hôpital des Enfants malades" in Paris durchgeführt wurde bei solchen Schwangeren, die einwandfrei von den Röteln infiziert waren und denen man menschliche Gammaglobuline ge-

Einige haben in der Tat erklärt, es sei ihre wohlerwogene Entscheidung. Während der Debatten im englischen Unterhaus über die Liberalisierung der Abtreibung veröffentlichten drei sehr schwer Behinderte folgenden Brief:

„Wir ernstlich Behinderten – einer mit ganz unbrauchbaren Armen und Händen, der zweite mit zwei unbrauchbaren Beinen, der dritte, der weder über den Gebrauch der Arme noch der Beine verfügen kann – wir sind äußerst dankbar, daß wir nicht als wertlose Behinderte vernichtet worden sind. Wir sind froh, daß man uns gestattet hat zu leben, und voll Überzeugung möchten wir erklären, wie dankbar wir sind, daß uns niemand aus dem Weg geräumt hat – als vollkommen nutzlose Gebrechliche. Hier in der Thomas-Delarue School haben wir ein glückliches Leben gefunden, und wir sehen voll Vertrauen der Zukunft entgegen.“[110]

---

spritzt hatte, lieferte folgende Ergebnisse: Abtreibung 126 (4,7 %), Totgeburt oder Frühgeburtssterblichkeit 47 (1,8 %), Kinder mit Entwicklungsstörungen 35 (1,3 %), normale Kinder 2453 (92,2 %). Muß man 2488 Kinder töten, um zu verhüten, daß 35 abnormale Kinder geboren werden? Außerdem ist das Problem der Röteln gelöst, weil Impfung gegen diese Krankheit jetzt möglich ist. („La Croix“, 28. Mai 1970).

110 Parliamentary Debates, House of Commons, 1128. Zu meiner Verfügung habe ich noch eine Überfülle von anderen Zeugnissen aus anderen Ländern. Man gestatte mir, hier nur zwei Franzosen zu Wort kommen zu lassen: Zeugnisse von zwei Behinderten.

Laßt sie doch aus Mitleid geboren werden.

„Augenblicklich bin ich 24 Jahre alt, übe meinen Beruf als Bücher-Revisor aus und hoffe, bald mein Diplom zu bekommen. Ich habe Muskelschwund, und zwar die Becker-Myopathie, die langsam weiterschreitet. Dem Umstand habe ich es zu verdanken, daß ich noch lebe. Diese Krankheit befällt besonders Kinder, die selten mehr als zwanzig Jahre alt werden, und zwar in der meist verbreiteten Form, der „Duchenne de Boulogne.“ Diese Krankheit ist oft angeboren oder erblich, kann aber auch beides zugleich sein. Beim gegenwärtigen Stand der Wissenschaft ist es möglich, zu erkennen, ob eine schwangere Frau sehr wahrscheinlich ein myopathisches Kind zur Welt bringen wird, und das schon in den ersten Monaten der Schwangerschaft, jedenfalls dann schon, wenn man noch abtreiben kann. Mein Fall stellt also eine der Bedingungen dar, die für eine Schwangerschaftsunterbrechung nach

Nach meinen Gymnasialjahren mußte für das Rechtsstudium eine Ergänzungsprüfung in Latein und Griechisch abgelegt werden. Ich erhielt dafür Privatunterricht bei einem tüchtigen Juden, der trotz der Tatsache, daß er klein und verwachsen war – ein schmales kleines Menschlein – zwergenhaft verwachsen an

---

Ansicht von Dr. Claude Peyret erforderlich sind, d. h. gewisse Abnormalitäten des kommenden Babys.

Ich kann darum nur sagen, daß ich sehr glücklich bin, im Jahre 1945 geboren zu sein. Denn es bestand gar wohl die Möglichkeit, daß die Anwendung dieses Gesetzes mir vor 25 Jahren nicht gestattet hätte, das Licht der Welt zu erblicken. Das wäre aber sehr bedauerlich gewesen. Denn in meinem Fall ist es dem Fortschritt der Wissenschaft zu verdanken, daß ich noch gehen und arbeiten kann.

Darum vertrete ich die Auffassung, daß man das Problem der Abtreibung niemals lösen kann. Was soll das heißen: ‚Gefahr für das Leben der Mutter‘ oder ‚Abnormalitäten des kommenden Babys‘? Ich möchte noch weiter gehen: Was meint man eigentlich mit einem behinderten oder abnormalen Kind? Wer soll das bestimmen, oder welche Merkmale gelten für die Abnormalität? Schließlich verfällt man auf die Ideen von Hitler, der systematisch alle ‚Lebensunwerten‘ beseitigte, um eine Nation von physisch starken Individuen zu haben.

Ich komme auf den speziellen Fall zurück, der zehn- bis zwölftausend Myopathen in Frankreich betrifft. Wenn jetzt noch einige dieser Kinder sterben, kommt das daher, daß die medizinische Untersuchung noch nicht weit genug fortgeschritten ist. Aber warum investieren wir Milliarden in diese Untersuchungen, während es doch viel einfacher ist, keinem kranken Kind mehr das Leben zu schenken? Keine Kranken, keine Pflege, keine Untersuchung mehr! Wenn man doch vor der Geburt wissen könnte, ob ein Kind krebskrank werden kann! Dann hätten wir keine Probleme mehr. Die unmittelbare Abtreibung käme uns dann ja zu Hilfe. Laßt sie doch das Licht der Welt erblicken! Laßt sie doch aus Mitleid leben!“ G. M. Ivry-sur-Seine. („L'Expreß“, 7.–13. décembre 1970).

„Ich bin furchtbar sensibel, was diese Gesetzesvorlage betrifft, da ich körperlich sehr behindert bin, und das zu 100 %. Und doch hat gerade meine körperliche Behinderung, vielleicht auch, weil ich Priester bin, mich mit sehr vielen Kranken in Berührung gebracht. Mit allem Nachdruck erkläre ich, daß doch an erster Stelle gerade für diejenigen, die man töten will, dieses Gesetz von Belang ist. Diese aber können ihre Meinung nicht äußern. Gerade weil sie sich nicht verteidigen können, haben sie ihre ‚älteren Brüder‘, die Behinderten. Wir sind die am meisten Betroffenen, und das noch vor den Ärzten, den Abgeordneten, so-

Brust und Rücken, dazu noch sehr asthmatisch, ein glücklich frohes und reiches Leben geführt hat. Er heiratete eine allerliebste Frau. Aus dieser Ehe entsproß eine Reihe begabter Kinder – Menschen von schönem Wuchs. Dieser so schlimm behinderte Jude hat mir und hunderten Studenten viel für das Leben mitgegeben: Liebe zum Studium, Liebe zu den Klassikern, Liebe zur Philosophie. Wenn er über Plato, Pindar, Aristoteles und die griechischen Tragödien sprach, ging vor unseren Augen eine ganz neue Welt auf, in die er uns mit großer Fachkenntnis einführte. Er war zugleich ein Beispiel von Arbeitseifer und Pflichtbewußtsein und führte ein sehr glückliches und vorbildliches Eheleben. Als Privatdozent hatte er eine große Zahl von Hörern; diese werden selber wie ich durch den Kontakt mit diesem hochstehenden Juden und seinen Vorlesungen reicher geworden sein. Wenn man nun seiner Mutter abgeraten hätte, ihn zur Welt zu bringen, da er verunstaltet sein würde, wie viele wären dann ärmer geworden!

Dieser außerordentlich behinderte Jude hatte m. E. eine vorzügliche „Lebensqualität". Ich möchte dies hier betonen, denn wenn der Gegenstand der Behinderten, besonders der behinderten Kinder, heutzutage zur Sprache kommt, fällt öfters das Modewort „Lebensqualität", „qualité de Vié", „quality of life", man hört es in allen Sprachen. Zum Problem der sog. Überbevölkerung bemerkte die Pariser Zeitung „L'Aurore":

„Alles Übel kommt daher, daß weder die Reichtümer noch die Mentalitäten noch das Zivilisationsniveau überall auf der Erde die gleichen sind. Mit welchem Recht soll man die armen Völker zwingen, ihre Geburten einzuschränken? Die Reichen haben schon seit langem freiwillig eine Politik der Geburtenbeschränkung angewandt. Sie teilten trotzdem nicht ihre Reich-

---

gar vor den Vätern und Müttern. Wir rufen es laut in die Welt hinaus, daß man nicht das Recht hat, uns im Mutterschoß zu töten, und daß man im Augenblick nicht das Recht hat, unsersgleichen zu töten. Dürfen wir Sie bitten, unseren Protest zu veröffentlichen und für unser Recht zu leben einzutreten, ja für unsere Freude, leben zu dürfen? Danke sehr!" (M. André Viollet, Orléans in „Figaro", 23 nov. 1970.)

tümer. Die Lebenshoffnung läßt sich nicht bloß in Quantität beziffern, sondern muß auch nach der Qualität gemessen werden."

Aber „L'Aurore", sagt uns weiter nichts darüber was nun eigentlich gemeint ist mit „Lebensqualität".[110a] Sogar der ehe-

---

[110a] Henri de Riedmatter O. S., der Sekretär des Päpstlichen Rates „Cor unum", und beigeordneter Leiter der Delegation des Hl. Stuhles bei der Weltbevölkerungskonferenz in Bukarest, nannte „Lebensqualität" ein „verräterisches Wort":

„Wir bemerken das heute sehr gut in der Tatsache, daß man den Ausdruck ‚Lebensqualität' geprägt hat. Das bedeutet doch nichts anderes als die Notwendigkeit, die rein quantitativen Wertungen zu überwinden. Aber will diese Qualität nicht meist vielleicht eine gewisse Elastizität in den zu starren Standards herbeiführen? Nachdem man das Modell einer Gesellschaft aufgebaut hat, die in der Lage ist, mit Hilfe seelenloser Techniken ‚das körperliche, geistige und soziale Wohlergehen' zu gewährleisten, verweigert man es bei uns praktisch anderen Ländern, auch über diese Techniken und die dazugehörigen Mittel zu verfügen.

Man weiß, daß die Ernährung das elementarste Bedürfnis des Menschen ist; aber – sei es wegen des Spiels der Standardisierung der Nahrungsmittel, sei es wegen der seltsamen Gesetze des landwirtschaftlichen Marktes – kommt man so weit, Probleme solcher Art zu schaffen, daß die Welternährungskonferenz, die im November in Rom stattfinden wird, gewissen Voraussagen zufolge unter dem Zeichen einer großen Lebensmittelverknappung in der nächsten Zukunft stehen wird. Das Maß ihres Konsums läßt die einen offenbar jedes psychische und physische Gleichgewicht verlieren; und man gibt vor, daß nicht mehr genug da sei, um die anderen zu befriedigen! Dieser Prozeß muß in Bukarest neu begonnen werden, sonst wird ein Teil der Menschheit dazu verurteilt, jenen Satz zu wiederholen, mit dem der russische Leibeigene seinen Herrn grüßte: ‚Verzeihen Euer Gnaden, daß ich existiere!'

Existenzen, die durch eine gerechte Verteilung der Hilfsquellen wert gemacht werden, gelebt zu werden; Verteilung des Lebensraums; eine Erziehung zum Vollbesitz der Persönlichkeit und zur Entfaltung der ihr eigenen Talente; ein Gesundheitswesen, das mehr auf das Natürliche als auf das Künstliche vertraut; und eine Beschäftigungspolitik, die die Produktivität nach dem menschlichen Potential regelt und nicht umgekehrt – das wären die großen Linien einer gesunden Bevölkerungspolitik, in der die nationale und internationale ‚bevölkerungspolitische Solidarität' zum Ausdruck kommen müßte. Es handelt sich also keineswegs darum, zu Druckmitteln zugreifen, um die Zahl der Menschen den Erfordernissen eines willkürlich festgesetzten Wohlstan-

malige Bundeskanzler Willy Brandt hat mit nebulosen, halbmystischen Worten über die „Lebensqualität" gesprochen. Aber aus seinen Äußerungen bin ich zu der Überzeugung gekommen, daß Herr Brandt und Konsorten nichts meinen als Konsum, Auto, Wohnen und nicht die Bewertung des Lebens – wie in einer Biographie – sondern nur die sog. Lebensgüter. Nirgendwo hat er gesprochen über die Betonung des Wertes der Daseinsfreude und der (oft gewaltigen) Lebensleistung der Behinderten.

In Cambridge und Paris habe ich mit Leuten verschiedener Religionen und Weltanschauungen tagelang über diesen Begriff diskutiert. Das einhellige Ergebnis: „Lebensqualität" läßt sich eindeutig, klipp und klar, schlechterdings nicht definieren.

Haben mitunter die physischen und sogar die psychisch Behinderten, die oft der Menschheit größte Kunstwerke geschenkt haben, eine geringere Qualität als Sportler, Teilnehmer an der Olympiade in Tokio? Ist vielleicht die Lebensqualität eines Beethovens, van Gogh, der tauben und blinden Schriftstellerin Helen Keller, die den Ehrendoktorhut einer amerikanischen Universität erhielt, einer Lydwina von Schiedam, einer heiligen Katharina von Siena und einer ganzen Reihe von Heiligen, die oft lebenslang körperlich behindert waren, geringer als die eines Fußballchampion, dessen Gelenke und Muskeln zu Gummi massiert wurden?

Ich könnte erzählen von meinen Besuchen bei lebenslang Behinderten, die mich tief beeindruckt haben durch ihre Willensstärke und Opferfreudigkeit, von jenen Schwestern und Brüdern, die mit heroischer Nächstenliebe ein Vierteljahrhundert hindurch Gelähmte pflegen.

Neulich erst war ich bei einem Mann, der schon 27 Jahre gelähmt und doch dabei mutig geblieben ist. Tief beeindruckten mich seine Pfleger im Krankenhaus der Barmherzigen Brüder in

---

des anzugleichen (Lebensqualität?). Dies wäre ein Wohlstand, der nicht nur die Anstrengung, die Selbstdisziplin und das Leiden ausschlösse, sondern auch das Glück, Mensch zu sein."

(L'Osservatore Romano, Wochenausgabe in deutscher Sprache, 30. August 1974, S. 2.)

Regensburg, die diesen Mann Tag für Tag alle paar Stunden in seinem Bett umwenden müssen. Gleiches tun die Brüder in anderen Ländern. – Und was sagen Sie zu Dr. Nagai aus Nagasaki, der am eigenen Leib das Fortschreiten der Atomkrankheit studierte, und seine Ergebnisse in einem für die kommende Generation wichtigen Dokument niederlegte. Lebensqualität!

Politiker der ganzen Welt, seid vorsichtig mit diesem Wort „Lebensqualität", wenn das Problem Abtreibung in Eueren Versammlungen besprochen wird, und vergeßt nicht die enormen Leistungen und die Lebensfreude von Abertausenden von Behinderten! Besinnt Euch, bevor Ihr beginnt!

Besinnt euch, bevor ihr beginnt! Wenn einmal begonnen ist, ist der Lauf nicht mehr aufzuhalten. Müssen wir, wenn das Gesetz einmal angenommen ist, einige Jahre später wie in England großangelegte Demonstrationen organisieren – wie am 30. April 1972 in Liverpool, wo mehr als 50 000 Menschen marschierten? Muß dann auch ein Mädchen von 19 Jahren, aber dann ein holländisches oder belgisches, nach vorne treten und sagen:

„Die Abtreibung hat unser ganzes Volk degeneriert. Wir können nicht zulassen, daß dieser Zustand weiter besteht. Wir müssen für die Rechte der Menschen kämpfen, die sich selbst nicht verteidigen können und vernichtet werden, weil sie das Verbrechen begangen haben, zu leben."

Bei dieser Demonstration stand ein Gynäkologe von Ruf auf, um der Menge zu sagen: „Ich habe es einmal getan. Diese Tat hat in meinem Herzen eine eisige Kälte zurückgelassen, die immer bleiben wird. Wahnsinn und Krankheit herrschen dann in unserer Gesellschaft, wenn wir so weit kommen. Jede Regung von Mitleid ist dann verschwunden. Wer wird das nächste Opfer sein?" Spruchbänder wurden mitgetragen von Tauben und Behinderten mit der Aufschrift: „We enjoy living." Muß dann auch ein holländischer Muggeridge aufstehen, um zu sagen: „Nach der Verabschiedung des Gesetzes machen die illegalen und höchst zweifelhaften Abtreiber Geschäfte wie nie zuvor. Wenn die sogenannten ungewünschten Geburten abnehmen, nehmen die ungewünschten Schwangerschaften gewaltig zu. Die sogenannten Absicherungsparagraphen im Gesetz haben bewiesen, daß sie unwirksam sind. Die Freigabe der Abtreibung wird ohne Zweifel ein Vorläufer eines noch entehrenderen Gesetzes, des der Euthanasie, sein." [111] Ein entsetzliches Schreckensbild malt uns der amerikanische Dr. R. A. Gallop. Er warnt uns alle und mit Recht: „Wenn Ihr nicht aufhört ungeborenes Leben zu töten, werdet Ihr eine Kettenreaktion auslösen – und selbst deren Opfer werden." Hören wir sein ganz einfaches, aber prägnantes Englisch:

„Once you permit the killing of the unborn child, there will be no stopping. There will be no age limit. You are setting off a chain reaction that will eventually make you the victim.

Your children will kill you because you permitted the killing of their brothers and sisters. Your children will kill you because they will not want to support you in your old age. Your children will kill you for your homes and estates.

If a doctor will take money for killing the innocent in the womb, he will kill you with a needle phen paid by your children. This is the terrible nightmare you are creating for the future."

In der Tat, es werden auch dafür Kongresse gehalten, und es wird darüber heftig diskutiert. Wir wissen, was das Ende alles dessen sein wird? Der belgische Dr. jur. R. Elst schreibt darüber nicht besonders ermutigend:

---

[111] Das möge sich jener holländische katholische Minister zu Herzen nehmen, wenn er meint, daß es keine Beziehung zwischen der Frage der Abtreibung und der der Euthanasie gebe. In Holland ist bereits der erste Fall von Euthanasie dem Gericht vorgelegt worden. Er lese weiter: „Soll die Abtreibung künftig straffrei sein?" von Friedrich Graf von Westphalen, speziell folgenden Abschnitt:

„Wenn das Abtreibungsverbot fällt, dann bricht einer der wesentlichen Dämme der Rechtsordnung gegen das Unrecht. Bis zur Euthanasie ist es dann nur noch ein winziger Schritt. Dem Menschen würde in beiden Fällen die Herrschaftsgewalt über menschliches Leben eingeräumt. Es würde das Recht des Reicheren und des Stärkeren gelten. Am Ende stände dann mit Gewißheit die bedrängende Frage: ‚War Hitler nur seiner Zeit voraus?' Es ist durchaus bezeichnend, daß sie bereits jetzt im Zusammenhang mit der Freigabe in England und in einigen Staaten der USA gestellt worden ist."

„Jetzt kann man schon vorhersagen, daß eventuell zugelassener Mord an ungeborenen Kindern keinen Schlußpunkt bedeuten wird. Warum soll denn, um im progressistischen Jargon zu bleiben, eine Mutter diskriminiert werden, die aus medizinischen Gründen oder wegen früherer Strafgesetze nicht eher zur Schwangerschaftsunterbrechung übergehen konnte oder durfte, die aber gerne eines unerwünschten Babys nach der Geburt enthoben wäre?

Ist denn ein Baby von weniger als 12 Wochen in der Wiege – so wird man bald fragen, wenn einmal der Wall der grundsätzlichen Straffälligkeit des Tötens der Leibesfrucht durchbrochen sein wird – bereits ein echter vollwertiger Mensch und eine Persönlichkeit? Nach demselben Gedankengang ist ja der Säugling hilfloser als ein junges Fohlen, ein Kälbchen oder ein Reh, die sich bald nach der Geburt allein helfen können. Verhindert nicht das neugeborene Kind die Ruhe, vor allem die Nachtruhe, die Möglichkeit der Entspannung der Eltern, kurz das geistige Wohl? Wie wird gerade dies von den modernen Errungenschaften der Tiefenpsychologie, der Humanwissenschaften, der Mitmenschlichkeitsreligion und den internationalen Gesundheitskonferenzen unterstrichen . . .!

Denken wir weiter: warum nicht an die Zukunft denken und die vermutlichen Wünsche des Baby's selbst in unserer Elterngüte und -sorge? Das Kind wird sich ja nicht echt menschlich und völlig glücklich in einem ungastlichen häuslichen Milieu entfalten können, in einer unseligen Gesellschaft mit faulen Gewässern, in Fabrikluft – stets aufwachsend im belgischen Regenwetter, bedroht von der Atombombe, von Gewaltverbrechern und kapitalistischen Unternehmungen oder faschistischen Revolutionen, entfesselt von den Mitarbeitern des Frankoregimes.

Haben wir schließlich, gesellschaftskritisch gesehen, das Recht, die Gemeinschaft mit einem vermutlich neuen potentiellen jugendlichen Verbrecher zu belasten? . . . und das Problem der Weltbevölkerungsexplosion zu erschweren?

In „Abtreibung, pro und contra", Tyrolia-Echter-Verlag, 1971, S. 66.

Dieselbe Art der Argumentation gilt, wie von Kollegen von allerlei Fakultäten in den frühern Nummern von ‚Positief' betont wurde, unter veränderten Umständen für kränkliche Greise, schwer behinderte Verkehrsopfer und später vielleicht für unerwünschte, schmutzige Bazillen übertragende Einwanderer (Araber, Neger, Juden), bei uns wohnende lästige (also charakterlich gestörte) Klageweiber von Schwiegermüttern usw. Auch der Staat wird ein Wort mitzusprechen haben, wenn z. B. das Defizit für Invaliden-, Alten- und Schwachsinnigenfürsorge zu groß wird und die Proteste gegen Steuererhöhung von Seiten der aktiven Bevölkerungsgruppen zu drohend und unheilvoll sind.“ („Positief“, Nr. 31, April 1973, S. 17–18)

Man soll nicht denken, daß dies Unsinn sei. Die aus den Fugen geratene menschliche Natur kann weit gehen, wenn eine jüngere Generation sich hartnäckig weigert, für eine wachsende Zahl von Alten und Invaliden zu bezahlen. Sicher ist das augenblicklich noch nicht aktuell. Im Gegenteil – heutzutage werden auch in Holland wie in England und Japan mit den Abtreibungen gute Geschäfte gemacht, und als Holländer schäme ich mich sehr, daß von unseren Nachbarn in Belgien, Deutschland und Frankreich mit Recht gesagt wird, unser Land sei ein schlechter Nachbar geworden. Hört sie nur reden: „Holland, unser Bruderstaat in der EWG, läßt in seinem Lande mit unseren Frauen und Kindern, mit unseren Bürgern das geschehen, was in unseren Ländern strengstens durch das Gesetz verboten ist. In diesem Holland werden unsere Kinder – unsere ungeborenen Kinder – getötet. Das kann in Holland straffrei geschehen. Holland weiß doch, daß unsere Gesetze es nicht zulassen! Und die Niederlande hätten das doch zu respektieren.“ Es ist in der Tat seltsam, daß im freien Europa wohl Handelsverträge zwischen den EWG-Staaten geschlossen werden können, daß aber auf dem Gebiet der Abtreibungsgesetzgebung noch kein Versuch unternommen wurde, zu bindenden Absprachen zu kommen. Dr. Ernst aus Ulm sagte auf dem Internationalen Kongreß in Straßburg (5.–6. Mai 1973): „Wir können wohl Übereinstimmung über Blumenkohl, aber nicht über das Leben von Kindern erreichen.“ Wenn das niederländische Fernsehen einen Abtreibungsfilm sendet, sehen zehntausende Deutscher zu, wie es bei uns zugeht. In den Tagen darauf ist bei unserer Botschaft in Bonn das Telefon nicht still: „Geben Sie uns eine solche Abtreibungsadresse!"

Meistens sind es anonyme Telefonanrufe; der Name wird verschwiegen, oder man sagt: „Nicht für mich, sondern für diesen und jenen." Schließlich ist es in Deutschland eine strafwürdige Tat, und es ist besser, keinen Namen zu nennen.

Bis vor kurzem wurde freiwillig eine Kontaktadresse in Holland genannt, aber das ist jetzt verboten. Das ist gut. Denn wo ein gemeinsames Ziel erstrebt wird – ein vereinigtes Europa –, geht es nicht an, daß in einem Nachbarstaat die Gesetze eines anderen Landes so brutal verletzt werden. Zu Tausenden werden die Bürger – denn auch das ungeborene Kind ist schon Bürger – der Nachbarstaaten in unserem Lande getötet. Werden wir später vielleicht auch als Entschuldigung sagen: „Wir haben es nicht gewußt."

Möge auch in den Niederlanden wie in Frankreich von einer Kommission von Juristen, Ärzten und Professoren auf das dämonische Schlagwort: „Liberalisiere die Abtreibung, um die kriminellen Abtreibungen abzuwehren" geantwortet werden, daß in einem solchen Falle das Gesetz allein jenen Mord verurteilt ... der im Dunklen mit schlechten Instrumenten verübt wird, nicht aber den Mord in einem aufs modernste eingerichteten und mit allen Finessen versehenen Operationssaal, denn das sei Töten nach den Vorschriften des Gesetzes. Um ihre eigenen Worte zu gebrauchen: „Lassen wir Moral und Gesetz verändern, lassen wir die Gesellschaft so organisieren, daß der Mord unter äußerst hygienischen und sanitären Umständen stattfindet. Abtreibung würde dann nur kriminell sein, wenn man heimlich tötet, aber nicht, weil man tötet. Was das Gesetz weiterhin verbieten sollte, wäre dann nicht der Mord an sich, sondern der Mord mit untauglichen Instrumenten. Der Mord wäre dann kein Mord, wenn er ausgeführt würde in den ‚sun-lights des blocs opératoires' mit den modernsten chirurgischen Instrumenten.

Ausgehend von einer solchen Denkweise, kann man sich die bedrückenden Gespräche der Moralisten von morgen mit den künftigen Verbrechern vorstellen? „Tötet nur ruhig, meine Herren, aber macht davon keinen Mißbrauch, tut es vor allem nicht, bevor Ihr nicht ein versiegeltes Dokument vorzeigt, daß der Mord nach den Vorschriften des Gesetzes vom ... geschieht!" [112]

Ohne Zweifel machen wir uns Sorgen über die Kindersterblichkeit zwischen dem 8. Monat der Schwangerschaft und dem 2. Monat nach der Geburt, obwohl sie in Holland die niedrigste in der ganzen Welt ist. Wir machen uns noch viel mehr Sorgen über die Anzahl der Kinder, die im Straßenverkehr getötet werden, aber die Sterblichkeit des kleinsten Kindes im Mutterschoß ist unvergleichlich größer. Die ersten fünf Monate im Leben unserer kleinen Kinder sind in Holland und in Belgien bereits die gefährlichsten ihres Lebens geworden: nicht wegen der Unfälle, nicht weil die medizinische Wissenschaft rückständig wäre – im Gegenteil, die holländischen und belgischen Ärzte sind ausgezeichnet – sondern weil eine Anzahl von Ärzten mit Verstand und freiem Willen bereits jetzt auf illegale Weise tut, was man bald nach Normen des Gesetzes mit den verschiedendsten Techniken ausführt, die von Tag zu Tag immer mehr verfeinert werden.

Ich appelliere an die belgische und holländische frische und unverdorbene Jugend, sich mit Spruchbändern an den Eingang solcher Kliniken zu stellen: „Ihr alle, die ihr hier eintretet, seid mitschuldig an vorsätzlichem Mord, und ihr, Kinder im Mutterschoß, „lasciate ogni speranza!" Das Lebenslicht ist Euch nicht gegönnt, die frische Luft Hollands und Belgiens wird nicht durch Euere Lunge strömen, die weißen Kuppen der Dünen, die in der Sonne glänzen, werdet ihr nie schauen. Wir leben frei, wir leben froh, aber ihr nicht, unschuldige, prächtig geformte, liebe Kinder im Mutterschoß, ihr werdet das Leben lassen müssen – nach den Normen des Gesetzes." Ja, nach den Normen des Gesetzes, die sie, katholische Minister, nicht verteidigen können und dürfen.[113]

---

[112] „Le Permis Légal de Tuer", par une commission de juristes, de médecins, d'élus locaux et d'universitaires", Sidef, Versailles, 1971, S. 8.

[113] Man lese die Ansprachen der Päpste und Bischöfe. Danach müssen die Katholiken sich richten. Katholische Theologen haben in dieser Hinsicht keine Autorität und bringen in Holland nur Verwirrung und Unsicherheit.

Wie hat es so weit kommen können, daß wir eine neue Apartheidspolitik einführen? Denn das fundamentale Recht auf Leben nehmen wir einem großen Teil unseres Volkes. Wie ist es so weit gekommen?

Weil eine große Zahl von Menschen nur die Lust, nicht die Last tragen will,
weil viele nicht wissen, was Abtreibung eigentlich ist,
weil die Abtreibungsbewegung von dieser Unkenntnis und der daraus entspringenden Gleichgültigkeit profitiert,
weil das ungeborene Kind unsichtbar und anonym ist,
weil der Kleine nicht schreien und zurückschlagen kann,
weil er nicht die Polizei anrufen und sich nicht an die Abgeordneten und Minister wenden kann. Volk von Holland und Belgien, ist es nicht feige, eine solche Hilflosigkeit auszubeuten,

weil eine Anzahl Menschen einen sehr wirksamen Kreuzzug unternommen hat, um ein sehr solides Gesetz abzuändern,
weil die Abtreibung auch eine finanzielle Seite hat (gegen deren Folgen das Gesetz mit seinen Lücken machtlos ist),
weil ein Mitleid mit tragischen Fällen – an sich sehr lobenswert – unser Urteilsvermögen mit einem schier undurchdringlichen Nebel bedeckt und jenes Grundprinzip verdunkelt hat, wonach das direkte Töten niemals eine gerechte Lösung sein kann, sogar nicht für die dringendsten tragischen Fälle. Man darf kein Verbrechen verüben, um die schädlichen Folgen eines anderen Verbrechens wiedergutzumachen,

weil viele von uns geradezu verschüttet werden von einer Lawine unwahrer Artikel über kriminelle Abtreibungen, verschüttet mit immer neuen Berichten über Vergewaltigungen Vierzehnjähriger, über eine Bevölkerungsexplosion, die es nicht gibt. (Man lese die Veröffentlichungen von Dr. Colin Clark und was in Bukarest beim Kongreß gesagt worden ist!),

weil wir irregeführt worden sind durch allerlei scheinwissenschaftliche Artikel von Professoren, Theologen und Moralisten über die angebliche Kompliziertheit einschlägiger Sittlichkeitsfragen, über ein „moralisches Niemandsland“ und über noch unbekannte Gebiete der Ethik, wobei wir unsere persönliche Auffassung anderen nicht aufdrängen können und dürfen (was wohl teilweise wahr ist, aber was nie die direkte Abtreibung betreffen kann),

weil viele Menschen guten Willens (darunter auch viele Ärzte), von ihrem Gefühl übermannt werden, so daß sie nicht mehr ruhig und objektiv urteilen können.

Um klar einsehen zu können, daß man die Leibesfrucht niemals direkt töten darf, muß man über Grundsätze urteilen, d. h. abstrakt denken können. Das können nicht viele. Scharfes logisches Denken fehlt zuweilen auch Ärzten. Das ist verständlich. Sie haben nicht formale Logik studiert. Sie haben so viel mit materiellen Dingen, mit dem Leib zu tun, daß manche sich oft nicht darüber erheben können und sich bei einem heiklen Zustand der Frau nur vom Gefühl leiten lassen, wenn sie sie in Lebensgefahr sehen, und weniger empfindsam sind für die Lebensbedrohung des Kindes, das sie nicht sehen;

weil man meint, absolute Werte relativieren zu müssen, wenn es Menschen gibt, die anders denken,
weil wir uns daran gewöhnt haben, anzunehmen, die Wahrheit und das richtige Handeln liege in der Mitte zwischen zwei Extremen, und darum zwar eine gewisse Anzahl Abtreibungen, aber nicht zu viele, hinzunehmen sei,

weil die Menschen oft nicht den Mut haben, ihre Überzeugung auszusprechen, wenn diese sich gegen die lärmende, alles überstimmende Kakophonie der Massenmedien richtet,
weil von vielen alles, was gewissen Vergnügungen im Wege steht, als Tabu betrachtet wird und darum aus dem Wege geräumt werden muß,
weil man fürchtet, daß sein Verhalten als von der allgemeinen Norm abweichend etikettiert wird und weil es darum nur wenige wagen, sich einige Jahre zu enthalten und „anders als die anderen" zu sein,
weil eine gewisse hochnotwendige Befreiung aus enger Prüderie uns aus der Hand geglitten ist und wir zu einer Entmenschlichung des Sex gekommen sind,

weil die Leidenschaften künstlich von einer gut organisierten Hysterie der Massenmedien aufgepeitscht werden, die niemals von Selbstbeherrschung, Charakterstärke oder Treue gegenüber dem einmal gegebenen Wort sprechen.

Vor einem halben Jahrhundert hat der Philosoph Bergson der damaligen Gesellschaft vorgeworfen, daß sie ‚aphrodisiaque' sei, d. h. die Geschlechtslust aufpeitsche. Und doch war das nichts im Vergleich mit heute. Doch der sexuelle Wahnsinn hat sich jetzt überall festgesetzt, ja, man will ihn als neue Kulturform hinnehmen, weil man glaubt, die Abtreibung gehöre nun einmal zur sexuellen Revolution, die in unserer Wohlfahrtsgesellschaft ihren triumphalen Einzug gehalten habe,

weil die Abtreibung eine notwendige Bedingung für unsere so hochnotwendige sexuelle Freiheit geworden ist und weil dieser Eingriff die letzte Verteidigungslinie gegen die unerwünschten Folgen unserer Permissivität und der letzte Beweis des Rechtes eines jeden ist, seinen Körper zu gebrauchen, wie er will,

weil Tausende junger Menschen sich wegwerfen, nicht, weil sie von der Leidenschaft ganz beherrscht werden oder weil sie völlig verdorben sind, sondern weil sie fürchten, „abgestempelt" zu werden, und weil sie auf Grund einer falschen Aufklärung meinen: wenn ich dieses oder jenes nicht tue, komme ich nicht zur vollen Entwicklung, bleibe ich ein Kind, unterentwickelt, unreif, werde ich niemals ein vollwertiger Mann, eine vollwertige Frau, ohne diese Art von Erfahrung bliebe ich hilflos, etwas Lächerliches, ein seelischer Krüppel,

weil ihnen dies von allen Seiten mit Raffinesse eingehämmert wird,
weil es genug Ärzte gibt, die bereit sind zu töten, obwohl sie in ihrem tiefsten Inneren die Überzeugung haben, daß unschuldiges Blut vergossen wird,

weil viele Prominente und Zuständige, die die ganze Entwicklung abscheulich finden, die sprechen könnten und müßten, keine lauten Proteste hören lassen.

Völker Europas, besinnt euch, bevor ihr beginnt, und schenkt euere Aufmerksamkeit zuerst dem, was absolute Priorität hat. Denn was hören und sehen wir im Rundfunk und im Fernsehen? Endloses Gerede über Wirtschaft, Preise, Steuern, Kalkulationen, Erholung, Geld, Reklame, so viel wie möglich zu konsumieren. Es geht hauptsächlich über Zahlen und noch einmal Zahlen.

Es sei fern von mir, an wirtschaftlichen Ungerechtigkeiten stillschweigend vorbeizugehen oder Hilfsbedürftigen nicht tatkräftig helfen zu wollen. Aber zu allererst kommt die geistige Gesundheit unseres Volkes. Damit steht und fällt eine Rasse, ein Volk, ja eine ganze Kultur. Aber diese Sorge für das geistig frische Lebensklima, diese notwendige Vorbedingung unserer ganzen europäischen Kultur steht heute nicht mehr in der Mitte. Man läßt sich von einem rein materialistischen Weltbild beherrschen. Wenn die wirtschaftliche Wohlfahrt zum Gott wird, werden die Menschen nicht nur übersättigt und dabei stets unzufriedener, dann ist der Mensch auch kein Mensch mehr.

In meiner Jugend habe ich mich stets mit Händen und Füßen gegen Spenglers „Untergang des Abendlandes“ gewehrt: Nein, das wird bei uns nie eintreten. „La défense de l'Occident“ hatte und hat noch immer mein großes Interesse. Aber jetzt, da mich meine letzten Studienreisen durch Syrien, Irak, Pakistan lehrten, wie die meisten islamitischen Staaten immer noch geburtenfreudig sind und einen wahren Abscheu vor der Abtreibung zeigen, weil diese gegen die ganze Atmosphäre des Koran gerichtet ist, jetzt, da der Aufmarsch der biologisch gesunden chinesischen Rasse anhält, da wir sehen, wie praktisch jedes Regierungsprogramm für Geburtenbeschränkung in Indien, Bangla Desh und anderen Ländern fast ohne Effekt blieb, wie das markante, prachtvolle, einst so solide englische Volk sich degradiert, besonders durch seine letzte Liberalisierung der Abtreibung, wie Deutschland bei seinem Wohlstand – dem höchsten, den es in seiner Geschichte erlebt hat, zum ersten Mal ein Geburtendefizit hat, wie die Deutschen lieber drei Millionen Gastarbeiter hereinholen statt ihre eigenen Kinder aufzuziehen [114], wie sie sich früher

[114] *„Welches Kind will überhaupt noch auf Euere Welt kommen? Denn es sieht so aus, als ob dort nur noch Menschen sind, die sich fragen: Bringt das Kind nicht viel Arbeit, lohnt es sich wohl, sind Kinder*

kaputtgesiegt haben und sich jetzt kaputtwirtschaften, wie beinahe der ganze Westen kinderfeindlich geworden ist – nun beginne ich wirklich an den Untergang des Abendlandes zu denken – zum mindesten, wenn wir nicht sofort – wie bereits in Rumänien, Bulgarien, Ungarn und Polen geschehen – das Rad zurückdrehen, und wenn nicht unsere Politiker, anstatt endlos über Geld und nochmals Geld zu reden, weit vorausschauen und einen gesunden geburtenfreudigen Kurs einschlagen – was zu allererst eine große Ehrfurcht vor dem ungeborenen Leben fordert – und ein geistig gesundes Lebensklima schaffen, in dem unsere Jugend rein und kraftvoll aufwachsen kann. Volksvertreter Europas, laßt sie doch leben, die Kinder, die der größte Reichtum sind. Macht Gesetze, durch die man Frauen in Schwierigkeiten helfen kann, ihre Kinder auszutragen! Eröffnet Informationszentren, in denen wirksame Hilfe geboten wird, macht die Adoption leichter, gebt den unverheirateten Müttern finanzielle Unterstützung! Wenn so eine junge Mutter die Sorgen für das Kind auf sich nimmt, laßt sie uns so liebevoll behandeln und hochschätzen, wie es sich gehört. Selbst dann, wenn wir Undank ernten sollten, laßt uns dennoch fortfahren mit geistiger und materieller Hilfe! Meine Herren Politiker, erst sich orientieren, dann regieren!

Völker Europas, noch einmal, besinnt Euch, bevor Ihr beginnt. Wenn ich vor Eueren Augen die Tat wiederholen sollte, die jener Geisteskranke beging, als er vor kurzem in St. Peter in

---

nicht zu teuer ... Heutzutage sind wir nicht nur kinderfeindlich geworden, wir sind sogar so weit gekommen, daß wir auch keine Kinder mehr ‚zu machen' brauchen, wenn sie uns zu lästig sind. Sie kosten Geld und Mühe. Wenn man Kinder hat, hat man keine Zeit mehr, seinen Bauch oder sein Auto in Ordnung zu halten." So Suse Marienfeld, ein Mädchen der höheren Schule in „Der Spiegel".

„Wir brauchen einfach keine Kinder mehr zu machen", das ist so ungefähr der Haupttenor, der durch gewisse Schlagzeilen der Presse und durch den Anzeigenteil der Frauenzeitschriften der USA geht: „None is fun". Kein Kind, dann erst hast du Zeit für dein Vergnügen, dann sieht man sie zu zweien in „Straßenkreuzern" fahren oder am Strand liegen. Man müßte eigentlich einmal an das tragische Alter denken, dem diese Menschen entgegengehen.

Rom mit einem Hammer die einzigartige Pietà von Michelangelo zerstörte, aber dann mit größerem Erfolg, so daß nur eine zerschlagene und zermalmte Masse übrigbliebe, oder wenn ich im Rijksmuseum „Die Nachtwache“ von Rembrandt mit einem Messer in Stücke schneiden würde, dann wären kaum Worte zu finden, um die barbarische Tat eines solchen Menschen zu kennzeichnen. Aber es ist unvergleichlich ärger, wenn man das Fantastischste aller Kunstwerke, das lebende Kind, im Mutterschoß vernichtet.

DIE AUFFASSUNG VON ÄRZTEN UND GEISTLICHEN

I. Ärzte

Denkschrift betreffend die Ehrfurcht vor dem menschlichen Leben:

Nachdem am 1. Oktober 1971 in „Medisch Contact", dem offiziellen Organ der Königlichen Niederländischen Gesellschaft zur Förderung der Medizin, Richtlinien des Hauptvorstandes dieser Gesellschaft zur Ausführung der Abtreibung erschienen waren, hat sich eine Initiativgruppe von ungefähr 200 Ärzten in einem Protestbrief an den Hauptvorstand gewandt. Dieser Protestbrief vom 4. November 1971 wurde von der Initiativgruppe ebenfalls an eine größtmögliche Zahl praktizierender Ärzte in den Niederlanden gesandt. Inzwischen haben mehr als 2250 niederländische Ärzte sich durch Zusendung einer schriftlichen Erklärung als Mitunterzeichner des Protestbriefes an den Hauptvorstand der Gesellschaft zur Förderung der Medizin gemeldet.

In dem Protestschreiben bitten die Ärzte um eine öffentliche Erklärung des Hauptvorstandes zu der Tatsache, daß dieser nicht aufgrund eines von allen Mitgliedern gefaßten Beschlusses eine Verlautbarung herausgegeben hat, sondern nur seine persönliche Auffassung im Namen der Med. Gesellschaft dargelegt hat. Ebenso bitten die Unterzeichner den Hauptvorstand, Richtlinien aufzustellen, die auf dem von jedem Arzt abgelegten Eid oder Versprechen und dem auf der World Medical Association im 1948 angenommenen Auftrag basieren: „Ich werde absolute Hochachtung vor dem menschlichen Leben von der Befruchtung an bewahren." Nachdem der Hauptvorstand in einem Offenen Brief in „Medisch Contact" seine Bereitschaft zu erkennen gegeben hatte, mit den Unterzeichnern des Protestbriefes in einen Gedankenaustausch zu treten, fand am 4. Dezember 1971 in Utrecht eine Besprechung statt, auf der von einer Plangruppe aus den Unterzeichnern folgende Denkschrift dem Hauptvorstand vorgelegt wurde.

1. Unser Ausgangspunkt ist, daß keine einzige Revolution in einem kollektiven Normensystem und keine einzige gesellschaftliche „Entwicklung" oder Veränderung des „Kulturideals" rechtfertigen kann, den Eckstein der ärztlichen Berufsethik fallen zu lassen: die absolute Hochachtung vor dem menschlichen Leben. Der objektive Wert der individuellen Existenz kann nicht von der Entwicklungsphase oder dem Grad der Gebrechlichkeit abhängen, in dem sie sich befindet.

2. Das bedeutet, daß wir unsere Glaubwürdigkeit und Unbescholtenheit als Ärzte verlieren, wenn nicht jeder unter allen Umständen ohne Rücksicht auf Alter oder Art der Krankheit sich an seinen Arzt wenden kann mit der Sicherheit, daß sein Leben geachtet und beschützt wird. Das gilt auch für das ungeborene Leben, wenn es auch selbst nicht um Hilfe bitten kann – wie ein Bewußtloser.

3. Wissenschaftlich kann die Berechtigung der Abtreibung nach modernen induktiven Methoden niemals bewiesen werden. Jede medizinische Handlung ist nach ihrem Ergebnis zu bewerten. Solch eine Bewertung ist bei einer Abtreibung als einem sog. medizinischem Eingriff notwendigerweise unzulänglich, weil das Abtreibungsresultat nicht in einer Untersuchung des weiteren Verlaufs („follow-up") erfaßt werden kann.

4. Wenn der Gesetzgeber sich doch entscheiden sollte, die bestehende Gesetzgebung zu liberalisieren oder aufzuheben, ist es nicht den Ärzten anheimgestellt, für die Ausführung der legalisierten Abtreibung verfügbar zu sein.

Plangruppenaktion der Ärzte „Achtung vor dem menschlichen Leben"

Dr. Tj. L. A. de Bruine, Frauenarzt, Haarlem – Jhr Dr. A. E. M. van der Does de Willebois, Nervenarzt, Utrecht – Dr. M. A. van Dongen, Chirurg, Leiderdorp – Prof. Dr. T. K. A. B. Eskes, Frauenarzt, Nymwegen – K. F. Gunning, Arzt, Rotterdam –

F. H. M. Jansen, Arzt, Vught – P. Jasperse, Arzt, Leiden – Dr. A. J. F. van de Kar, Frauenarzt, Maastricht – A. M. J. Leyten, Nervenarzt, Oegstgeest – Prof. Dr. G. A. Lindeboom, Internist, Amtersdam – Prof. Dr. W. P. Plate, Frauenarzt, Den Haag – F. E. Reitsma, Arzt, Zeist – S. J. van Riessen, Arzt, Lunteren – Dr. H. Rottinghuis, Frauenarzt, Amsterdam – Dr. B. P. M. Schulte, Nervenarzt, Tilburg.

Sekretariat: Mevr. C. A. H. Haitsma Mulier-van Beusekom, Boticellistr. 13, Amsterdam.

Diese Plangruppe hat inzwischen den Niederländischen Ärzteverband (N. A. V.) gegründet. Diese Ärzte sind äußerst aktiv und haben großen Einfluß.

Denkschrift von Dr. Rottinghuis und Prof. Dr. Eskes über die Frage der Abtreibung

Wir veröffentlichen hier die wichtigsten Abschnitte:

Man kann bezüglich des Lebensbeginns des individuellen Menschen viele Auffassungen zitieren. Von der Empfängnis an besteht biologisches Leben, und dieses Leben ist menschlich-biologisches Leben. Besonders innerhalb der psychologischen, soziologischen und psychiatrischen Wissenschaften trifft man eine wachsende Zahl von Vertretern an, die diese biologische Basis leugnen. Außerdem gibt es Theologen, die oft sehr von Auffassungen anderer Wissenschaftsgebiete beeinflußt werden, von denen sie annehmen, daß es dort um geltende Gesetze geht. In dem Interimbericht, den die Kommission von Staatssekretär Kruisinga gebildet zur Untersuchung der Abtreibungsfrage vor kurzem vorlegte, geht man davon aus, daß die Abtreibung das Abbrechen menschlichen Lebens sei. Einige wollen hinzugefügt wissen „in Entwicklung“, was aber keine Hinzufügung wesentlicher Art ist. Das frühgeborene Kind, daß zur normalen Zeit geborene Kind, das Kleinkind, der Heranwachsende sind das auch.

Der Bericht erwähnt mit Recht, daß die frühere oder spätere Abtreibung nicht grundsätzlich, sondern nur gradmäßig einen Unterschied ausmacht. Der Bericht weist auch darauf hin, daß wegen der Vernichtung menschlichen Lebens jedermann die Abtreibung als eine Handlung in einer Notsituation betrachten wird. Der Bericht sagt weiter, daß „menschliches Leben und menschliche Unantastbarkeit zu den wichtigsten Gütern gehören, die als solche in unserer Rechtsordnung Anerkennung gefunden haben". Er fährt weiter fort: „In keiner einzigen medizinischen Situation kann von einem so deutlichen Konflikt zwischen zwei von den Ärzten anerkannten fundamentalen Werten die Rede sein: absolute Ehrfurcht vor dem menschlichen Leben von der Befruchtung an und Hilfe für einen Menschen in Not." Hilfe für den Menschen in Not kann aber niemals bedeuten: „einen anderen" vorsätzlich töten – eine Auffassung, die bis in die älteste Zeit zurückgeht. (Noonan)

Einige wollen auf diesem Gebiet eine sog. Polarisation in den zwischenmenschlichen Beziehungen vermeiden oder gänzlich ausschalten. Dies ist hinsichtlich der hohen ethischen Werte, wie z. B. Anerkennung des Rechtes auf Leben, in sich unmöglich. Jedes Überschreiten und sog. „Aufeinanderzuwachsen" ist hier unheilvoll. Das Existenzrecht eines jeden menschlichen Lebens, ob jung oder alt, unversehrt oder verletzt, ist unaufhebbar, und zwar auch in dem Sinne, daß es selbst im Interesse eines anderen Lebens nicht angetastet werden darf. Das gilt im speziellen Falle sowohl für die Mutter als auch für die Leibesfrucht. Man darf die Frucht nicht töten, um die Mutter zu retten. Die Verletzung dieses angeführten Rechtes sahen wir im Nationalsozialismus. Die heute vielfach anzutreffende Auffassung vom Menschen kommt ungewollt und unbeabsichtigt leider zu denselben Konsequenzen (Sterilisation, Euthanasie, Mord).

Papst und Bischöfe betrachten es, wie die belgischen Bischöfe es ausdrücken, als eine Pflicht, auf die sittlichen Normen hinzuweisen, und verwerfen die Abtreibung absolut.

Auch die protestantische Synode, die den Bericht des „Rates für Kirche und Familie" abwies, hat erklärt, daß „die Kirche den Mut haben muß, gegen den Strom zu schwimmen." Wir müssen helfen, die Haltung gegenüber den Rechten und Pflichten des Menschen im christlichen Sinne zu verändern. In diesem Zusammenhang weisen wir auf das hin, was Prof. Buitendijk

(1968) über die Gewissensfreiheit schrieb: „Gewissensfreiheit ist die Freiheit, sich durch innerliche Annahme von Normen und Werten zu verpflichten.“ Kardinal Daniélou (1969) weist ausdrücklich in seinem Buch „Test“ auf diese unveränderlichen Normen und Werte hin.

Lt. dem Schreiben der holländischen Bischöfe glauben einige katholische Moralisten (Klijn, Deemer, Sporken, Spee), noch eine Möglichkeit zu sehen, durch allerlei Indikationen (u. a. soziale und psychologische) die Abtreibung als zulässig zu betrachten. Vor kurzem aber veröffentlichte der Psychiater Van der Does de Willebois (1970) eine Übersicht über die Problematik der Abtreibung wie auch eine zielbewußte Kritik an dem Bericht der Vereinigung für Psychiatrie.

Die Fälle, in denen früher die Rede von sog. Konfliktssituationen war, können, wenn man von der Medizin (somatisch und psychisch) etwas versteht, in der Praxis stets auf andere Weise als durch Abtreibung gelöst werden, wenn auch mit größerer Anstrengung und Selbstaufopferung. Die Wissenschaft richtet sich nach der Moral, das Umgekehrte ist eine philosophische Unmöglichkeit. Die vorhin genannte Staatskommission behauptet, daß „Abtreibung, sowohl was die Entscheidung als auch was die Ausführung betrifft, anderen ärztlichen Handlungen gleichgestellt werden muß.“

Das ist aber nur eine halbe Wahrheit und darum in der Praxis eine ganze Unwahrheit. Entscheidung und Ausführung haben zwar Ähnlichkeit mit dem, was zum ärztlichen Handeln gehört. Es gibt jedoch einen fundamentalen Unterschied. Jede ärztliche Handlung ist nach dem Ergebnis zu beurteilen. Solch eine Untersuchung ist bei einer Abtreibung als sog. ärztlicher Eingriff notwendig unzulänglich, weil das Abtreibungsergebnis logischer Weise nicht in einer nachfolgenden Untersuchung des weiteren Verlaufs erfaßt werden kann.

Nach einer langen und intensiven Praxiserfahrung haben wir uns niemals berufen gefühlt, die direkte Abtreibung als eine therapeutische Angelegenheit zu behandeln. Es gilt für uns als unabdingbar, die Abtreibung in den katholischen Krankenhäusern nicht zu institutionalisieren und die bisher geltenden Regeln

unverändert zu lassen. Eine „freiere“ Handhabung in dieser Sache würde den Charakter der konfessionellen Krankenhäuser auslöschen und den Namen „katholisch“ nicht als wahr erscheinen lassen, da man bezüglich des Schutzes der wehrlosen Form der menschlichen Existenz versagt.
Rein praktisch gesehen, bewirkt die sehr wahrscheinliche Weiterentwicklung sehr wirksamer „Abortiva“, die die Beschlußnahme und die Ausführung der Abtreibung in die Hände der Frau legen, eine Richtungsänderung vorzeitig und unerwünscht.

Prof. Dr. T. K. A. B. Eskes / Dr. H. Rottinghuis

„Die überwältigende Mehrheit der deutschen Gynäkologen fühlt eine große Verantwortung für das werdende Leben und ist der Auffassung, daß Schwangerschaftsunterbrechung nur in sehr seltenen Ausnahmefällen zulässig ist!“

So Prof. Dr. J. Gerchow in seinem Artikel: „Abtreibung und Familienplanung.“ („Der Gynäkologe“, Band 2, S. 92–97)

II. Nicht-christliche Religionen

Wir haben bereits den Hinduismus im Zusammenhang mit Indien erwähnt. Ich möchte hier lediglich die Erklärung der asiatischen Yogis beifügen.

Überall in Europa gibt es eine Woge von Publikationen über Yoga. Die Bücher wie: „Yoga für ihn, Yoga für sie, Yoga für die Familie“ etc. überschwemmen den französischen und deutschen Markt. Sind sich ihre Leser wohl der strengen Selbstbeherrschung bewußt, die das Yoga darin lehrt, und die die erste Bedingung seiner Anwendung ist?

Nun, in Bezug auf unser Problem drücken sich die asiatischen Yogis sehr deutlich aus:

„Voll Mitleid und Besorgnis für die Menschen, welche versuchen, unsere religiöse Verpflichtung in der Welt, in der wir leben, zu bezeugen, und von dem Wunsche erfüllt unsere Solidarität jenen, die leiden und mittellos sind, zu bekunden, wenden wir uns an alle jene, die sich für die Programmierung der Bevölkerung interessieren. Wir geben diese Erklärung einmal wegen der eiligen Dringlichkeit des Problems und im Hinblick auf das Jahr 1974, das der Bevölkerung der Erde gewidmet ist.

Erklärung:

Wir bekräftigen, daß wir das durch das Bevölkerungswachstum gestellte Problem als sehr schwerwiegend und dringend betrachten, ein Problem, das sofortige Beachtung und wirksame Lösungen verlangt.

Wir teilen die tiefsten Bemühungen und Wünsche der Völker Asiens nach Befreiung von der Übertragung der Technokratie des Westens.

Wir bestehen darauf, daß die Lösung des Bevölkerungsproblems jene Werte respektiert, die den Asiaten aus der Tiefe ihrer Herzen heraus teuer sind: den Respekt vor dem menschlichen Leben, die Harmonie in der Familie und in der Gesellschaft, die Bereicherung des kulturellen und geistigen Erbes, das untrennbar ist von der Lebensweise des Asiaten.

Wir glauben, daß wir, die Yogis von Asien, die Regierungen für ihre Programme zur Bevölkerungskontrolle aufklären müssen.

Wir sind an dem Angebot der Lösungen des Bevölkerungsproblems, das von den Asiaten kommt, interessiert, die die Völker von Asien gutheißen können, und die bessere Lösungen sind als jene, die von den westlichen Technokraten angeboten werden, deren Resultate der mechanischen und chemischen Techniken entmenschlichend sind und zur Degenerierung führen.

Beschlüsse:

1. Indem wir mit allen asiatischen Religionsgemeinschaften arbeiten, werden wir diesen Verständnis vermitteln für das Problem der Abnahme der Bevölkerungswachstumsrate in Asien.

2. Wir werden auch mit anderen an diesem gemeinsamen Ziel arbeiten. Wir haben die Pflicht, es so anzustellen, daß man sich der Dringlichkeit und der Ausmaße des Problems bewußt wird und in der tiefen Überzeugung lebt, daß es eine wirk-

lich menschliche Lösung in Asien gibt: nämlich die persönliche Disziplin des Yoga.

3. Wir sind durchdrungen von der Überzeugung, daß die Programme nicht einfach von oben auferlegt werden dürfen, auch nicht durch finanziellen Druck, der auf unterentwickelte Völker ausgeübt wird, sie müssen vielmehr in enger Zusammenarbeit mit den Asiaten selbst und ihren menschlichen Alltagserfahrungen erstellt werden und dabei immer ihren wahren Bedürfnissen und ihrem Sehnen nach einem besseren Leben Rechnung tragen.

4. Wir verlangen von den westlichen Technokraten, daß sie den großen menschlichen Wert der persönlichen Disziplin, wie sie von den asiatischen Yogis gelehrt wird, als eine vollmenschliche und wirklich vollständige Bewältigung des Bevölkerungsproblems verstehen.

5. Wir werden ganz mit den Regierungen und Gruppen zusammenarbeiten, deren Aktionen und Programme die persönliche Disziplin des Yogi als etwas den mechanischen und chemischen Techniken weit Überlegenes respektieren.

Im Hinblick darauf werden wir aufgrund der Prinzipien der Menschenrechte ermutigen, gegen jede Art von sozialem, politischem oder wirtschaftlichem Zwang zu kämpfen, und wir werden die Bemühungen um die Erhaltung der kulturellen Werte und Traditionen unterstützen, auf die die Asiaten in unserer Zeit großen Wert legen.

Schlußfolgerung:

Wie sich Gott selbst in die Bedürfnisse und das Sehnen der Völker der Vergangenheit hineindachte, sich damit identifiziert, so werden wir uns heute und in der Zukunft der Ausbreitung der persönlichen Disziplin des Yoga als der menschlichsten Lösung für unser dringendes Bevölkerungsproblem widmen."
Das soll heißen, keine Abtreibungen, keine Sterilisierungen, keine Abtreibungspillen und keine „birthcontrol", wie man das meistens versteht und über die Chesterton sagte: da gibt es meistens „no birth and no control". Das bedeutet aber wohl Geburten-

kontrolle im Sinne von geplanter Geburt, die von der Selbstbeherrschung kontrolliert wird.

Schließlich können wir Europäer doch wohl etwas von diesen Orientalen lernen.

Den Schintoismus kann man sicher als geburtenfreudig bezeichnen. Das Ziel des Buddhismus ist die Erleuchtung. Jede Leidenschaft wird als ein großes Hindernis betrachtet. Außerdem nimmt die große Ehrfurcht vor allem, was lebt, den zentralen Platz ein. Hieraus kann jeder seine Folgerungen ziehen bezüglich der Abtreibung. Zugleich wird hieraus deutlich, daß wir in Japan schwerlich von einem lebendigen Buddhismus sprechen können.

Islam

Die islamitischen Quellen, die mir zur Verfügung stehen[115], berichten, daß unter den Arabern vor der Zeit von Mohammed Abtreibung zuweilen vorkam. Der Prophet aber riet mit großer Entschiedenheit davon ab. Die Meinung des großen Al-Ghazali (einer der großen mohammedanischen Mystiker, 1058–1111), der auf das mohammedanische Denken einen so großen Einfluß ausgeübt hat, ist nicht ohne Interesse. Auch er war Gegner der Abtreibung.

Abtreibung ist nach der Auffassung der Mohammedaner Mord an bereits bestehendem Leben und darum absolut verboten. Das Wachstum der Leibesfrucht wird im Koran wie folgt beschrieben (Sure 23, 12–14): „Wir haben den Menschen erschaffen aus einem Extrakt, aus Lehm. Danach machten wir ihn zu einem Tropfen in einem wohl abgesicherten Ort. Dann schufen wir diesen Tropfen zu einem Blutstollen, darauf machten wir den Blutstollen zu einem Fleischklumpen, diesen zu Gebeinen.

---

[115] "Marriage in Islam", von Mohammed Abdul-Rauf, New York, Exposition Press, 1972. "The Foetus and the judgments concerning it in Islamic jurisprudence" von M. S. Madkour, Nahda Publishers, Cairo 1969. "Abortion in Islamic Law", von M. Az-Zarga in Law Journal no. 26, Aleppo 1939.

Diese bekleideten wir mit Fleisch. Darauf brachten wir ihn in einer zweiten Schöpfung hervor. Gesegnet sei darum Allah, der Beste der Schöpfungen."

Die mohammedanische Tradition schreibt Mohammed zu, daß er über drei Entwicklungsstufen der Leibesfrucht gesprochen habe. 40 Tage als reinen Tropfen, 40 Tage als ein Blutstollen, 40 Tage als ein Fleischklumpen, dann wird die ‚ruh', der Lebensgeist eingehaucht.

Nun gibt es einige mohammedanische Juristen, die dies wörtlich auslegen und darum innerhalb der 120 Tage die Leibesfrucht als nicht lebend betrachten. Sie glauben, daß in dieser Zeit, wenn keine Gefahr für die Mutter besteht, Abtreibung erlaubt werden kann. Die meisten Juristen jedoch vertreten diese Meinung nicht und verbieten die Abtreibung in jeder Phase. Nur wird das Verbrechen umso größer, je mehr die Leibesfrucht an Umfang zunimmt. Nur, wenn das Leben der Mutter gefährdet ist, wird Abtreibung erlaubt. Trotzdem ist eine späte Abtreibung niemals gestattet, auch nicht im Falle der Vergewaltigung. Die Mohammedaner sind der Auffassung, daß ein vergewaltigtes Mädchen nur Opfer ist und darum keine Schande auf ihr liegt.

Aber wie sieht es in Wirklichkeit in den mohammedanischen Ländern aus? Soeben aus verschiedenen Ländern zurückgekehrt, wo ich mehrere Monate hindurch das eine und andere an Ort und Stelle studiert habe, kann ich darüber folgendes mitteilen: Weder in Pakistan nach in Bangla Desh, im Irak oder in Syrien hat die Familienplanung einen merklichen Erfolg. In Pakistan ist die Abtreibung illegal und darf nur geschehen aufgrund strikt medizinischer Gründe. Euthanasie ist ganz unbekannt. Das kommt ihnen nicht einmal in den Sinn. Es gibt dort keine Altenheime. Die alten Leute werden von ihren Kindern gepflegt. Verschiedene pakistanische Ärzte erklärten, daß selbst das geistig besonders beschränkte und das verkrüppelte Kind das ganze Leben hindurch Hilfe erfährt. Das Durchschnittsalter ist dort nur 37 Jahre. Darum ist den Menschen das Leben umso kostbarer. Hie und da wird zwar Propaganda für Geburtenregelung gemacht, aber ohne sichtbare Erfolge. Nur unter den Reichen verbucht man etwas Effekt. Sowohl die Bürgerschicht als auch die Armen wollen aus wirtschaftlichen Gründen viele Kinder. Wegen der hohen Kindersterblichkeit (unter den Knaben am größten) will man so viele Kinder wie möglich zur Welt bringen, um noch einige übrigzubehalten.

Im Irak, wo ich mit verschiedenen Gynäkologen gesprochen habe, ist die Situation etwa dieselbe. Euthanasie ist vollkommen unbekannt. Wie man in den Familien für die Alten sorgt, ist mehr als beispielhaft. Es gibt wohl etwas private Propaganda für die Geburtenregelung, aber die Regierung ist dagegen. Abtreibung ist gesetzlich verboten. Darauf stehen zwei Jahre Gefängnis, und zwar für alle, die daran mitwirken. Augenblicklich wird allerdings das Gesetz nur dann angewandt, wenn die Frau infolge der Abtreibung stirbt. Ende Oktober 1971 wurde in Bagdad ein Kongreß für Geburtenregelung abgehalten. Es klingt wohl seltsam, aber es wurde speziell betont, die nötigen Vorsichtsmaßregeln seien zu treffen, damit die empfängnisverhütenden Mittel, wenn man damit aufhören will, nicht die spätere Fruchtbarkeit beeinträchtigen.[116] „Es ist für uns Irakesen schwer zu verstehen, daß eine Schwangerschaft unerwünscht ist (mit Ausnahme aus rein medizinischen Gründen). Und doch geschieht es. Auf 22 000 Geburten kommen 10 590 Abtreibungen und Totgeburten. (Nicht wird angegeben, wie viele unter diesen totgeboren wurden.) Das beweist, daß auch Abtreibungen vorgenommen werden und zwar „aus nicht rein medizinischen Gründen". Hiermit müssen wir aufhören." [117] Mütter, die nach der Zahl der gewünschten Kinder gefragt wurden, gaben durchschnittlich fünf an. 9 Prozent der Mütter wünschten neun oder noch mehr. Eine Untersuchung, die in Bagdad unter 1112 Müttern vorgenommen wurde, ergab, daß 50,4 % der Mütter eine gewisse Begrenzung der Kinderzahl wünschten und 49,6 % keine Begrenzung. Für die Menschen des Westens sind die angegebenen Gründe wohl etwas seltsam. Keine Begrenzung: a) aus Fatalismus und religiösen Beweggründen – 24,7 %; b) zur Erhaltung der traditionellen

---

[116] "Current Status of contraceptive steroids", von Dr. Khalida Mulhim, Chefarzt der gynäkologischen Abteilung in Mosul.

[117] "Familyplanning needs from maternal viewpoint", von Fawzi R. A. Gadalla, S. 7–10, Bagdad, 1971.

Kulturwerte und deshalb, weil es ein Zeichen von Kraft und rechtmäßigem Stolz ist – 22,1 %; c) weil empfängnisverhütende Mittel schädlich sind – 21,5 %; d) aus wirtschaftlichen Gründen – 18,5 %; e) weil es der Wunsch des Mannes ist – 13,2 %.

Eine andere Untersuchung, die unter jenen Müttern durchgeführt wurde, die mit 17 Jahren geheiratet haben, ergab, daß die Zahlen der Schwangerschaften, Geburten und Abtreibungen (Totgeburten inbegriffen) sich zueinander verhielten, wie folgt: 5 : 4 : 1.[118]

Aufs Ganze gesehen, dürfte man wohl sagen, daß in den islamischen Ländern ein starker Widerstand gegen die Abtreibung besteht. Aber da die verschiedenen mohammedanischen Länder eine jeweils verschiedene Auslegung des Koran vornehmen, kann man annehmen, daß die Türkei, Jordanien und vielleicht auch Ägypten etwas lockerer sind als Saudi-Arabien, der Irak, Syrien und Pakistan.

Die Azteken

Ein Zitat über die Azteken aus: „Georg Höltker, Die Familie bei den Azteken in Altmexiko" (Anthropos 25, 1930, S. 465–526)

„Kindersegen war den Mexikanern sehr erwünscht. Wohl kannte man den Abortus und einen gewissen Kräutertee als Abortivmittel, doch stand Todesstrafe auf seine Anwendung. Es ist bezeichnend für die typische ‚Herrenkultur' der Azteken, daß die Fürsten sich auch in diesem Punkte mehr gestatteten als dem Volk, und daß darum z. B. Montezuma II ungestraft das Töten der Kinder im Mutterleibe seiner Konkubinen veranlaßte" (Anthropos 25, 1930, S. 511). (Montezuma II war der letzte König der Aztekenzeit.)

Das Judentum

Was sagt das Judentum über die Abtreibung, wie waren Praxis und Lebensklima früher, und wie sind sie jetzt? In der biblischen Zeit wurde eine Geldbuße verhängt, wenn die Abtreibung

---

118 "Fertility characteristics and attitudes among mothers, attending maternal centres in Bagdad", von Dr. Fouad Ghali en Dr. F. Gadalla, Bagdad 1971, S. 5–11.

eine Folge von Streit war, und wenn die Frau dabei starb, die Todesstrafe. „Wenn Männer miteinander im Streit handgreiflich werden und sie treffen dabei eine schwangere Frau, so daß sie eine Frühgeburt bekommt, aber am Leben bleibt, dann wird der Schuldige als Buße die Schadenvergütung bezahlen, die der Mann der Frau ihm auferlegt ... Aber wenn sie das Leben verliert, sollst du Leben für Leben geben.“ (Exod 21; 22; 23) Nach der Septuaginta bezieht sich das „Leben“ auf die Leibesfrucht und nicht auf die Frau. Außerdem macht die Septuaginta einen Unterschied zwischen der Abtreibung einer Leibesfrucht, die noch keine vollständige menschliche Form hat – dies wird mit einer Geldbuße geahndet, und der, die schon eine vollständige menschliche Form hat. Darauf steht die Todesstrafe.

Die Talmudgelehrten bestanden darauf, daß der Ausdruck „Leben“ sich auf die Frau und nicht auf die Leibesfrucht bezieht, weil die Strafe, die die Heilige Schrift ausspricht, nicht angewandt werden konnte auf das Töten einer Leibesfrucht. (Hier ist gemeint: „Wer jemand so schlägt, daß er stirbt, soll mit dem Tode bestraft werden“. Exod 21, 12) Der Grund hierfür ist wohl, daß man glaubte, die Leibesfrucht habe keine Seele (nephesh).[119] Auch in verschiedenen alten sumerischen Gesetzen steht Geldstrafe und manchmal Geißelung auf Abtreibung, aber keine Todesstrafe. Trotzdem fordert ein assyrisches Gesetz (zwischen 1450 und 1250 v. Chr.) die Todesstrafe durch Folterung, wenn die Frau bei sich abgetrieben hat. „Wenn eine Frau durch eigene Schuld das, was sie im Schoße trägt, vor der Zeit herausgezogen hat, muß sie angeklagt werden, und wenn sie überführt wird, muß sie an einem Spieß aufgesteckt werden und darf darauf nicht begraben werden. Wenn sie infolge einer von ihr selbst verursachten Abtreibung stirbt, muß sie an einem Spieß aufgesteckt werden, und darf danach nicht begraben werden.“ [120] (Für das

[119] Über diese verschiedenen Interpretationen lese man: "Jewish Views on abortion“, Ed. D. Smith, Cleveland, 1967; „Abortion, a Jewish View“, Dublin Review, Winter 1967–1968, S. 241, 382.

[120] "The Greatness that was Babylon", von H. W. F. Saggs, Hawthorn Books, New York, 1962, S. 215. "Ancient near Eastern texts relating to the Old Testament", von J. B. Pritchard, Princeton, 1950, S. 184.

Verschwinden werden wohl die Geier sorgen.) Im allgemeinen war in der Talmudperiode die Abtreibung verboten, aber sie wurde nicht als Mord betrachtet, da nach seiner Auffassung die Leibesfrucht nicht beseelt war. Die Zohar erklärt, daß Abtreibung darum verboten ist, weil derjenige, der eine Leibesfrucht tötet, das entheiligt, was der Heilige gebaut hat und was sein Werk ist. Israel wird gepriesen, weil trotz des Dekretes in Ägypten: „Werft jeden Jungen, der geboren wird, in den Nil“ (Exod 1, 22) es niemand gab, der die Leibesfrucht im Schoße der Frau tötete, noch weniger nach der Geburt. Dank dieser Haltung wurde Israel aus der Sklaverei befreit.“ (Zohar[121]). Hier zeigt sich auch der lebendige Glaube der Juden, daß die Empfängnis eine Gabe Gottes ist. Es ist ihre wesentliche Überzeugung, daß Kinder nicht nur eine Folge sexuellen Verhaltens sind, sondern direkt ein Geschenk Gottes. Die Bibel räumt ein, daß ein ursächlicher Zusammenhang besteht zwischen geschlechtlicher Vereinigung und Empfängnis, aber leugnet, daß die Folge notwendig einsetzt und daß die Eltern die Macht besitzen, diese Folge notwendig zu bewirken. Eva sagt bei der Geburt von Kain: „Mit Hilfe Jahwes habe ich einen Knaben zur Welt gebracht.“ (Gen. 4, 1). Sara glaubt, daß Gott sie unfruchtbar gemacht hat: „Sieh, Jahwe hat meinen Schoß verschlossen“ (Gen 16, 2). Weiter: „Als Jahwe sah, daß Lea zurückgesetzt wurde, öffnete er ihren Schoß“ (Gen. 29, 31). In Ruth lesen wir: „Als er sich mit ihr vereinigt hatte, verlieh Jahwe ihr Schwangerschaft“ (Ruth 4, 13). Gott wirkt aktiv an der weiteren Bildung und Entwicklung der Leibesfrucht (Psalm 139). Es gibt noch mehrere solche Texte.

Die Abtreibung wird nur erlaubt, wenn das Leben der Frau bedroht ist: „Wenn eine Frau in Geburtsnöten liegt und Gefahr besteht für ihr Leben, darf man die Leibesfrucht – Glied für Glied – wegnehmen, weil ihr Leben vorgeht.“ (Oholot, 7, 6) Aber das darf nur dann geschehen, wenn die Leibesfrucht noch nicht herausgetreten ist und noch nicht eigentlich lebt (sic!). Aber wenn der größte Teil der Leibesfrucht herausgetreten ist – entweder das Haupt oder der größte Teil des Körpers – dann darf

[121] Siehe „Encyclopedia Judaica“, Jerusalem, S. 98–102!

man sie nicht antasten, selbst wenn das Leben der Mutter in Gefahr ist. (Oholot, 7, 6; Sanh. 72 b) Es gibt noch eine Menge Haarspaltereien. Man macht einen Unterschied zwischen einem gewöhnlichen Verfolger (den man töten darf) „und der Mutter, die durch die Leibesfrucht vom Himmel verfolgt wird", und man weiß eigentlich nicht, ob „die Leibesfrucht die Mutter oder die Mutter die Leibesfrucht verfolgt." (Sanh 8, 9, 26c)

Was nun die altjüdische Gesetzgebung und ihre Auslegung betrifft, so ist Abtreibung erlaubt, wenn das Leben der Mutter durch die Leibesfrucht in Gefahr gebracht wird, denn „die Leibesfrucht verfolgt sie, um sie zu töten". (Ha-Mikra 425-2). Aber die Zustimmung zur Vornahme einer Abtreibung darf nicht leicht gegeben werden, um das Leben der Mutter zu retten, wenn ihre Krankheit von einer Entzündung herrührt, die nicht mit ihrer Schwangerschaft in Beziehung steht. Denn in diesem Falle ist nicht die Leibesfrucht an sich Ursache ihrer Krankheit." (Pahad Yizhak, S. V. Nefalim). Spätere Autoritäten (aharonim) sind trotzdem der Meinung, daß Abtreibung erlaubt sein muß, wenn sie für die Genesung der Mutter nötig ist, selbst wenn keine Todesgefahr für die Mutter besteht, und selbst wenn die Krankheit nicht direkt durch die Leibesfrucht verursacht wird (Maharit, Resp. Nr. 99). Andere Gesetzeslehrer sind bedeutend großzügiger, sie sagen, Abtreibung sei nur dann verboten, wenn sie grundlos geschieht, aber sie sei erlaubt, wenn sie geschieht um der Mutter entgegenzukommen bei ihren weniger wichtigen Klagen, z. B. wenn sie durch die Fortsetzung der Schwangerschaft taub würde.

Um endlich auch auf unsere Zeit sprechen zu kommen, so erlaubte 1942 Rabbi Ephraim Oshry die Abtreibung, um eine schwangere Frau zu retten, da in dem Ghetto von Kovno die Nationalsozialisten beschlossen hatten, jede schwangere Frau mit ihrer Leibesfrucht zu töten. In den letzten Jahren ist unter den Juden viel über die Erlaubtheit der Abtreibung diskutiert worden, wenn Gefahr bestand, daß das zu erwartende Kind ein körperliches oder geistiges Gebrechen bekäme. Trotzdem geht die Tendenz dahin, am Abtreibungsverbot auch in solchen Fällen festzuhalten, es sei denn, sie wird durch die Gefährdung des Lebens der Mutter gerechtfertigt. Dies wird allerdings ziemlich weit interpretiert. Außerdem spielt hier die Dauer der Schwangerschaft eine große Rolle, im Geiste des in verschiedenen Ländern stets wiederholten Wortes: umso größere Schutzwürdigkeit, je mehr die Schwangerschaft fortgeschritten ist. Es ist auch viel über die Zulässigkeit der Abtreibung im Falle der Schwangerschaft nach Ehebruch diskutiert worden. Einige erlauben sie, wenn die Frau verheiratet ist. Denn das Kind würde dann ein „mamzer", ein Bastard sein, doch nicht im Fall einer ledigen Frau, die schwanger wird. Denn ein solches Kind könne man keinen Bastard nennen. Im gegenwärtigen Staat Israel sind entsprechend dem Gesetz von 1936 (basierend auf dem englischen Gesetz) Abtreibung und Versuch zur Abtreibung verboten. Beides wird mit Gefängnis bestraft. Trotzdem kam 1966 eine Gesetzesvorlage durch, die die Mutter von der Strafverfolgung ausschließt, wenn sie selbst abgetrieben hatte (was vorher strafbar war). Wenn diejenige, bei der abgetrieben wurde, bei der Abtreibung stirbt, wird dies auch jetzt noch als Totschlag betrachtet, wofür die Maximalstrafe lebenslänglich ist. Aber die in guter Absicht ausgeführte Abtreibung, um das Leben der Mutter zu retten oder um zu verhüten, daß sie physisch oder psychisch krank wird, ist augenblicklich nicht strafbar. Wie anderswo, werden auch im Staat Israel die Ausdrücke „Lebensgefahr" oder „ernster Schaden" sehr weit interpretiert.

Die streng orthodoxen Juden in Israel jedoch sind auch heute schärfste Gegner der Abtreibung. Die orthodoxen Juden in USA haben in zehntausenden Exemplaren eine Broschüre vertrieben, in der man u. a. lesen kann: „The abortionist, long shunned and persecuted is suddenly rewarded and respected. That a heinous crime against morality could in so short a time be converted to a virtue is indeed frightening ...

Legal permissibility under civil law is not synonymous with moral license" (aus: from a Policy Position by Association of Orthodox Jewish Scientists).

III. Protestanten

Es ist schwer, ja unmöglich, eine einheitliche Lehre der Protestanten festzustellen. Zwar hat der Rat der Evangelischen Kirche Deutschlands zusammen mit der Deutschen Bischofskonferenz am 29. November 1973 eindeutig gegen die Abtreibung Stellung genommen und auf die Unantastbarkeit und Unverfügbarkeit des menschlichen Lebens hingewiesen. Aber er sah sich zwei Monate später durch die Synode der Evangelischen Kirche mit 47 gegen 41 Stimmen desavouiert. Die Minister Eppler und Funcke der gegenwärtigen Bundesregierung sind Mitglieder der Synode. Während die westfälische Kirchenleitung in einer Zwölf-Punkte-Erklärung vor der Fristenlösung warnt, will der Evangelische Krankenhausverband von Fall zu Fall entscheiden.

Auch in Holland und Frankreich gibt es verschiedene Meinungen unter den Protestanten, aber man kann wohl sagen, daß wenigstens 70 % gegen die Abtreibung sind.

> Du nahmst Dich meiner an von meiner Mutter Leibe her.
> Ich preise Dich, da Du so gewaltig groß bist; wunderbar sind Deine Werke, und meine Seele erkennet sie gar wohl.
> Mein Gebein war nicht verborgen vor Dir, das Du im Verborgenen gemacht hast, noch mein Wesen im irdischen Schoße.
> Da ich unvollkommen war, sahen mich Deine Augen, und in Dein Buch sind alle geschrieben; die Tage werden bestimmt, ehe noch jemand darin ist. (Ps 139, 13–16)

Pater Henri van Straelen, ein r. k. Geistlicher, der 30 Jahre in Japan Missionsarbeit verrichtet hat und der in den letzten 20 Jahren auch moderne Philosophie und vergleichende Religionswissenschaft in japanischer Sprache dozierte an der Nanzan-Universität in Nagoya, der drittgrößten Stadt von Japan mit zwei Millionen Einwohnern, hat in einem Brief an alle Abgeordneten der beiden Kammern der General-Staaten ernstlich gewarnt vor dem neuen Abtreibungsgesetz. Aufgrund seiner beunruhigenden Erfahrungen in Japan, wo die Abtreibung seit 25 Jahren freigegeben ist, schreibt er den Abgeordneten u. a., daß sie noch nie vor solch einer schweren Verantwortung gestanden hätten. Die schreckliche Gewissensnot, die in Japan bei Millionen Frauen, behandelnden Ärzten und anderen Betroffenen entstanden ist, die Nerven- und Geisteskrankheiten, die aus der Massenabtreibung sich ergeben haben, alle seine Erfahrungen sind in diesem Buch niedergelegt.

Eine Anzahl protestantischer Christen hat nicht gezögert, diese bedrückende Warnung des r. k. Geistlichen mit ihrem Namen zu unterschreiben. Es geht hier nicht um die Konfession des Verfassers, sondern um die harten und schrecklichen Erfahrungen eines Mannes, der viele Jahre hindurch Zeuge der Folgen der Abtreibungsfreigabe in einem nichtchristlichen Lande gewesen ist. Es geht um eine Schrift, in der die reformatorischen Unterzeichner eine deutliche und nüchterne Bestätigung ihres protestantischen Dokumentes zur drohenden Massenabtreibung in unserem Lande sehen.

Das Werden der menschlichen Leibesfrucht zum Menschen geschieht unter Gottes Vorsehung. „Da ich noch unvollkommen war, sahen mich deine Augen, und in dein Buch sind alle geschrieben; die Tage werden bestimmt, ehe noch jemand darin ist", sagt der Psalmist. Aber mit unvorstellbarem Hochmut will man in Gottes Vorsehung eingreifen und Leben zum Nutzen seines eigenen Lebens opfern und sich zum Maß des Lebens machen. Bereits jetzt werden viele Kinderopfer den Götzen unserer Zeit in unserem Lande gebracht: unschuldiges Blut von Ungeborenen. Wegen dieser Greuel kommen Gottes Gerichte über das ganze Volk (Ps 106, 35–41; Ez. 38, 18).

Wenn in verschiedenen Kliniken Abtreibung betrieben wird, werden Zehntausende von Leibesfrüchten getötet. Dann zieht der legalisierte Massenmord ein in dieses Land. Damit steht die Zukunft unseres ganzen Volkes auf dem Spiel, denn abgesehen davon, daß es ein Greuel für die Menschen ist, ist es ein Greuel vor dem Herrn. Schaudererregend ist es darum, daß die legalisierte Abtreibung auch von christlichen Abgeordneten und Ministern als annehmbar betrachtet wird. Als ob darüber zu diskutieren wäre!

Mit welchen „humanen" Absichten auch argumentiert wird, mit welcher Berufung auf den „Bedürfnisfaktor" oder die „Anpassung" – das Legalisieren der Abtreibung und deren Anwendung im großen Umfang bedeutet das Erheben des Massenmordes zur Regel. Das „seriöse Gespräch" bei der Obrigkeit über die Freigabe der Abtreibung ist an sich bereits etwas Unerhörtes. Es ist nämlich ein „Gespräch" über den geplanten potentiellen und partiellen Völkermord, wenn man bedenkt, daß unter dem Deckmantel des geplanten Gesetzes tausende und abertausende menschliche Wesen getötet werden sollen, die auf dieser Erde niemals leben dürfen.

Daß christliche Minister und ein christlicher Ministerpräsident darunter bald ihre Unterschrift setzen werden, erfüllt die Unterzeichneten mit großem Abscheu und Schaudern vor Gottes Gericht über das ganze Volk. Dennoch herrscht überall schuldhaftes Schweigen und schuldhaftes Zögern. Auch in den rechtgläubig reformierten Kreisen ist man sich zu wenig bewußt, was hier geschehen wird. Es ist die allerhöchste Zeit zur Einkehr, für ein machtvolles einhelliges Zeugnis, für eine öffentliche, vollständige Zurückweisung des bevorstehenden Gesetzes und aller, die dafür die Verantwortung tragen. Man muß die christlichen Abgeordneten und Minister nicht nur auffordern, die bereits bestehenden Abtreibungskliniken aufgrund des noch gültigen Gesetzes zu schließen und wirklich ihre Autorität zu gebrauchen wie auch die neue Gesetzesvorlage zurückzunehmen, sondern man muß sie auch darauf aufmerksam machen, daß auch die „Beratung" über die gesetzliche Freigabe eine große Sünde ist.

Bezüglich der beabsichtigten Abtreibungslegalisierung darf nach dem Urteil der Unterzeichner bei gläubigen Christen kein Zweifel bestehen. Darum ist auf diesem Gebiete ein nuanciertes und relativierendes Denken von Übel.

Der antichristliche Charakter unserer Zeit zeichnet sich darin deutlich ab, daß man öffentlich das zur Regel erhebt, was immer als schlecht gegolten hat. Auch die Abtreibung ist immer hier und dort illegal betrieben worden, und die oft von Angst gequälten Frauen, die sich dadurch schuldig gemacht haben, dürfen nicht von der Gnade Gottes ausgeschlossen werden. Aber was Sünde und schlecht ist, wurde immer so genannt und unter Strafe gestellt. Jetzt wird die Gnade für begangene und bekannte Sünden und die vergebende Liebe Christi dem Sünder gegenüber, der mit seinem Opferblut eintritt, durch die menschliche Autorität ersetzt, die die Sünde zum Recht und zur Regel erhebt. Das ruft ein gewaltiges Gericht Gottes herab.

Wir staunen nicht, wenn wir irgendwo beim Propheten geschrieben lesen, daß die Menschen „wie Mist auf der Erde" sein werden, wenn Gott die Kelter seines Zornes tritt. Wenn unser Volk erlaubt, daß am laufenden Band tausenden Kindern das Lebenslicht genommen wird, wird es „wie Mist" weggeworfen, dann ist das Gericht nicht mehr fern. In unserem Lande sind Gott sei Dank mehr Gerechte als in Sodoma, aber die siebentausend, die ihr Knie nicht vor Baal gebeugt haben, dürfen nicht schweigen. Sie können nicht länger schweigen!"

H. Verweij, Hauptred. Koers
Prof. C. Veenhof
Ds. J. Meester
Ds. J. H. Velema

Brief der Freireformierten Kirchen und der Reformierten Gemeinden an die Abgeordneten der General-Staaten, die am 29. November 1972 gewählt wurden, und an den Kabinettsformateur.

Das Konzept dieses Briefes ist von der Hand von P. Jasperse, Arzt in Leiden, und wurde angenommen von den Kirchenvorständen der Freireformierten Kirchen und der Reformierten Gemeinden in Leiden.
Die anderen Kirchen der obenerwähnten Namensträger haben diesen Text ihrer eigenen Lage angepaßt. Wir setzen ihn hierher mit der ursprünglichen Unterzeichnung.

Verfasser und Herausgeber

Die Räte der Reformierten Gemeinde und der freireformierten Kirche, beide in Leiden, erlauben sich die Freiheit, folgendes Ihrer geehrten Aufmerksamkeit vorzulegen.

Weil die große Masse des Volkes immer mehr den „schmalen Pfad" verläßt und sich auf den „breiten Weg" begibt, führt dies zu einer solchen Auflösung der Ordnung, daß das Leben des Menschen ständig mehr gefährdet ist.

Das gilt vor allem für das Leben des ungeborenen Kindes. Auf illegale Weise werden stets mehr Abtreibungskliniken eröffnet und Menschenleben in zehntausendfacher Menge vernichtet. Die Regierung Biesheuvel hat dieses Massentöten nicht einmal still duldend zugelassen. Die „Regierungsübereinkunft" enthielt, wo es sich in § 23 um die Abtreibung handelte, diese Bestimmungen: „Abtreibung durch Unbefugte bleibt als Verbrechen gegen das Leben strafbar; die Frau, die um Abtreibung bittet oder sie verübt, ist nicht strafbar; der Arzt, der die Behandlung vornimmt unter den gesetzlichen Bedingungen, handelt befugt und ist darum nicht strafbar."

Es darf als bekannt vorausgesetzt werden, daß es sich hier um eine andere als die streng medizinische Indikation handelt, bei welcher der Arzt keinen anderen Ausweg mehr sieht, als das Leben der menschlichen Leibesfrucht zu opfern. Aber diese medizinische Indikation kommt so gut wie nie vor.

Die Abtreibung wird in den letzten Jahren immer mehr propagiert als die einzig richtige Behandlung einer unerwünschten Schwangerschaft.

Die Räte der genannten Kirchen müssen dagegen mit aller Entschiedenheit protestieren, weil die Vernichtung menschlichen Lebens bei einer anderen als der medizinischen Indikation dem fünften Gebot des Dekalogs widerspricht: „Du sollst nicht töten!" (Exod. 20, 13)

Die unerwünschte Schwangerschaft ist in sehr vielen Fällen dem unerlaubten, sündigen Umgang der Geschlechter zuzuschreiben, was seinerseits wieder eine unheilvolle Folge der brutalen Leugnung des sechsten Gebotes ist: „Du sollst nicht ehebrechen", ein Gebot, das nach dem Bekenntnis der Kirche nicht nur den Ehebruch verbietet, sondern auch die Unkeuschheit. Die genannten Räte sind denn auch der Auffassung, daß es die erste Aufgabe der kommenden Regierung ist, das Übel an seiner Wurzel anzupacken, d. h. die Unzucht, der der Weg bereitet wird durch Presse (Pornographie in Schrift und Bild) und Fernsehen (Sendungen, die die Sinne aufreizen und die Sitten verderben), mit allen ihr zur Verfügung stehenden Mitteln zu bekämpfen.

Ist die Rede von unerwünschter Schwangerschaft, dann ist eine „Frau in Not". Dieser Not wird aber nicht in der richtigen Weise begegnet mit einer Handlung, die mindestens ebenso schlecht ist wie die sündige Tat, die die Ursache der Schwangerschaft wurde: mit einer Abtreibung. Die Folgen einer Sünde gegen das sechste Gebot können nicht behoben werden mit einer Sünde gegen das fünfte Gebot.

Die genannten Räte stimmen mit dem überein, was von medizinischer Seite bemerkt wird, daß nämlich die Abtreibung niemals eine ärztliche Tat genannt werden kann. Es ist ja die Aufgabe des Arztes, menschliches Leben zu beschützen, niemals aber es zu vernichten.

Die Räte weisen ebenfalls darauf hin, daß eine Gruppe von Fachleuten, wie sie im Gesetzesentwurf der Minister Stuyt und Van Agt genannt wird, die zur Beurteilung des Notstandes der unerwünscht Schwangeren gebildet ist, niemals Gottes Gesetz für ungültig erklären kann. Eine solche Gruppe wird nie unparteiisch sein, und deshalb die Beurteilung der Frau nicht objektiv. Das geht aus der Denkschrift zur Erläuterung des genannten Gesetzesentwurfs hervor, wo auf Seite 12 gesagt wird, daß die Frau ernste Bedenken gegen einen Fachmann vorbringen kann, der zu einer solchen Gruppe gehört.

Außerdem wird es nun einmal unmöglich sein, eine ausreichende Zahl von Fachleuten zu finden, die in einer solchen Gruppe arbeiten wollen, angesichts der zehntausende bereits vorgenommenen Abtreibungen in den Jahren 1971 und 1972. Für jeden einzelnen Fall wurden doch mindestens drei oder vier Fachleute herangezogen. Sollte es dann noch möglich sein, eine genügende Zahl Gruppen zusammenzustellen, dann würde höchstens eine Gruppe sein Urteil über einen bestimmten Fall abgeben, was aber für die Beurteilung einer psycho-sozialen Not nicht ausreicht.

Die psycho-soziale Not muß ganz anders behandelt werden als durch eine Abtreibung, die häufig ernste psychische Störungen mit sich bringt.

Für solche Fälle ist die pastorale Behandlung und, wenn diese verweigert wird, eine Behandlung durch den Nervenarzt das Gegebene.

Zum Schluß weisen die genannten Räte der Kirchen darauf hin, daß die Adoption eines unerwünschten Kindes der Tötung im Mutterschoß absolut vorzuziehen ist.

Aus all diesen Gründen, die in diesem Schreiben nur in Umrissen angedeutet wurden, bitten Sie die Räte mit größtem Nachdruck, der Abtreibung niemals einen Platz in der Regierungsübereinkunft zu geben.

Sie beten für Sie nach der göttlichen Vorschrift in Tim 2, 1: daß Sie sich in all Ihren Überlegungen und Entscheidungen vom unfehlbaren Gotteswort leiten lassen, welches die Quelle des Lebens ist.

Sie unterzeichnen mit der Bezeugung der geschuldeten Achtung.

Für den Rat der Reformierten Gemeinde:

Ds. R. Boogaard, Präses
A. Wendt, Sekr.

Für den Rat der Freireformierten Gemeinde:

Ds. J. Van der Haar, Präses
Leiden, Dezember 1972 J. A. Burger, Sekr.

Pasteur de Saint André:

„Sie haben mich gefragt, was stets die Haltung des französischen Protestantismus bezüglich der Abtreibung gewesen ist. Was diesen Punkt betrifft, gab es noch niemals einen Zweifel oder eine Diskussion. Alle Reformierten Kirchen in allen Ländern haben stets einmütig und mit größter Entschiedenheit die Abtreibung als ein Verbrechen verurteilt. Seit dem 16. Jahrhundert wurde die Abtreibung als eine Handlung betrachtet, die automatisch die „Suspendierung vom heiligen Abendmahl“, also die

Exkommunikation mit sich brachte bis zu dem Augenblick, indem die Frau Reue zeigte, die Sünde bekannte und Gott um Vergebung bat, nicht in der Öffentlichkeit, sondern vor dem vereinigten Konsistorium. Unsere Moralbücher verbieten heutzutage noch die Abtreibung mit absoluter Entschiedenheit."

Pierre Courthial

IV. Orthodoxe

Die Haltung der orthodoxen Kirche ist dieselbe wie die der Katholischen. Meine wiederholten Besuche am Zentrum der russischen Orthodoxie in Sagorsk wie auch bei dem verstorbenen Patriarchen Athenagoras in Istanbul haben mich davon genügend überzeugt. Neulich erst hat der Metropolit Paulos vor seiner Rückkehr in den Orient eine Diözesansynode einberufen. Unter seinem Vorsitz besteht sie zur Hälfte aus Klerikern, zur Hälfte aus Laien. Am 25. 4. 1974 wurde von ihr einstimmig beschlossen, Metropolit Paulos in seinem Kampf gegen den Mord an Ungeborenen aktiv zu unterstützen, nachdem er jeden aus der Sakramentsgemeinschaft durch ein Edikt ausgeschlossen hat, der sich für Straffreiheit bei Mord an Ungeborenen einsetzt oder aktiv bei einem solchem mitwirkt. Es wurde ausdrücklich festgestellt, daß eine Abtreibung nur dann nicht als Mord an Ungeborenen anzusehen ist, wenn auf andere Weise das Leben der Mutter nicht zu retten ist. Diese sehr, sehr seltenen Fälle sind die einzige Ausnahme.

„Natürlich sind die Ausgeschlossenen auch nicht wählbar [im innerkirchlichen Bereich], außerdem möglichst zu meiden. Der Kinderliebe unserer orientalischen Glaubensbrüder ist das Theater um den § 218 ohnehin wesensfremd."

Diakonin Selim,
Orthodoxe Kirchenverwaltung von Nordrhein-Westfalen,
Düsseldorf.

„Das menschliche Leben muß im Glanz des Heiligen gesehen werden, nicht im Schatten wirtschaftlicher, sexueller oder sozialer

Überlegungen", schrieb Erzbischof Jakovos, Haupt der orthodoxen Kirche in den USA, anläßlich der Entscheidung des Obersten Gerichtshofes zugunsten der Abtreibung.

Es gibt im byzantinischen Ritus ein wunderschönes Gebet für eine Frau, die eine Abtreibung vornehmen ließ. Es stellt uns alle im Geist von Johannes 8, 1 ff. auf die Seite der Sünderin: „Herr, der Du von der Mutter Gottes und immerwährenden Jungfrau geboren bist, als Kind in einer Krippe lagst, als kleiner Embryo im Schoß der Mutter, sei in Deinem großen Erbarmen Deiner Dienerin gnädig, die schuldig an einem Morde geworden ist, den sie begangen hat ... Heile ihr Übel, gib ihr Gesundheit an Leib und Seele, der Du die Menschen liebst. Reinige sie; denn in Deinen Augen sind wir alle befleckt."

V. Katholiken

Es ist nicht erforderlich, die zahllosen Verlautbarungen des kirchlichen Lehramtes aufzuführen, die im Laufe der Jahrhunderte über die Abtreibung veröffentlicht wurden. Sogar die Mohamedaner haben ihre Bewunderung für die einhellige Lehre der päpstlichen Verlautbarungen ausgesprochen. In seiner prachtvollen, vollständigen und äußerst klaren Broschüre „Ehrfurcht vor dem ungeborenen Leben" schreibt Leonce-Albert van Peteghem, der Bischof von Gent: „Das kirchliche Lehramt hat die Erkenntnis der natürlichen Moral und das Glaubensgefühl der Gemeinschaft bestätigt, daß die Abtreibung der Leibesfrucht vom sittlichen Standpunkt objektiv unerlaubt und schwer sündhaft ist. Je nachdem die Entwicklung der genetischen Wissenschaften neue Probleme aufwarf, je nachdem bestimmte Auffassungen über die Sexualität die Ehrfurcht vor dem ungeborenen Leben antasteten, je nachdem die Abtreibungspraktiken mit allerlei „Indikationen" gerechtfertigt wurden, mußte die Kirche immer präziser ihren Standpunkt bestimmen. Sie tat es stets aufgrund der absoluten Achtung vor dem unschuldigen menschlichen Leben.

Ich will mich hier auf die Auffassungen der letzten vier Päpste beschränken. In der Enzyklika „Casti Connubii“ schreibt Pius XI.:

„Wir müssen noch ein anderes sehr schweres Verbrechen erwähnen, nämlich das Verbrechen, durch das ein Anschlag auf das Leben des Kindes verübt wird, das im Mutterschoß verborgen ist.“ (Cast. Con. no. 72). „Betrachten wir zuerst die medizinische und therapeutische Indikation. Wir haben bereits gesagt, welch tiefes Mitleid wir mit der Mutter haben, die als Folge der Erfüllung ihrer natürlichen Pflicht von ernsten Gefahren für ihre Gesundheit, ja sogar für ihr Leben bedroht wird. Aber welcher Grund könnte dann auch als Entschuldigung für den direkten Mord an einem Unschuldigen gelten? Und darum geht es. Ob man nun die Mutter oder das Kind tötet, es ist immer gegen das Gebot Gottes und die Stimme der Natur: „Du sollst nicht töten!“ Das Leben der Mutter und des Kindes ist eben heilig, und niemand kann jemals das Recht haben, sich an diesem Leben zu vergreifen.“ (Cast. Con. no. 74)

In einer Ansprache an die Hebammen erklärte Pius XII. 1951:

„Jedes menschliche Wesen, auch das Kind im Schoße seiner Mutter erhielt das Recht auf Leben unmittelbar von Gott und nicht von den Eltern oder von irgendeiner Gesellschaft oder einer menschlichen Autorität. Es gibt darum keinen einzigen Menschen, keine einzige menschliche Obrigkeit, keine einzige Wissenschaft, keine einzige ‚Indikation‘, medizinische, eugenische, soziale, wirtschaftliche oder moralische, die einen gültigen Rechtstitel vorweisen kann, direkt und vorsätzlich über ein unschuldiges menschliches Leben zu verfügen, d. h. über seine Vernichtung zu verfügen, sei es als Ziel, sei es als Mittel, um ein Ziel zu erreichen, das an sich vielleicht nicht gänzlich ungerechtfertigt ist.“

Johannes XXIII. bestätigte seinerseits:

„Das menschliche Leben ist heilig, weil es von seinem Entstehen an Gottes erschaffende Hand erfordert. Wer diese Gesetze schändet, beleidigt die göttliche Majestät, entwertet sich

selbst und mit sich die Menschheit und schwächt außerdem die Gemeinschaft, deren Glied er ist.“ Wir erinnern auch an die deutliche Erklärung des II. Vatikanischen Konzils: „Gott, der Herr des Lebens, hat nämlich den Menschen die hohe Aufgabe der Erhaltung des Lebens übertragen, die auf eine menschenwürdige Weise erfüllt werden muß. Das Leben ist daher von der Empfängnis an mit höchster Sorgfalt zu schützen. Abtreibung und Tötung des Kindes sind verabscheuungswürdige Verbrechen.“

In seiner Enzyklika „Humanae Vitae“ schrieb Papst Paul VI.:

„Gestützt auf die Grundprinzipien der menschlichen und christlichen Eheauffassung müssen Wir von neuem erklären, daß die direkte Unterbrechung des bereits begonnenen Fortpflanzungsprozesses und vor allem die direkt gewollte Abtreibung, auch wenn sie aus therapeutischen Gründen vorgenommen wird, als erlaubtes Mittel zur Geburtenregelung ganz und gar zu verwerfen ist.“

Noch vor kurzem sagte Paul VI. auf einer allgemeinen Audienz:

„Einen Anschlag verüben auf das menschliche Leben, unter welchem Vorwand es auch geschieht und unter welcher Form man es auch betrachtet, ist eine Verkennung der wesentlichsten Werte unserer Kultur. Im Tiefsten unseres Gewissens – jeder von uns kann das erfahren – lebt als ein unwidersprochen heiliges Prinzip die Ehrfurcht vor jedem menschlichen Leben, vor dem Leben, das aufkeimt, vor dem Leben, das nur um Entfaltung bittet, vor dem Leben, das sich seinem Ende nähert, und sogar ganz besonders vor dem schwachen und wehrlosen, das der Gnade der anderen gänzlich ausgeliefert ist.“

Vor ganz kurzem hat derselbe Papst in der Ansprache an die italienischen katholischen Juristen gesagt:

„Sie wissen wohl, daß die Kirche immer die Abtreibung verurteilt hat: die Lehre unseres ruhmreichen Vorgängers Pius XII. (Ansprache vom 29. Oktober 1951) und des II. Vatikanischen Konzils (Konst. Gaudium et Spes, no. 27, 51) sind nur die Bestätigung ihrer unveränderten und unveränderlichen Sittenlehre. Es ist Ihnen auch bekannt, daß gegen die jüngsten Gesetze und

Gesetzesentwürfe, mit denen man in den verschiedenen Ländern die Liberalisierung der Abtreibung durchführt oder durchführen will, der Episkopat der ganzen Welt sich erhoben hat unter Darlegung von Mitteln, die besser geeignet sind, diese weit verbreitete soziale Not zu verdrängen oder in möglichst engen Grenzen zu halten.“

Der Herder-Korrespondenz 1970, Seite 541 entnehmen wir:

Abtreibung, Euthanasie und die moralischen Grenzen medizinischer Experimente am Menschen bildeten die drei Gegenstände eines Schreibens, das Kardinalstaatssekretär J. Villot im Namen des Papstes an J. Farrugia, *den Generalsekretär der Internationalen Föderation der katholischen Ärzteverbände richtete, die vom 11. bis 14. Oktober in Washington einen Kongreß über den „Schutz des Lebens“ abhielt (vgl. „Osservatore Romano“, 12./13. 10. 70). Das Schreiben betonte gegenüber den subjektiven Motiven das objektive Kriterium des Handelns auf diesem Gebiet: „Jedes menschliche Leben muß ohne jede Bedingung geachtet werden“ und verwies auf die allerdings vorsichtigere Aussage in „Gaudium et spes“ (Abschnitt 51), „das Leben ist daher von der Empfängnis an mit höchster Sorgfalt zu schützen“. Auch das Verbot des Dekalogs „Du sollst nicht töten“ (Ex 20, 19) sei „formal“ und „absolut“. Die einzige Ausnahme sei die „legitime Selbstverteidigung“. Die Abtreibung sei daher auch „seit den ersten Jahrhunderten der Kirche als Tötung angesehen worden“.... Die Kirche erkenne zwar den Konflikt zwischen der Alternative, das Leben der Mutter oder das des Kindes zu retten, „kann aber dennoch die ‚therapeutische‘ Abtreibung nicht gutheißen“. Auch die* Euthanasie *sei trotz des „trügerischen Vorwands“ eines „sanften und ruhigen Todes“ Tötung und – mit Einwilligung des Betreffenden – „Selbstmord“ (suicide). Wenn auch die Ärzte „mit allen Mitteln“ den „Tod bekämpfen“ müssen, so seien sie doch nicht zu einer rein „vegetativen Reanimation“ verpflichtet. Der Mensch selbst dürfe Gegenstand medizinischer Experimente sein, wenn nur die Achtung vor seiner Personenwürde gewahrt bleibe und ein „kriminelles Experimentieren“ ausgeschlossen sei. Die vom jeweiligen medizinischen Fortschritt abhängige und darum fließende Grenze solchen Experi-*

mentierens müßten jedoch die Fachleute aufgrund ihrer Erfahrung selbst bestimmen.

Der Osservatore Romano (Deutsche Ausgabe) vom 26. Oktober 1973 veröffentlichte den Brief, den Kardinalstaatssekretär Villot im Auftrage des Papstes zum Weltärztetag in München an Kardinal Döpfner sandte:

Sehr verehrter Herr Kardinal!

Der Weltärztetag, der, wie Sie kürzlich das Staatssekretariat unterrichteten, in diesem Jahr vom 15. bis 21. Oktober in Ihrer Bischofsstadt München stattfindet, bietet Seiner Heiligkeit den willkommenen Anlaß, Ihnen und durch Sie den Teilnehmern dieses internationalen Ärztekongresses, eine besondere Grußbotschaft zu übermitteln. Der Heilige Vater entspricht damit gleichzeitig einer Bitte, die ihm diesbezüglich aus der deutschen Ärzteschaft vorgetragen worden ist.

Der Weltärztetag, an dem sich führende Persönlichkeiten und Experten im internationalen Gesundheitswesen zu gemeinsamen Beratungen zusammenfinden, verdient vor allem in unseren Tagen, da die Gesundheit und sogar das Überleben des Menschen in einer durch Technisierung und Fortschritt zunehmend bedrohten Umwelt zu einem der vordringlichsten Probleme der Menschheit zu werden scheinen, das besondere Interesse der Weltöffentlichkeit. Andererseits ergibt sich angesichts dieser Situation für die internationale Ärzteschaft, deren vorzügliche Aufgabe es ist, dem von Krankheit bedrohten und betroffenen Menschen beizustehen, zu heilen, den Schmerz zu lindern oder womöglich von vornherein auszuschließen, die schwerwiegende Verantwortung, sich fortan mehr denn je zum Anwalt und Verteidiger nicht nur der Gesundheit, sondern des menschlichen Lebens überhaupt zu machen und zu dessen Schutz und Erhaltung in aller Öffentlichkeit entsprechend ihrer Zuständigkeit eindringlich ihre Stimme zu erheben.

Die Kirche weiß sich diesem weltweiten Auftrag der Ärzteschaft um so entschiedener verbunden, seit immer mehr Regierungen – unter Mißachtung jahrtausendealter, allgemein gültiger Rechtsnormen – beabsichtigen, die Abtreibung praktisch freizugeben, und den Ärzten zumuten, diese entgegen ihrem ärztlichen Auftrag und verpflichtenden ärztlichen Ethos selbst vorzunehmen. Der Heilige Vater gedenkt in diesem Zusammenhang mit besonderer Anerkennung und Genugtuung der Osloer Deklaration, in der der Weltärztebund schon 1970 diesem unehrenvollen und widerrechtlichen Ansinnen gegenüber unmißverständlich bekräftigt hat: „Der oberste moralische Grundsatz, der dem Arzt auferlegt ist, ist die Achtung des menschlichen Lebens, so wie es in einem Satz des Genfer Gelöbnisses ausgedrückt ist: ‚Ich will von dem Zeitpunkt der Empfängnis an höchste Achtung vor dem menschlichen Leben bewahren'."

Wie allgemein bekannt ist, hat sich gegen die Gesetze und Gesetzesvorschläge der jüngsten Zeit, die in verschiedenen Staaten die sogenannte „Liberalisierung der Abtreibung" durchsetzen oder durchzusetzen versuchen, der Episkopat der ganzen Welt erhoben. Er bekräftigt hiermit eine unveränderte und unwandelbare sittliche Lehre der Kirche, die die Abtreibung stets und erst kürzlich in feierlicher Form in einer Konzilskonstitution als ein „verabscheuungswürdiges Verbrechen" (vgl. Pastoralkonst. Gaudium et spes, Nr. 51) verurteilt hat. „Gott, der Herr des Lebens, hat", wie dasselbe Konzil erklärt, „den Menschen die hohe Aufgabe der Erhaltung des Lebens übertragen, die auf eine menschenwürdige Weise erfüllt werden muß. Das Leben ist daher von der Empfängnis an mit höchster Sorgfalt zu schützen" (ebd.).

Dem Recht auf Leben kommt unter allen Rechten des Menschen eine besondere fundamentale Bedeutung zu, wie es sowohl die „Allgemeine Erklärung der Menschenrechte" der Vereinten Nationen wie auch die Grundgesetze der einzelnen Staaten verbindlich anerkennen. Menschliches Leben aber beginnt nicht erst im Augenblick der Geburt, sondern ist, wie auch die Ergebnisse biologischer und genetischer Studien immer deutlicher hervorheben, von der Empfängnis bis zum Tod ein unteilbares Ganzes, ein dynamischer ununterbrochener Entwicklungsprozeß des immer gleichen menschlichen Individuums. Deshalb kann es auch für das diesem Individuum und damit jedem Menschen unveräußerlich zustehende Lebensrecht weder vor der Geburt noch zu irgendeinem späteren Zeitpunkt eine zeitliche Schranke geben.

Das Leben des Menschen steht schon vom Augenblick der Empfängnis an unter dem besonderen Schutz des Gebotes Gottes: „Du sollst nicht töten!“

Da jedes menschliche Leben, auch das Kind im Mutterleib, das Recht auf Leben unmittelbar von Gott, nicht von den Eltern noch von irgendeiner menschlichen Gemeinschaft oder Autorität hat, kann dieses auch nicht der Verfügung und den Interessen des einzelnen oder der Gesellschaft ausgeliefert sein. Darum kann auch das Problem der Abtreibung nicht allein von einer individualistischen Sicht der Mutter oder der Familie betrachtet werden, sondern ist vor allem unter der Rücksicht auf das Gemeinwohl und auf die Person des Ungeborenen zu beurteilen, der derselbe Rechtsschutz gebührt wie jedem anderen Menschen. Die Kirche weiß um die möglichen Schwierigkeiten und persönlichen Notlagen, die sich diesbezüglich ergeben können, und sucht ihnen auch ihrerseits mit geeigneten Mitteln nach Kräften zu begegnen. Sie kann jedoch zur Behebung solcher Notsituationen weder empfängnisverhütende Mittel noch erst recht nicht die Abtreibung als sittlich erlaubt anerkennen. Wie es zwischen dem geborenen und ungeborenen Leben keinen wesentlichen Unterschied gibt, ist auch dessen Tötung in beiden Fällen Mord. Ein Staat, der nicht beide Untaten grundsätzlich nach derselben Rechtsnorm ahndet und bestraft, verliert an Glaubwürdigkeit in seinem sonstigen Bemühen um wahren Humanismus. Die uneingeschränkte Anerkennung des Rechtes auf den Schutz des Lebens ist eine der wesentlichen Voraussetzungen für den Bestand der menschlichen Gesellschaft.

Angesichts des zunehmenden Verfalls der öffentlichen Sittlichkeit und der damit gegebenen allseitigen Bedrohung des menschlichen Lebens betrachtet es der Heilige Vater als eine besondere Aufgabe der Ärzteschaft und auch des Weltärztetages, in der Gesellschaft diesen universalen Wert des Menschen zu verteidigen, der bereits an den Quellen des Lebens, an den Wurzeln nicht nur der christlichen, sondern der allgemein menschlichen Zivilisation überhaupt liegt und des unbedingten Schutzes bedarf.

Wie die jüngste Osloer Deklaration des Weltärztebundes in lobenswerter Weise bekräftigt hat, ist sich die internationale Ärzteschaft ihrer schwerwiegenden Verantwortung voll bewußt, daß eine eigenmächtige Änderung bisher gültiger und unverletzlicher Rechtsnormen das edle ärztliche Ideal nicht beeinträchtigen darf, das in der großen, mehrtausendjährigen, durch den Eid des Hippokrates gekennzeichneten Tradition die Medizin zum Verteidiger des gesamten menschlichen Lebens macht. Was gesetzlich möglich ist, ist darum nicht auch sittlich erlaubt. Niemals kann die Gesellschaft die Ärzte der Verantwortung für ihre Entscheidungen und Handlungen entheben und sie lediglich als ausführende Techniker betrachten. Ihnen selbst ist es anheimgestellt, dieses entschlossen zu verhindern. Möge hierzu auch der diesjährige Weltärztetag in München einen besonderen Beitrag leisten.

Der Heilige Vater spricht dem Weltärztebund für das entschiedene Eintreten zum Schutz und zur Verteidigung des menschlichen, auch des ungeborenen Lebens, seine tiefe Achtung und Anerkennung aus. Er wünscht den Beratungen dieses Weltärztetages größtmöglichen Erfolg und ruft hierzu auf alle Teilnehmer des Kongresses Gottes bleibenden Schutz und Gnadenbeistand herab.

Indem ich Sie, sehr verehrter Kerr Kardinal, freundlich ersuche, den Präsidenten des Weltärztetages in München über diese Grußbotschaft des Heiligen Vaters in entsprechender Weise zu unterrichten, bin ich mit verehrungsvollen Grüßen Ihr im Herrn sehr ergebener

JEAN Kard. VILLOT

In dem ursprünglichen Text hat der Verfasser noch etwa 20 Seiten der offiziellen Stellungnahme der deutschen, skandinavischen, amerikanischen und belgischen Episkopate gewidmet. Weil diese Stellungnahmen in Deutschland ziemlich bekannt sind, fassen wir diese kurz zusammen.

Der Bischof von Gent, Msgr. Leonce-Albert van Peteghem, hat selbst ein ausführliches Dokument veröffentlicht: „Ehrfurcht vor dem ungeborenen Leben“ (67 Seiten). Es zeichnet sich durch

Klarheit aus und wird in die Geschichte als eine der besten Verlautbarungen über dieses Thema eingehen. (Zu bekommen beim Verlag Lippens N. V. Hoogpoort 27, 9000 Gent, Belgien)

Deutliche Sprache der Österreichischen Bischofskonferenz

Die Bischöfe, die Anfang April 1973 sich mehrere Tage berieten, bekräftigten Ihre Erklärung vom 31. Januar 1973 und unterstrichen ihre ausdrückliche Stellungnahme gegen alle Angriffe auf das menschliche Leben. „Die Kirche", so schreiben die österreichischen Bischöfe, „hat sich immer gegen eine Schwangerschaftsunterbrechung und gegen das Töten der Frucht im Mutterschoß gewandt. Sie hat den bestmöglichen Schutz dem ungeborenen und dem völlig wehrlosen Menschenleben geboten." Die Bischofskonferenz weist darauf hin, daß sie hiermit nicht einen spezifisch christlichen Wert verteidigt, sondern einen allgemein menschlichen. Es geht der Kirche also um den Schutz des menschlichen Lebens überhaupt. „Hiermit nimmt sie keinen parteipolitischen Standpunkt ein und spricht als eine Kirche, die durchaus auf der Höhe der Information über die Schwierigkeiten der Menschen ist. Sie protestiert gegen jeden öffentlichen Angriff auf die sachlich richtige und für die Menschen elementare Forderung auf absoluten Schutz des Lebens. Alle Menschen haben die sittliche Pflicht, diesen Weg einzuschlagen. Es wäre zu wünschen, daß alle öffentlichen Einrichtungen in diesem Sinne eine positive Aufklärungsaufgabe zum Schutz des Lebens erfüllten."

Stimmen aus Australien

Alle Bischöfe Australiens haben zu unserem Problem einen Hirtenbrief verlesen lassen. Msgr. Stewart aus dem Bistum Sandhurst beschließt seinen Hirtenbrief, wie folgt: „Im Licht der ewigen Lehre der Kirche über dieses Verbrechen am unschuldigen und wehrlosen Leben im Mutterschoß würde ich in meiner Pflicht als Bischof versagen, wenn ich nicht sagte, daß Sie Ihre Stimme nicht mit gutem Gewissen den Parteien geben können, gleich wie sie heißen, die ein Gesetz begünstigen, das Abtreibung auf Ersuchen erlaubt." Gegenüber dem Nationalen Presseklub gab Kardinal Knox folgende Erklärung ab: „Eine Regierung, die ‚Abtreibung auf Ersuchen' erlauben würde, würde ihr Recht aufgeben, Gehorsam zu verlangen." Die Gesetzesvorlage (eingebracht von zwei Abgeordneten der Labourparty) ist eine Beleidigung für Australien und für viele Gesetzgeber und Ärzte." „Wenn es um fundamentale Werte geht, müssen wir Gott mehr gehorchen als den Menschen." Kardinal Freemann von Sydney ließ sich darüber aus, daß man das Wort „Töten" bezüglich der Abtreibung geflissentlich vermeidet und gab darum der „Wissenschaft" das Wort. Er zitierte deshalb die weltberühmten Fachgelehrten, die erklärten, daß bei der Abtreibung wohl deutlich genug die Rede vom „vorsätzlichen Töten" ist. Der Kardinal nannte Namen der Verfechter der Abtreibung, die schließlich zugeben mußten, daß Abtreibung in der Tat „Töten menschlichen Lebens" ist.

Dort in Australien sind die Bischöfe doch tapfere Männer und sprechen sich etwas deutlicher aus wie der holländische Episkopat.

Vom selben Verfasser:

IN JAPANISCH

Hikari wo abite (Vom Licht erfüllt)	Tokio	1938
Ningen kono kodoku naru mono (Der einsame Mensch)	Tokio	1952
Chimmoku no sono (Garten der Stille)	Tokio	1955
Heiwa no yama (Berge des Friedens)	Tokio	1956
Seicho wo abite (Von Gnade erfüllt)	Tokio	1958
Gabriel Marcel na tetsugaku (Die Philosophie von Gabriel Marcel)	Tokio	1960
Shimpu Soren e yuku (Ein Priester geht nach Rußland)	Tokio	1961
Zettai e no tabi (Pilger zum Absoluten)	Tokio	1965

IN ENGLISCH

The Japanse woman looking forward	Tokio	1940
New diplomacy in the far east	London	1944
A missionary in the war net	Droitwich	1944
The far east must be understood	London	1945
Through eastern eyes	Loveland, Ohio	1951
Yoshida Shoin, a forerunner of the Meiji Restoration	Leiden	1952
Preface to existentialism	Tokio	1952
The religion of divine wisdom	Tokio	1954
Moderne Japanse religions (co-auteur)	Tokio, Leiden New York	1963
The Japanese new religions are not new	Beckenried	1964
Our attitude towards other religions	Tokio	1965

IN FRANZÖSISCH

L'avenir de l'église en extrême-orient	Paris	1946
Le Japon, l'occupation et les missions	Bruges	1948
En réfléchissant au problème de l'adaptation au Japon	Bruges	1953
L'église et la renaissance économique et sociale au Japon	Bruges	1956
Religions nouvelles du Japon	Tournai	1957
Un Messianisme Japonais contemporain	Paris	1957
Où va le Japon	Tournai	1960
Avortement, la grande Décision	Paris	1974

IN DEUTSCH

Die heutige Lage Japans und dessen Missionsprobleme	Münster	1949
Christentum in Japan	Freiburg	1959
Japan sucht seine Zukunft	Freiburg	1961
Asien und der Westen	Linz	1963
Paulus und die anonymen Christen	Linz	1966

IN HOLLÄNDISCH

Modern Japan, het land der felle contrasten	Voorhout	1940
Terug uit Japanse internering	Amsterdam	1945
Japan, ontsporing van een ontwaakt volk (co-auteur)	Meppel	1955
Aziatisch dagboek	Amsterdam	1956
De academische wereld van Japan	Amsterdam	1965
Abortus, de grote Beslissing	Amsterdam	1972
Een schip op het strand is een baken in zee	Brüssel	1973